Reinhard Habeck

Geheimnisvolles ÖSTERREICH

Rätselhafte Funde
Wundersame Erscheinungen
Übersinnliche Phänomene

UEBERREUTER

IN GEDENKEN
an zwei wunderbare Freunde und fantastische Schriftsteller,
die mir 2005 in eine verborgene Welt zwischen Raum und Zeit
vorausgegangen sind:

Walter Ernsting alias **Clark Darlton**
(1920–2005)
&
Peter Krassa
(1938–2005)

ISBN 3-8000-7071-5
Alle Urheberrechte, insbesondere das Recht der Vervielfältigung,
Verbreitung und öffentlichen Wiedergabe in jeder Form, einschließlich einer
Verwertung in elektronischen Medien, der reprografischen
Vervielfältigung, einer digitalen Verbreitung und der Aufnahme in
Datenbanken, ausdrücklich vorbehalten.
Covergestaltung: Kurt Hamtil
Coverfoto: Agentur Anzenberger / Guenther Thoeni
Autorenfoto: Christiane Ladurner
Copyright © 2006 by Verlag Carl Ueberreuter, Wien
Druck: Ueberreuter Print
1 3 5 7 6 4 2

Ueberreuter im Internet: www.ueberreuter.at

Inhalt

Zum Geleit: Dietmar Grieser 7
Vorwort ins Unbekannte 9

I Rätselhafte Funde

VORWÄRTS IN DIE STEINZEIT
Vom Ursprung archäologischer Kopfnüsse 12

IM LABYRINTH VON KRONBERG
Turmschädel und andere unerwartete Entdeckungen
unter dem Erdboden 23

TATZENKREUZ UND TABERNAKELSTEIN
Liegt auf Burg Lockenhaus der Schlüssel zum Vermächtnis
des Templerordens? 31

ST. STEPHAN – DER UNBEKANNTE DOM
Gräber, Grüfte und unverstandene Symbole 42

DAS ERDSTALL-RÄTSEL
Wer waren die Bewohner der mysteriösen »Schrazellöcher«?.. 52

HAYMON, SAMSON UND DIE GOLIATHKNOCHEN
Hat es die Riesen einst wirklich gegeben? 61

»RALF« – DAS SELTSAME WESEN
Knochen, die nicht ins Schema passen 70

II Wundersame Erscheinungen

FAUNA X
Exotische Eindringlinge und Überbleibsel aus der Urzeit 78

AHNENKULT, ALPENYETIS UND ASTRONAUTEN
Lebendiges Brauchtum aus heidnischer Zeit 87

ATMOSPHÄRISCHE ANOMALIEN
»Eisbomben«, »Turbostürme« und eine
»himmlische Verschwörung« 98

BIZARRE STROMSTÖSSE
Lebende Blitzableiter und springende Lichter 106

UFO-ALARM!
Ungebetene »Gäste« im österreichischen Luftraum 118

WIRBEL UM GETREIDEKREISE
Schwindel oder Botschaft aus der Anderswelt? 131

PLÖTZLICH ERSCHIEN DIE JUNGFRAU MARIA
Sinnestäuschung, Gottesbeweis oder Außerirdische? 142

III Übersinnliche Phänomene

NA, SO EIN ZUFALL!
Kuriose Koinzidenzen und das verloren geglaubte Buch 152

KAISERIN SISI HEISST JETZT RENATE
Déjà-vu, Seelenreise und Wiedergeburt 160

SPURLOS VERSCHWUNDEN IM ÜBERRAUM
Anhaltergespenst, Raum-Zeit-Fallen und das
Zauberreich im Untersberg 170

MAGISCHER MOZART
Schädelkrimi, Sensenmann und Himmelsklang 180

DER MORDFALL ÖTZI
Expertenwirrwarr und der Fluch des Verderbens 190

PYRAMIDENSPUK IM WIENER SCHOTTENSTIFT
Versteinerte Mysterien und explosive Energien 198

Nachwort für Grenzgänger 210

Literatur 215

Dankeschön und eine Bitte 222

Zum Geleit

Ein von Vitalität, Einfallsreichtum und Arbeitswut strotzender Mittvierziger, der sich als »steinalt« bezeichnet? Lieber Reinhard Habeck, da kann ich – mit meinen 72 – nur lachen! Eines allerdings, das mir am vorliegenden Buch auffällt, trifft auch auf ihn, Reinhard Habeck, voll zu: das interessante Phänomen nämlich, dass Autoren, die nach Jahren und Jahrzehnten weltweiten Agierens eines Tages ebendieser Welt den Rücken kehren und sich auf ihre heimatlichen Wurzeln zurückziehen, erst einmal ihre »Halbzeit« überschritten haben müssen. Konnte Habeck bei den Recherchen für seine früheren Bücher kein Reiseziel zu weit, kein Forschungsgegenstand zu exotisch sein, so ist er nun – nach seinen Umtrieben in Ägypten und Südengland, auf Yucatán und in Ecuador, und weiß Gott wo noch – endlich in Österreich gelandet.

Ich weiß, wovon ich spreche, denn mir ist es genau so ergangen wie ihm. Nach meinem großspurigen Debüt mit Titeln wie »*Schauplätze der Weltliteratur*«, deren Recherchen mich in nicht weniger als fünf Kontinente geführt haben, ließ ich volle fünfzehn Jahre verstreichen, bis ich für den Umstieg auf Österreich-Themen gerüstet war. Lange, für manche meiner Leser allzu lange, musste das Vaterland zurückstehen vor der großen weiten Welt, und so, wie ich für mich in Anspruch nehme, mit dieser späten Kehrtwendung nicht etwa bloß der Bequemlichkeit erlegen zu sein, sondern das Eintreten der nötigen Reife abgewartet zu haben, ist es auch im Fall Reinhard Habeck kein Abstieg, sondern im Gegenteil ein Aufstieg, wenn er sich mit seinen jüngsten Nachforschungen auf heimatliches Terrain begibt. Es ist allemal schwieriger und riskanter, sich auf Gegenstände einzulassen, die der Leser aus eigener Anschauung kennt, und das gilt besonders für Gegenstände aus den Bereichen des Paranormalen und Transzendentalen, die ohnedies auf mancherlei Skepsis, Unglauben und Ablehnung stoßen.

Was meine persönliche Einstellung zu Reinhard Habecks Spezialgebiet betrifft, so bin ich schlicht und einfach neugierig: Es interessiert mich, was der »österreichische Däniken« über hiesige Labyrinthe und »Kraftplätze«, über Spukgestalten und Geisterkontakte, über Ahnenkult und Astralreisen zu berichten weiß, und da ich bei meinen gelegentlichen eigenen Versuchen, Unerklärliches zu erklären (etwa in Zusammenhang mit den mysteriösen Todesumständen von Friedrich Hebbel, Ödön von Horváth, Antoine de Saint-Exupéry, Paul Kammerer oder Atatürk), nie über Stümpereien eines Dilettanten hinausgelangt bin, neide ich Reinhard Habeck keinen seiner ungleich profunderen Befunde, sondern trete vor seinem Genius respektvoll zurück. Das Übersinnliche ist und bleibt sein ureigenstes Revier, in dem einer wie ich höchstens wildern kann, ja im Grunde nix verloren hat.

Habeck und ich sind also keine Konkurrenten. Im Gegenteil: Wo es mir in den meisten meiner Bücher darum geht, die Realität hinter der (literarischen) Fiktion aufzuspüren (Stichwort »*Sie haben wirklich gelebt*«), ist es bei ihm – umgekehrt – das Geheimnis jenseits der Realität, dem er auf den Grund zu kommen versucht. Ich kann daher Reinhard Habeck bedenkenlos rühmen und preisen und tue dies umso lieber, als er nicht nur ein begnadeter Rechercheur und ein brillanter Schreiber ist, sondern überdies ein liebenswerter Mensch.

Dietmar Grieser

Vorwort ins Unbekannte

Österreich – du viel bereistes Wunderland, was hast du nicht alles zu bieten? Eine bunte, unvergleichliche Vielfalt! Ein Bild, das allerdings meist weniger durch historische Fakten als vielmehr von Klischees und Stereotypen geprägt ist: Land der Berge, Wanderer und Schifahrer, Festspielklänge und Mozartkugeln, Lipizzaner und Sängerknaben, Opernball und Walzerklänge, Grinzing und die Reblaus, eine Melange mit Schlagobers und Sachertorte oder Wiener Schnitzel und Wurstlprater. Das sind zugkräftige Tourismussymbole, die der Österreicher geschickt nach alter Tradition zu pflegen weiß. Nicht zu vergessen unsere rot-weiß-roten Zugpferde: Kaiserkrone, Sisi, Franzl und Wolferl Amadé.

Österreich ist ein Phänomen. Aber was soll daran schon *geheimnisvoll* oder *unbekannt* sein? Wenn wir uns abseits bekannter Touristenpfade bewegen – jede Menge! Wohl kaum eine Landschaft Europas ist so sehr von Sagen umwoben wie die Alpenregion. Noch im Mittelalter waren die steilen Felsgipfel und unnahbaren Bergschluchten geheimnisumwitterte Gebiete, in die sich nur »Ötzis« Nachfahren und die ganz Mutigen verirrten. Die dort ansässigen Bauern betrachteten das etwas nüchterner, aber vor finsteren Felsspalten und Höhlen graute auch ihnen. Die Geschichten von Drachen, Riesen, Kobolden und unheimlichen Begebenheiten werden bis in die Gegenwart überliefert. Manches davon entspringt dem Aberglauben. Und doch steckt bekanntlich in vielen Legenden ein wahrer Kern, der nicht selten durch archäologische Funde untermauert werden konnte. Die verborgenen Seiten unserer Heimat zu entdecken ist eine faszinierende Herausforderung – für neugierige Gäste ebenso wie für das eingeborene Alpenvolk.

Wir müssen nicht zum Steinzeit-Observatorium ins südenglische Stonehenge pilgern, ins ägyptische Tal der Könige oder zu den Monumenten der einsamen Osterinsel im Südpazifik. Das Magische und Übersinnliche liegt näher, als wir glauben – direkt vor unserer Haustüre! Österreichs Landschaft ist übersät von Schauplätzen des Überirdischen, deren dunkle Spuren bis in graue Vorzeit zurückreichen.

Die Entdeckung rätselhafter Funde, die Wahrnehmung wundersamer Erscheinungen sowie unglaubliche Geschichten über paranormale Umtriebe werfen viele Fragen auf: Was war der ursächliche Zweck prähistorischer Kultplätze? Wozu dienten die archaischen »Schalensteine«? Welches Geheimnis hüten die imposanten Steinkreise am Bürserberg-Tschengla in Vorarlberg? Wer waren die Erbauer der unterirdischen »Erdställe«, die im Volksmund als »Zwergenlöcher« bezeichnet werden? Welches Rätsel umgibt den Tabernakelstein von Burg Lockenhaus? Hinterließ der einflussreiche Ritterorden der Templer auch in Österreich seine Spuren? Was wissen wir über das Zauberreich im Salzburger Untersberg? Gibt es für sagenhafte Geschöpfe wie den Lindwurm oder den Riesen »Samson« historische Vorbilder? Entstand das sonderbare »Rasenkreuz« von Eisenberg wirklich durch himmlische Mächte? Wiedergeburt und Geisterkontakte, was ist davon zu halten? Wie glaubhaft sind Erlebnisse mit Kugelblitzen, UFOs und Spukgestalten? Beziehen sich solche Vorfälle auf wahre Geschehnisse? Oder entspringen sie doch nur der Sehnsucht des Menschen nach dem Irrationalen in einer Welt voller Logik?

Die Erklärungsmodelle zu all den »unmöglichen Dingen«, die es eigentlich gar nicht geben dürfte, sind vielseitig, oft widersprüchlich, zumindest aber umstritten. Hundertprozentige Beweise für die Richtigkeit der einen oder anderen These gibt es noch nicht. Doch gerade diese Fragezeichen geben Anreiz für eine spannende Spurensuche, hin zu einer Wirklichkeit, die facettenreicher sein dürfte, als wir sie uns vorstellen können. Erwarten Sie auf den nächsten Seiten keine Patentlösungen für die vielen Geheimnisse in Österreich.

Bei der Vorbereitung zu diesem Buch stieß ich auf ein kunterbuntes Sammelsurium bizarrer Begebenheiten. Die vorgelegten Beispiele geben nur eine kleine persönliche Auswahl wieder. Ich erhebe weder Anspruch auf Objektivität noch auf Vollständigkeit. Das ginge gar nicht, selbst wenn jedes Kapitel eine Enzyklopädie füllen sollte. Dennoch war ich bemüht weit gestreute Aspekte heimatlicher Mysterien zu vermitteln. Wenn es mir gelungen sein sollte, Sie zu weiteren, eigenen Entdeckungsreisen quer durch Österreich anzuspornen, hat dieses Buch mehr als seinen Zweck erfüllt.

Und Geheimnisvolles gibt es um uns herum wahrlich genug: »Man muss halt nur die Augen aufmachen, dass man's siacht!«, empfiehlt ein Weinbauer aus Niederösterreich. Wie Recht er doch hat. Überzeugen Sie sich selbst!

Reinhard Habeck

TEIL I

Rätselhafte Funde

»*Die beste Morgengymnastik für einen Forscher ist es, jeden Tag vor dem Frühstück seine Lieblingshypothese über Bord zu werfen.*«

Konrad Lorenz (1903–1989),
österreichischer Verhaltensforscher
und Nobelpreisträger

Vorwärts in die Steinzeit

Vom Ursprung archäologischer Kopfnüsse

Um das Heute zu verstehen, ist es wichtig, zu wissen, woher wir kommen. Aber was wissen wir wirklich über unsere Ahnen? Wie lebten sie, was dachten sie? Was ist aus ihnen geworden? Von den ersten Werkzeugmachern und Sammlern zu den Mammutjägern der Altsteinzeit, von den Erbauern der prähistorischen Steinkreise zu den Hügelgräbern bronzezeitlicher Stammesfürsten. Von den Urnengräbern über die alpinen Kulturzentren von Hallstatt und Hallein zur Welt der Räter, Kelten, Germanen und Römer. Es ist ein langer, steiniger Weg, der von den Urvölkern zur geschriebenen Geschichte der Neuzeit führt. Archäologen und Paläontologen sind redlich bemüht, die stummen Zeugnisse unserer Vergangenheit aufzustöbern und zum »Sprechen« zu bringen. Immer wieder gelingen den »Detektiven mit dem Spaten« erstaunliche Entdeckungen, sie bestimmen mit komplizierten Methoden das Alter der Funde und fügen Fragmente zu einem Ganzen zusammen. Wovon Tutanchamun-Entdecker *Howard Carter* (1873–1939) nur träumen konnte, ist heute bei der Suche nach unseren Vorfahren nicht mehr wegzudenken: Geophysikalische Messungen, globale Satellitenortung (GPS), Luftbildarchäologie, Bodenradar und modernste Computertechnologie dienen als verlässliche Hilfsmittel.

Jeder neue Fund kann bewirken, dass bisherige Thesen über die Wurzeln unserer Zivilisation verworfen werden müssen. Wie ist es möglich, dass eingebettet in viele Millionen Jahre altes Kohlegestein menschliche Überreste gefunden wurden aus einer Epoche, in der es – nach konventioneller Theorie – nie und nimmer Menschen gegeben haben kann? Ein Sandalenabdruck mit zertretenen Trilobiten, einem ausgestorbenen Urzeitkrebs, ist genauso darunter wie eine Goldkette, die aus einer 300 Millionen Jahre alten Kohleschicht freigelegt wurde, oder ein eiserner Nagel in 367 Millionen Jahre altem Sandstein. Immerhin 33 Millionen Jahre alt ist ein Steinmörser und Stössel, der 1877 im kalifornischen *Table Mountain*, USA, entdeckt wurde. Jüngstes Beispiel ist eine *Metallschraube*, die teilweise aus einem Gesteinsbrocken herausragt. Gefunden wurde das mysteriöse Stück in der Region des Berges *Mazong*, an der Grenze der Provinzen Ganzu und Xijiang, in China. Experten des »Institute National Land Resources Bureau« und des »Colored Metal Survey Bureau« untersuchten das Relikt. Plausible Erklärungen fehlen. Sind wir älter, als wir denken? Wie erklärt sich das wirre Zeitparadoxon?

Selbst wenn man berücksichtigt, dass das Auftauchen der ersten Frühmenschen von Anthropologen durch neue Erkenntnisse immer weiter in die Urzeit zurückdatiert werden muss, sind die ersten von Menschenhand angefertigten und in Äthiopien gefundenen Werkzeuge höchstens zwei Millionen Jahre alt. Die ältesten europäischen Steinwerkzeuge von Frühmenschen datieren mit etwa einer Million Jahren. In Österreich wurden die bislang frühesten Spuren menschlicher Existenz in der *Repolusthöhle* bei Peggau in der Steiermark entdeckt. Mehrere Feuerstellen und Steingeräte bezeugen, dass hier vor rund 200.000 Jahren *Neandertaler* nach Mammuts und Höhlenbären jagten. Warum die Tiere ausstarben, ist ebenso ungeklärt wie das Verschwinden des Neandertalers vor 30.000 Jahren. Gen-Analysen der letzten Jahre haben den alten Streit, ob er sich mit dem modernen Menschen vermischte, vorerst beendet: Im *Homo sapiens sapiens* findet sich kein Erbgut des Neandertalers. Der Urmensch ist also nicht mit uns verwandt, obwohl er mit Jean und T-Shirt im Stadtbild der Gegenwart kaum sonderlich auffallen würde.

Vor etwa 40.000 Jahren tauchten in Europa die ersten wirklichen »modernen« Menschen auf. Am *Wachtberg* nördlich von Krems fanden Archäologen im September 2005 das bisher älteste Grab von Österreichern. Zwei Kleinkinder wurden hier vor 27.000 Jahren unter dem Schulterblatt eines Mammuts bestattet. Erst vor 8000 Jahren wurde der so genannte »vernunftbegabte« Jetztmensch im Alpenraum als Viehzüchter und Bauer sesshaft. Viele Funde passen aber nicht in diese Welt, sind eindeutig zu alt und stehen im Widerspruch zur gängigen Geschichte. Ein Beispiel für rätselhafte Artefakte ist der »*Salzburger Eisenwürfel*« aus dem Jahre 1885. *Isidor Braun* aus dem oberösterreichischen *Vöcklabruck* entdeckte den Fremdkörper in einem mindestens 10 Millionen Jahre alten Kohlestück. 7 mal 7 mal 4 Zentimeter misst das Unikat, das offenbar künstlich bearbeitet wurde und eine präzise Mittelrinne aufweist. Dass es sich um einen Meteoriten handeln könnte, wie zunächst vermutet, konnte durch Analysen des Physikers *Karl Gurls* ausgeschlossen werden. Die Geschichte des umstrittenen Gegenstandes ist in einer Ausgabe des Londoner Wissenschaftsmagazins »*Nature*«, Jahrgang 1886, und des Pariser »*L'Astronomie*« von 1887 dokumentiert. Beleg für eine unbekannte, frühere Menschheit? Skeptiker halten den »Salzburger Würfel« eher für eine »Laune der Natur« oder einen gewöhnlichen Eisenklumpen von einer Industriemaschine. Ein Pech, dass dieses Beweisstück für Untersuchungszwecke nicht mehr zur Verfügung steht. 1886 bis 1910 war es in einem Salzburger Museum ausgestellt. Mit Ende des 2. Weltkriegs verlieren sich die Spuren. Jahrzehnte später soll das Relikt im Oberösterreichischen Landesmuseum in *Linz* und danach im Heimatmuseum von *Vöcklabruck* aufbewahrt worden sein. Seit einigen Jahrzehnten ist das anormale Ding erneut unauffindbar.

Das »Bermudadreieck« der Archäologie hat schon viele Schätze verschwinden lassen. Besonders gerne dann, wenn es sich um bizarre Einzelstücke handelt, die völlig aus der Art schlagen. Die Gründe für den Verlust können vielfältig sein: Diebstahl, Schlamperei oder sicherer Gewahrsam in einer Schachtel des Museums. Dort unter Verschluss deponiert verstaubt das Relikt und wird schließlich über die Jahrzehnte vergessen. Vieles verschwindet wohl auch unter Ausschluss der Öffentlichkeit bei Sammlern in irgendwelchen Privatarchiven. Manchmal wird das Aufgefundene von Beginn an vernachlässigt, weil die wahre Bedeutung gar nicht erst erkannt wurde. Die Befürchtung, dem Spott der Kollegen ausgesetzt zu werden, mag für hochrangige Wissenschaftler mit ein Grund dafür sein, weshalb man sich bei der Beurteilung mysteriöser Objekte so schwer tut. Vielleicht gibt es auch deshalb Berührungsängste mit dem Rätselhaften, weil man insgeheim ahnt, dass mit modernsten Untersuchungsmethoden neue Ungereimtheiten ans Licht kommen könnten. Da ist es bequemer und gefahrloser, archäologische Anomalien einfach zu ignorieren, als »Fälschung« abzuqualifizieren oder bestenfalls als »Kuriosität« gelten zu lassen.

Doch so selten sind diese »vereinzelten Sonderfälle« gar nicht. Für die Schulwissenschaft häufen sich die harten Nüsse, mit denen sie sich herumschlagen muss. Die angebotenen Lösungen für seltsame Entdeckungen aus grauer Vorzeit sind meist noch kurioser als der strittige Gegenstand selbst. Am Beispiel der *»Maschine von Antikythera«* im *National-Archäologischen Museum* von *Athen* wird das besonders deutlich. Im Jahre 1900 hatten griechische Schwammtaucher das Wrack eines Schiffes gefunden, das im 1. Jahrhundert v. Chr. gesunken war. Neben Marmor- und Bronzestatuen barg man auch einen von Schlamm und Gestein eingeschlossenen Klotz. Das undefinierbare Stück landete in einem Eck des Museumsdepots. Erst im Jahre 1954 untersuchten der Archäologe *Valerios Stais* und der Physiker und Mathematiker *Derek J. de Solla Price* den

1980 auf Schloss Schallaburg in Niederösterreich ausgestellt: eine 2200 Jahre alte elektrische Batterie. Noch heute gibt sie 0,5 Volt Spannung ab. (Bild: Habeck)

merkwürdigen Gegenstand. Das Ergebnis war eine Sensation: Der Brocken entpuppte sich als astronomische Rechenmaschine aus Bronze. Als Verwendungszweck wird die Beobachtung von Gestirnen angenommen. Der antike »Sterncomputer« besteht aus einigen Dutzend präziser Zahnräder. Etwas Ähnliches wie dieses Instrument wurde erst wieder mit den Uhren der Renaissance geschaffen. Daher will uns die Fachwelt plausibel machen, dass dieses Gerät erst tausend Jahre später ins Meer geworfen wurde und dann *zufällig* im Schiffswrack gelandet sei. »Zufälle« haben schon vielfach herhalten müssen, wenn sich ein außergewöhnlicher Fund partout nicht in das vorgefertigte Mosaikgebilde der geschichtlichen Lehrmeinung einordnen ließ. Die »Maschine von Antikythera« gehört dazu!

Und wie verhält es sich mit den 2200 Jahre alten Trockenbatterien aus Bagdad? Im Gebiet der Parther, heute Irak, wurden sie 1936 vom österreichischen Archäologen *Wilhelm König* ausgegraben. Die Artefakte sind etwa 14 Zentimeter hoch und enthalten einen kupfernen Zylinder, in dem ein bleiumkleideter Eisenstab steckte. Bitumen isolierte die Metalle. Eines dieser Exponate wurde 1978 im Rahmen der Ausstellung

»Sumer, Assur, Babylon« in Hildesheim und 1980 auf dem Renaissanceschloss Schallaburg bei Melk gezeigt. Experimente bewiesen, dass diese Tongefäße, gefüllt mit Wein-, Essig- oder Zitronensäure, zum Vergolden von Gegenständen bestens geeignet sind. Noch heute erzeugen die Geräte eine elektrische Spannung von 0,5 Volt! Sie funktionieren exakt nach dem galvanischen Prinzip, das allerdings gemäß unserer Schulweisheit erst 1789 von dem italienischen Anatomen *Luigi Galvani* erkannt wurde. Daher suchten Historiker für die elektrischen Zellen der Vorzeit krampfhaft nach einer anderen »vernünftigeren Lösung«, und die lautet: »Es waren *Kult*- und *Zaubergeräte*!«

Faszinierend, aber sind diese scheinbar simplen Entlarvungen uralten High-Tech-Wissens wirklich logisch? Genau das sind sie nicht. Die Liste der rätselhaften Funde aus der Menschheitsgeschichte ist sehr lang. »Zufall« reicht als Erklärung ebenso wenig aus wie die Worthülse »Kultgegenstand«. Ist es nicht viel wahrscheinlicher, dass große Entdeckungen der heutigen Wissenschaft nur *Wieder*entdeckungen von altem Wissensgut sind, das im Laufe der Geschichte in Vergessenheit geriet? Alles schon da gewesen? Stimmt der Eindruck vom Fortschritt unserer Kultur? Sind wir überhaupt in der Lage, immer den wahren Sinngehalt und den ursprünglichen Verwendungszweck der aufgefundenen Stückwerke zu begreifen?

Den klugen Evolutionsforschern zufolge existieren seit etwa 4 bis 6 Millionen Jahren Primaten, die Vorläufer des »vernunftbegabten« Homo sapiens. Eines Tages hatten die Frühmenschen den Entschluss gefasst, nicht mehr länger auf den Bäumen leben zu wollen. Andere Menschenaffen, wie die Schimpansen oder Orang-Utans, folgten diesem »Geistesblitz« nicht und hocken heute noch auf Ästen im Dschungel. Vor etwa 150.000 Jahren trat dann der »intelligente Jetztmensch« in Erscheinung. Er schaffte in einem verhältnismäßig kurzen Zeitraum einen erstaunlichen Intelligenzsprung, entwickelte sich vom primitiven Steinekratzer zum genialen Pyramidenbauer und Weltraumspezialisten. Eine Entwicklung, die mit Ende der Eiszeit vor etwa 10.000 Jahren rasant beschleunigt wurde. Aber was geschah in den Jahrmillionen davor? Wurde unser Planet über Generationen hinweg nur von menschenähnlichen Idioten bevölkert, ehe mit uns Superintelligenzlern der kulturelle Aufstieg begann? Leben in irgendeiner Form existiert seit mindestens 550 Millionen Jahren. Wie oft können sich während dieser langen Zeitspanne Gesellschaftsformen entwickelt haben, die entstanden sind und irgendwann wieder verschwanden? Ich behaupte: viele Male!

Müssten aber dann nicht mehr beweiskräftige Spuren vorhanden sein? Nicht unbedingt. Sie könnten so tief in den untersten geologischen Schichten der Erde begraben liegen, dass wir – wenn überhaupt – nur spärliche Fragmente finden. Bereits vor den bekannten Hochkulturen der Sumerer und alten Ägypter könnte es bereits fortgeschrittene Gesellschaften mit technologischen Kenntnissen gegeben haben.

Etablierte Gelehrte werden über solch tollkühne Gedankenakrobatik schmunzeln. Wenn wir dieser provokanten Hypothese dennoch folgen möchten, bleibt die Frage, weshalb das Wissen darüber im Laufe der Jahrtausende wieder verloren gehen konnte. Die Erklärung ist beunruhigend und einfach zu gleich: brutale kriegerische Auseinandersetzungen, weltweite Klimaveränderungen und die Folgen von Epidemien, Hungersnot und Völkerwanderung, globale Naturkatastrophen wie Verschiebung des Erdmagnetfeldes, zerstörerische Erdbeben, gewaltige Vulkanausbrüche und meteorologische Gefahren aus dem All könnten dazu beigetragen haben, dass fortgeschrittene Kulturen spurlos vom Erdboden verschwunden sind. Hinzu kommen konsequente Vernichtungsaktionen wie der Bibliotheksbrand in Alexandria 47 v. Chr., bei dem unschätzbares Wissensgut auf 700.000 Papyrus-Dokumenten für immer zerstört wurde. Gut möglich, dass darin auch Informationen über die Legende um versunkene Inselreiche wie Atlantis enthalten waren oder historische Belege für die biblische Sintflut-Sage.

Im Laufe der Milliarden Jahre währenden Entwicklungsgeschichte des irdischen Lebens kam es immer wieder zu großen *Massenauslöschungen*. Pflanzen und Tiere verschwanden oft aus bisher nicht bekannten Gründen. Das Aussterben der Dinosaurier gegen Ende der Kreidezeit gilt als das bekannteste Desaster. Über das Verschwinden der Urzeitriesen, die sich bis dahin 150 Millionen Jahre prächtig behauptet hatten, gibt es unzählige Theorien. Aller Wahrscheinlichkeit nach ist es auf ein kosmisches Inferno und Vulkanausbrüche zurückzuführen, welche die Erde vor 65 Millionen Jahren in einen ziemlich ungemütlichen Planeten verwandelt hatten. Früher oder später wird es wieder passieren.

Machen wir einen fiktiven Zeitsprung in eine ungewisse Zukunft – ins Jahr 2880 n. Chr. Es ist der 16. März. Uhrzeit: 20.04 Uhr MEZ. Es geschieht nicht ganz ohne Vorwarnung, aber es ist zu spät. Alle Bemühungen, die Bombe aus dem All abzuwenden, waren gescheitert: der Killer-Asteroid »1950 DA« mit eineinhalb Kilometer Durchmesser und 10.000 Megatonnen Gewicht stürzt 25 Kilometer südlich von Brooklyn in den Atlantik. Nur wenige Sekunden nach dem Aufprall fegt eine 500

Grad heiße Feuerwalze über New York. Große Teile von New Jersey verdampfen. Millionen Menschen sterben auf der Stelle. New England wird von der verheerenden Druckwelle eingeebnet, die Gluthitze lässt Städte und Wälder in Flammen aufgehen. Eine Säule aus Lava, Dampf und Gestein schießt ins All. Auch der Norden Südamerikas, Westafrika und die Westküste von Europa sind unmittelbar davon betroffen, später ebenso Asien und Australien.

Die Aufprallwucht, vergleichbar mit mehreren Millionen TNT-Explosionen, löst einen gigantischen Tsunami aus, der alles vernichtet, was sich ihm in den Weg stellt. Die Todeswelle ist hundertfach höher und gewaltiger als jene Katastrophe, der im Dezember 2004 in Südostasien rund 230.000 Menschen zum Opfer gefallen waren. Mit dem Einschlag des Todesboten verändert sich alles schlagartig. Weltweit bricht ein »nuklearer Winter« herein. Wochenlang toben globale Schneestürme. Binnen Monaten sterben Milliarden Menschen. Die Veränderungen von Klima und Vegetation führen zur Vernichtung der Zivilisation.

Keine Horrorvision von Endzeitpropheten, sondern ein Szenario des staatlichen amerikanischen »Sandia«-Laboratoriums, das mittels Computer einen Asteroiden-Einschlag simulierte. Es hat den Anschein, als wäre das Leben auf der Erde bereits mehrmals durch Geschosse aus dem All dezimiert worden. Irgendwann wird sicher auch die Kultur des modernen Menschen verschwunden sein. Die Frage bleibt offen, ob das Ende, wann immer es eintreten sollte, durch einen Asteroiden verursacht wird, der sich auf Crash-Kurs zur Erde verirrt. Oder, wie es derzeit eher den Anschein hat: durch Selbstmord, indem der Mensch mittels systematischer Umweltzerstörung seine Lebensgrundlage und die der Artenvielfalt vernichtet.

Nehmen wir bei diesem unerfreulichen Gedankenmodell an, vereinzelten Menschengruppen gelingt es, sich in höhere Regionen oder weniger betroffene Regionen, etwa den Alpen, zu retten. Die Infrastruktur der viel zitierten Informationsgesellschaft wäre trotzdem völlig zusammengebrochen, es gäbe keine Kommunikation zwischen den überlebenden Resten der Völker. Und dort, wo es doch zu Begegnungen kommen sollte, stünde der Kampf um Wasser und Nahrung im Vordergrund. Die Menschheit wäre über Jahrtausende in die Altsteinzeit zurückversetzt. Und was würde dann von unserer supercoolen Cyberspace-Gesellschaft späteren Generationen erhalten bleiben? Nicht viel.

Das geschriebene Gedächtnis unserer Zivilisation ist heute vor allem auf CDs und DVDs gespeichert, mit einer Lebensdauer von maximal 30

Jahren. Wenn sie mit einer speziellen Spiegelschicht versehen sind, können sie immerhin 200 Jahre überstehen. Spätestens dann sind sie unlesbar geworden. Wenn Archäologen 7000 Jahre nach der Apokalypse auf Fragmente unserer untergegangenen Zivilisation stoßen sollten, wären sie dann imstande, das Aufgefundene richtig zu interpretieren? Auf die Idee, dass darin wissenswerte Informationen gespeichert sein könnten, kämen sie höchstwahrscheinlich nicht, weil so ein »Ding« aus ihrer Kultur nicht bekannt ist. Und selbst dann, wenn die Zukunftsspezies ein Speichermedium darin vermuten sollte, was könnte es damit anfangen? Nichts, da kein Gerät mehr existiert, mit dem das alte Wissen abgerufen werden kann. Der eine oder andere Leser wird vielleicht noch im Besitz der alten, biegbaren Riesen-Disketten sein, die heute in kein PC-Laufwerk mehr passen. Die darauf gespeicherten Daten sind somit unbrauchbar.

Und das ist genau das Problem, vor dem wir heute stehen, wenn Archäologen die Überbleibsel unserer Herkunft rekonstruieren. Die Schwierigkeit besteht darin, ein neu entdecktes Fundstück in seiner Tragweite zu erkennen und genau an der richtigen Stelle des unvollständigen Mosaiks einzuordnen. Die Grundlage dafür ändert sich laufend. Durch aktuelle Funde, mittels verbesserter Forschungsmethoden und angesichts neuer Erkenntnisse müssen bisher geltende Sichtweisen oft modifiziert oder alte Behauptungen umgestoßen werden. Vieles aber bleibt nach wie vor *unverstanden*. Eigentlich sollten solche harten Nüsse den Forschergeist lebendig erhalten. Stattdessen verharren manche Altertumsforscher gerne in der Verlegenheitserklärung – Kult. Unsere Heimat ist voll davon. Wir sind haufenweise umringt von *Kult*stätten, *Kult*höhlen, *Kult*objekten und allerlei *kultischen* Symbolen. Aber wofür steht diese uralte Symbolik? Was ist ihre ursächliche Bedeutung? Reicht unsere Vorstellungskraft, um das Wissen unserer Urahnen zu verstehen? Genügen Begriffe wie »Opferstein« für einen eigentümlich geformten Menhir aus der Megalithkultur? Der Ausdruck »Kultwagen« für eine keltische Grabbeigabe?

Ob Schmuckhaftes oder Unscheinbares, jede Fundsache könnte ein verkannter Datenspeicher aus der Vergangenheit sein. Nehmen wir das Beispiel der tönernen Schale aus *St. Andrä-Wördern* (NÖ), die 1964 in einem Grab aus der Bronzezeit entdeckt wurde. Die Schüssel lag neben den Resten eines verbrannten Schweines, man hätte ihr kaum Beachtung geschenkt. Nachdem die Tonschale gereinigt worden war, fiel ihre unregelmäßige Verzierung auf. Die Kerben waren offenbar *absichtlich* verschiedenartig angeordnet worden. Zunächst hatte man keine Erklärung dafür. Nach eingehender Untersuchung erkannte man schließlich, dass ein *astronomischer Kalender* auf der Schale aufgezeichnet worden war. Die Gravur eines Winkelhakens hatte das Datum 885 v. Chr. besonders hervorgehoben. Wie man inzwischen weiß, wurde damals eine *Sonnenfinsternis* beobachtet und das Ereignis auf der Kalenderschale vermerkt.

Österreichs Urgeschichte könnte noch viele Überraschungen bereithalten. Die prähistorische Landkarte unserer Heimat ist trotz beachtlicher Erfolge unvollständig. Viele Regionen, darunter der Semmering, der Wienerwald oder das Südburgenland, wurden bisher noch kaum archäologisch beackert. »In vielen abgelegenen Gebieten des Alpenraums hat noch nie jemand gesucht«, gesteht der bekannte Wissenschaftler und Denkmalschützer *Johannes-Wolfgang Neugebauer* freimütig ein. »Da sind sicher Dinge draußen, von denen wir noch keine Ahnung haben.«

Für Kopfzerbrechen sorgt bereits das bisher Entdeckte. Das mystische Waldviertel im äußersten Norden Österreichs ist ein Paradebeispiel dafür. Die archaische Region hat seit Jahrtausenden ihr Geheimnis bewahrt. Welchen Zweck erfüllten die vielen gewaltigen, unzerstörbaren Steinriesen? Tonnenschwere Granitblöcke zeigen sich in den bizarrsten Strukturen, von der monumentalen Schichtung bis zu den Dolmen und Steinkreisen. Manche Steinmonumente haben durch natürliche Witterungsverhältnisse ungewöhnliche Formen angenommen, vielen jedoch wurde erst durch Menschenhand ein bestimmtes Aussehen verliehen. Aber zu welchem Zweck?

Manche Geschichtsschreiber vermuten, dass bei einigen von ihnen Gericht gehalten wurde. Esoteriker sprechen von einer »heilsamen Macht«, die von den Riesensteinen ausgeht. Sind es Reste eines »matriarchalen Kults«? Wurde mit den Megalithdenkmälern das Schicksal befragt? Waren es astronomische Kalender? Dienten sie Schamanen und Druiden als Orte der Kraft? Waren es Heiligtümer, um mit den »Göttern« in Kontakt zu treten? Wie sah diese prähistorische Spiritualität in der Praxis aus? Wir haben keine Ahnung. Wir kennen auch nicht den Sinn der mysteriösen *Schalensteine*. Es sind künstliche Vertiefungen, in runder oder ovaler Form, entstanden um 4000 v. Chr. In ganz Europa sind sie in Felswänden, einzelnen Steinen und Megalithgräbern verewigt. Aber wozu? Die traditionelle Erklärung lautet: »*Opfersteine*«, »*Altarsteine*« oder einfach nur »*heilige Steine, die wahrscheinlich mit religiösen Gebräuchen zusammenhängen*«. Aber wissen wir auch, ob und welche religiösen Gebräuche zur Anwendung kamen? Wir wissen es nicht.

Wir haben auch keine Ahnung, warum in *Oberneustift* (zwischen Zwettl und Groß Gerungs) auf der höchsten Stelle des 726 Meter hohen

Österreichs Stonehenge: geheimnisvolle Steinkreise am Bürserberg-Tschengla in Vorarlberg. (Bild: Karl Fritsche)

Steinberges – mitten im Wald – eine runde Stufenpyramide aus Stein steht. Der seltsame Rundbau besteht aus fünf kreisförmig angelegten Ebenen. Der Durchmesser am Fundament beträgt 14 Meter, die Höhe 7 Meter. Historiker halten es für möglich, dass der Pyramidenbau aus keltischer Zeit stammt und bis zu 2000 Jahre alt ist. Aber auch hier gilt das bereits Gesagte: Zweck und Ursprung sind ungeklärt.

Wald- und Weinviertel zählen wohl zu den wichtigsten prähistorischen Siedlungsgebieten Österreichs. Doch selbst in Gegenden, die bisher als urgeschichtliches Niemandsland gegolten hatten, werden dem Boden nach und nach erstaunliche Geheimnisse entrissen. Das Plateau am *Bürserberg-Tschengla* in Vorarlberg ist so ein vergessener Ort. Vor einigen Jahren war der Forscher *Gerhard Pichl* auf der einsamen Anhöhe unterwegs. Mit seinem Pendel suchte er nach einer Wasserader und entdeckte einen schweren, behauenen Stein. In der Folge kam es auf diesem Platz zu Grabungen, die einen kleinen Steinkreis freilegten. In der Folge wurden sorgfältig angelegte Steinreihen mit bis zu 40 Tonnen schweren Menhiren freigelegt und umgekippte Dolme wieder aufgestellt. Die Wissenschaft vermeldete begeistert: »Hier muss ein neues Kapitel der europäischen Urgeschichte aufgeschlagen werden!«

Bis zu 7000 Jahre könnte das »Stonehenge von Österreich« am Buckel haben. Wer aber hat die Steingiganten in die Bergwelt hineingewürfelt? Und wozu? Die Anordnung der Steine lässt einen astronomischen Aufbau erkennen. Stand am Bürserberg einst ein steinzeitliches Observatorium?

Wir Vertreter einer Superintelligenz und selbst ernannte »Krone der Schöpfung« halten uns gerne für die Größten und die Besten. Anzuerkennen, dass frühere Generationen uns im Wissen durchaus ebenbürtig waren, ja vielleicht in vielen Dingen sogar voraus, fällt uns schwer. Zumindest was Weisheit und die Einsicht in Verbindung zu den kosmischen Mächten betrifft, dürften uns die Menschen von damals in der Tat weit voraus gewesen sein.

Viele Spuren unserer prähistorischen Ahnen bleiben für uns unergründlich. Der Terminus Kult kann nicht die Lösung für die Beurteilung rätselhafter Funde sein. Es ist eine hilflose Vokabel, mit der wir immer dann schnell bei der Hand sind, wenn wir etwas nicht verstehen. Wir sind an dieser Wissenslücke nicht ganz unschuldig. Viele Puzzelteile zum Verständnis unserer Herkunft wurden zerstört, zu Baustoffen verarbeitet oder mussten Straßen und Gebäuden weichen. Oft wurden sie unabsichtlich beseitigt, da man von den historischen Schätzen unserer Vorfahren nichts wusste, manchmal jedoch durchaus wider besseres Wissen. Die Erforschung des Weltraums gilt als das letzte Neuland für uns Menschen. Der Blick zurück in eine weit entfernte Vergangenheit ist es genauso. Beides sind große Herausforderungen für unsere Zivilisation. Womit wir wieder am Ausgangspunkt angelangt sind, verknüpft mit den elementarsten Fragen: Wer sind wir? Woher stammen wir? Was bedeutet es, ein Mensch zu sein? Wohin gehen wir?

Zu diesen Geheimnissen fehlen uns noch gesicherte Antworten. Nur eines ist gewiss: »*Die geistige Geschichte der Menschheit besteht in einer fortwährenden Uminterpretierung der Vergangenheit.*« Egon Friedell (1878–1938)

Im Labyrinth von Kronberg

*Turmschädel und andere unerwartete
Entdeckungen unter dem Erdboden*

Wer gute Nerven hat und eine eiskalte Gänsehaut nicht scheut, sollte eine Visite im Wiener »Narrenturm« riskieren. Im denkmalgeschützten Rundbau lagern die Unfälle der Natur in altem Spiritus. Tote, bizarre, arme Kreaturen, die nachdenklich stimmen. Das ungewöhnliche Gebäude wurde 1784 unter *Kaiser Josef II.* errichtet und war das erste psychiatrische Krankenhaus. Heute ist im »Narrenturm« das *Pathologisch-anatomische Bundesmuseum* untergebracht. Es beherbergt neben bizarren Präparaten, die eine krankheitsbedingte Fehlentwicklung zeigen, ebenso ungeklärte Fälle der Pathologie. Ein Kopf eines Kindes aus Peru zeigt einen typischen Langschädel. Die Mediziner nennen dieses Merkmal *Platyzephalie*. Die längliche Deformierung entstand aber nicht durch eine Wachstumsstörung, wie man zunächst annehmen könnte, sondern mittels *künstlich* hervorgerufener Technik. Kein Einzelfall. Künstlich deformierte Schädel entstammen Operationen, die seit der Jungsteinzeit vor 7000 Jahren bis Ende des 19. Jahrhunderts durchgeführt wurden. Und zwar weltweit!

Ob in Nord- und Südamerika, Zentral- und Westafrika, China oder in unseren Breiten auf Malta, in der Bretagne, in Holland und in Deutschland, überall stießen Archäologen bei Grabungen auf diese seltsamen Turmschädel. Sogar in Österreich hat man sie ausgebuddelt. Dort, wo man es am allerwenigsten vermuten würde – im Gebiet der 800-Seelen-Gemeinde *Kronberg* bei Wolkersdorf in Niederösterreich. Hier im malerischen Weinviertel, zwischen Kellergassen und Kulturheurigen, liegt das Reich des *Hermann Bauch*. Der Bildhauer, Grafiker, Glasmaler und Gestalter von meisterhaften Mosaiken hat 1965 damit begonnen, verfallene Weinkeller und Presshäuser zu retten. Ein Vermögen hat er seitdem für Restaurationen und private Grabungen ausgegeben. Das Resultat verdient Bewunderung. Bis dahin wurde Kronberg von Archäologen und Historikern eher stiefmütterlich behandelt. Hermann Bauch gesteht: »Ich habe alle meine Kindheitsträume verwirklichen dürfen.« In seiner Künstlerburg auf dem alten Himmelberg wohnt und arbeitet das Multitalent. Mit seinem privaten Knusperhäuschen, dem Atelier, dem Hermann-Bauch-Museum und den »Kunststadeln«, wo schon Philharmoniker gastierten, schuf sich der Kronberger sein Paradies.

Das idyllische Dorf besitzt viele Geheimnisse. Die Weinbauregion wird erstmals Anfang des 14. Jahrhunderts urkundlich erwähnt. Im Mittelalter stand hier die große Burg von *Hermann von Chronperch*, von der nur noch der Hügel und ein paar Steine übrig geblieben sind, umgeben von einem engen Graben – den heutigen Kellergassen. Das Besondere: Der Hausberg und die angrenzenden Erhebungen sind von kilometerlangen unterirdischen Labyrinthen und Gängen durchzogen, manche sind mehrere Stockwerke tief. Viele Tunnel sind verschüttet und haben ihr Geheimnis bis zum heutigen Tage bewahrt.

Bereits in der Steinzeit gab es in der Region von Kronberg eine Siedlung. Das belegen viele Bodenfunde, darunter ein 4000 Jahre altes Hockergrab aus der frühen Bronzezeit. Solche Bestattungen gelten als die älteste Grabform der Menschheit. Dort liegt der Leichnam gleichsam wie ein Embryo in Hockstellung im Mutterleib. Die Blickrichtung der Toten ist immer nach einer Himmelsrichtung orientiert. Archäologen deuten diese Position als Rückkehr zu den Ursprüngen des Menschen.

Bei den Kellerrenovierungen machte Hermann Bauch immer wieder unerwartete Entdeckungen. Bei all den vielen kostbaren Schätzen, die er im Himmelberg und im Himmelkeller zusammengetragen hat, zählen die *deformierten Schädel* sicher zu den eigenartigsten Relikten. Sie stammen aus einem nahe gelegenen Gräberfeld, das zerstört und geplündert aufgefunden wurde. Neun menschliche Skelette waren erhalten geblieben. Fünf davon wiesen seltsame Verformungen am Schädel auf. Anthropologische Untersuchungen ergaben, dass es künstliche Deformationen sind, die durch Bindewicklung im Säuglingsalter entstanden waren. Was gleichermaßen überraschte: die Überreste stammten von Menschentypen aus dem 5. Jahrhundert n. Chr., die teils *europid*, teils *mongolid* waren. Einige Schädel werden den *Hunnen* zugeschrieben oder ihren Nachfolgern, den *Awaren*. Die anderen stammen von *Germanen*fürsten. Der Einfluss der Hunnen umfasst den Zeitraum von 376 bis 456 n. Chr. Es war die Zeit der großen Völkerwanderungen. Eine Periode österreichischer Geschichte, die zu den dunklen Jahrhunderten gezählt wird.

Die Hunnen waren das erste Steppenvolk, das nicht nur nach Osteuropa, sondern bis nach Mittel- und Westeuropa vorstieß. Ihre ethnische

Künstlich in die Länge gezogene Köpfe sind ein weltweites, seit der Jungsteinzeit bekanntes Phänomen. Die Kronberger Langschädel stammen aus dem 5. Jahrhundert. Schönheitsideal? Statussymbol? Imitationskult? Wer stand einst dafür Pate? (Bild: Habeck)

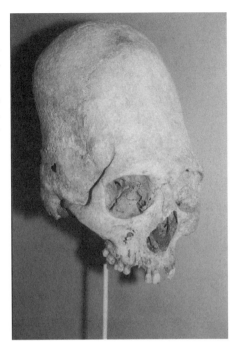

Zugehörigkeit und die Ausdehnung ihres Imperiums sind unter Historikern umstritten. So viel ist bekannt: Schon ihr Anblick sorgte für Angst und Schrecken. Sie waren nicht nur geübte Kämpfer und Reiter mit barbarisch anmutender Kleidung aus Fellen. Ihre Gesichter waren durch tiefe Narben entstellt, die Haare ihrer Turmschädel waren teilrasiert und die Nasen künstlich plattgedrückt. Durch ihr Aussehen und die Berichte über Gräueltaten, die ihnen zugeschrieben wurden, dachten die meisten Gegner schon vor dem eigentlichen Kampf: »Rette sich wer kann!«

Die Hunnen waren Meister der psychologischen Kriegsführung. Ihr berühmter König *Attila* ging später als »Geißel Gottes« in die europäische Geschichte ein. Der Wiener Raum, Niederösterreich und das Burgenland waren viele Jahre lang fester Bestandteil seines Reiches. Die Feldzüge nach Mittel- und Westeuropa führten zu ungeheuren Verwüstungen und bereiteten den Untergang des Weströmischen Reiches vor, der gut zwei Jahrzehnte nach Attilas Tod eintrat. Den Hunnen selbst erging es nicht besser. Mit den Durchzügen germanischer Völkerschaften aus dem Norden wurde ihre Herrschaft an der Donau unterbrochen. Ab dem Ende des 5. Jahrhundert haben sich die Hunnen mit anderen Völkern vermischt. Das Gräberfeld im Weinviertel lehrt, dass Germanen vor mehr als 1500 Jahren mit Hunnen oder Awaren eine Symbiose eingegangen waren. Selbst zwischen so gegensätzlichen Völkern muss es ein friedliches Nebeneinander gegeben haben. Womit aber erklärt sich die angewandte Technik, Schädel unnatürlich in die Länge zu ziehen? Abschreckung gegen Feinde? Schönheitsideal? Gibt es eine religiöse Bedeutung?

Die häufigste Schädelverformung war die Pressung und Bandagierung mittels zweier Bretter, die vorne und hinten angelegt und – mit Bändern verschnürt – den Kopf zu schmerzhaftem Wachstum in die Länge zwangen. Extrem lange Schädel sind aus *Paracas* in Peru bekannt. Reisende auf den Spuren der Inka werden in den altamerikanischen Museen auch Breitschädel zu Gesicht bekommen und bizarre Köpfe mit völlig verformter Ausbuchtung sowie Dellenbildung, wo man sich nicht mehr sicher sein kann, ob der Kopf einst wirklich einem Menschen gehört hat. Bis in neuere Zeit war die Sitte, Schädel zu verformen, noch in *Lappland* und auf *Kreta* üblich. Bei den *Mangbetu* und anderen Stämmen im Nordosten des Kongos kann man noch heute Menschen mit künstlich verlängertem Kopf begegnen.

Wohlgemerkt, alles Schädelfunde, die künstlich hervorgerufene Deformierungen aufweisen. Was trieb die Menschen auf der ganzen Welt dazu, so etwas zu tun? Welche Motivation konnte so stark sein, dass sie bereit waren, ihre eigenen Kinder einer qualvollen Prozedur zu unterziehen? Anthropologen haben darauf noch keine plausible Erklärung geben können. Sie behaupten, die Verformungen seien eine Art »Modeerscheinung«. Die Turmschädel waren demnach eine Umformung, vergleichbar mit Fettabsaugung, aufgespritzten Lippen oder Silikonbrüsten heutiger Schönheitschirurgie.

Aber ist das wirklich überzeugend? Im Zeitalter von Satelliten-TV und Internet verbreiten sich neue Trends, ob Kleidermode, aktuelle Popsongs oder Spielzeugware, in Windeseile um den Globus. Doch wie kommt es, dass über einen Zeitraum von zigtausenden Jahren Völker auf verschiedenen Kontinenten alle demselben Trend folgten? Und das bereits zu einem Zeitpunkt, wo es noch keinen kulturellen Austausch über die Weltmeere – zumindest laut traditioneller Theorie – gab?

Es muss einen anderen *ursächlichen* Grund für diese Selbstverstümmelungen gegeben haben. Irgendetwas hat sich so nachhaltig ins Bewusstsein aller Menschen eingeprägt, dass sie diese qualvolle Behandlung auf sich genommen haben. Was auffällt: die Schädeldeformierungen finden sich bevorzugt bei Skeletten, die zu höher gestellten Persönlichkeiten gezählt werden müssen, wie das Auffinden in Gräbern von Fürsten und Priestern belegt. Turmschädel waren offenbar ein *Statussymbol* oder dienten mystischen Vorstellungen, etwa dem Zeichen für eine bessere Verbindung zu den Ahnen im Himmel. Vor allem im alten Ägypten hatten die Schädelanomalien einen religiös-gesellschaftlichen Hintergrund. Gab es bestimmte Vorbilder, denen man nacheiferte? Wollte man so sein, wie man sich überirdische »Götter« vorstellte? War man ihnen vielleicht sogar begegnet? Die Hunnen- oder Awarenschädel aus Kronberg konnten das Rätsel um den weltweiten »Kopfkult« nicht lüften.

Die Langschädel sind nicht das einzige Mysterium, das dem Boden des verträumten Weindörfchens entrissen wurde. In der Museumsanlage von Hermann Bauch sind noch weitere sehenswerte Kostbarkeiten zu bewundern: frühgeschichtliche Exponate, Reliquien, bäuerliche Alltagskultur, sakrale Kunst und erstaunliche Artefakte, die mit dem sagenumwobenen *Templerorden* in Verbindung gebracht werden. Neben einem Schwert gilt das vor allem für ein kunstvoll gearbeitetes Kreuz mit einer Pyramide in der Mitte. Es wurde im 3. Jahrhundert aus Schmuckelementen hergestellt und besteht aus Teilen eines Pferdezaumzeuges. Ursprünglich gehörte es einem Germanenfürsten. Unter dem Namen »Kronberger Kreuz« wurde es bekannt. Im 13. Jahrhundert hatte man es – aus welchen Gründen auch immer – zu einem Templerkreuz verarbeitet.

Um die Templer spannt sich ein ganzer Bogen von mehr oder weniger glaubhaften Legenden. Der französische Ritter *Hugo de Payens* hatte 1118 mit einigen Mitstreitern den Orden der Tempelritter gegründet. Sie waren *Ritter* und *Mönche* zugleich. Als »Arme Ritterschaft Christi vom Salomonischen Tempel« waren die Templer einst angetreten, um die Pilger im Heiligen Land vor den islamischen Sarazenen zu schützen. Schon bald entwickelte sich der Ritterorden zu einem aus der abendländischen Welt nicht mehr wegzudenkenden Machtfaktor. Das von der Ordensgemeinschaft aufgezogene Wirtschaftssystem mit Bank- und Scheckwesen war nach mittelalterlichen Maßstäben betrachtet überaus fortschrittlich. Und vor allem: Es sicherte den Templern einen gewissen Wohlstand. Das wiederum machte sie dem übrigen Christentum gegenüber verdächtig. Der schwer verschuldete *König Philipp IV.* von Frankreich sah in der Ausschaltung der Templer eine Möglichkeit zu seiner eigenen Sanierung und fand in *Papst Clemens V.* einen eifrigen Fürsprecher.

Man bezichtigte den Templerorden der Ketzerei und Teufelsanbetung, der Verleugnung Jesu Christi und der Missachtung der Sakramente. Und obszöne Praktiken wie Sodomie betrieben sie angeblich sowieso. In der

Folge wurde der Orden von höchsten kirchlichen Institutionen aufgelöst, ihre Anhänger verfolgt und 1313 ihr letzter Großmeister, *Jacques de Molay*, nach jahrelangen Folterungen auf dem Scheiterhaufen verbrannt. Gerüchte sprachen schon bald von einem Weiterleben des Ordens im Untergrund oder in anderen Gebieten Europas und von einem verborgenen Schatz der Templer. Haben sich versprengte Reste der verbotenen Ordensgemeinschaft nach Österreich gerettet? War Kronberg eine Zufluchtstätte der Templer? Urkunden darüber existieren nicht. Ein Fundstück aus der Sammlung Bauch könnte aber den entscheidenden Hinweis dafür liefern: ein Säulenabschluss in Form eines Kopfes mit *drei* Gesichtern. Gut erhaltene Darstellungen dieses »dreigesichtigen Kopfes« finden sich ebenso in einer Kapelle von *Stift Seckau* in der Steiermark sowie in *Innsbruck* im *Museum für Volkskunde*. Ein sonderbares Motiv, das aus der Literatur über die Templer bekannt ist. Es wird mit der Götzenanbetung im Zusammenhang gesehen, der die Ordensbrüder vorgeblich huldigten. Das Abbild der drei Gesichter soll symbolisch einen mystischen Gegenstand darstellen, der im Original als *»Baphomet«* bezeichnet wurde.

Was mit diesem sonderbaren »Idol« wirklich gemeint war, darüber zerbrechen sich die Gelehrten seit Jahrhunderten das Gehirn. Einigen Quellen zufolge war es ein metallischer Kopf aus Gold mit Edelsteinaugen, ein »Stein der Weisen«, der mit dem »Heiligen Gral« ident gewesen sein soll. Über die Herkunft des Wortes »Baphomet« gibt es viele Theorien. Eine besagt, dass im Jahre 1204 das berühmte *Turiner Grabtuch* von den Templern gerettet und ins Abendland gebracht wurde. In gefaltetem Zustand zeigt die Reliquie das Gesicht eines bärtigen Mannes. War dieses Abbild wirklich jener »Kopf«, den die Templer verehrten? Die mögliche Bedeutung des Wortes »Baphomet«, abgeleitet von Mohammed – Mahomet – Maphomet – Baphomet, zielt noch mehr ins Leere. Weshalb sollten die Streiter Christi ausgerechnet Mohammed verehrt haben? Am Wahrscheinlichsten könnte die Verbindung zum arabischen Begriff »abufihimat« sein, das im Spanien des Mittelalters »bufihimat« ausgesprochen wurde. Sinngemäß bedeutet dies *»Quelle des Wissens«*.

Manchmal liegt das Wissenswerte näher, als man glaubt, und bleibt doch lange Zeit unentdeckt. In Kronberg enthüllte ein abrupter Geländeeinbruch auf dem Grundstück von Hermann Bauch ein Rätsel: Unter dem verschütteten Erdreich kam in 12 Meter Tiefe ein bis dahin unbekanntes Gewölbe zum Vorschein. Der etwa 3 mal 4 Meter große »Templerkultraum« wurde freigelegt und kann inzwischen besichtigt werden.

Den Besucher versetzt das Gesehene in Staunen: Im Zentrum des im Halbkreis angelegten Raumes steht ein »Opferstein« und ein Wasserbecken sowie ein Fackeltöter mit sieben Vertiefungen. In der Kuppel der Kammer sind die Reste eines Luft- und Lichtschachts erkennbar, der einst an die Oberfläche führte. Der »Kultraum« erinnert an die unterirdische Kapelle von *Gisor* in Frankreich. Der Legende nach soll sich dort am 24. Dezember eine bestimmte Sternenkonstellation im Wasserbecken gespiegelt haben. Mit ihr soll der gesamte Bauplan der Templerfestung entschlüsselt werden können. Hatte man den Andachtsraum und das labyrinthartige Gangsystem in Kronberg nach ähnlichen astronomischen Gesichtspunkten errichtet? Unbestritten ist, dass die Templer über erstaunliche Kenntnisse der Geometrie verfügten und die größten Sakralbaumeister ihrer Zeit waren. Aber sind sie wirklich in Kronberg aktiv gewesen?

Einige Heimatforscher vertreten die Ansicht, dass auch die Kirche der 1330 gegründeten Pfarre Kronberg von den Templern errichtet wurde. Was sich wissenschaftlich kaum beweisen lässt, da das Gotteshaus in seiner gegenwärtigen Form wesentlich jünger ist. Es besteht aber die Möglichkeit, dass sie auf den Fundamenten einer ehemals sakralen Stätte des Templerordens ruht. Dafür sprechen auch die Kelleranlagen in ihrer unmittelbaren Nachbarschaft. Die jüngsten stammen zwar erst aus dem 18. Jahrhundert, andere wiederum lassen sich bis ins 13. Jahrhundert zurückdatieren. Ob sie ursprünglich Verstecke, Fluchtanlagen oder Verteidigungssysteme waren, wissen wir nicht. Die Behauptung, dass die Wahrheit irgendwo dort drinnen im Erdboden verborgen liegt, ist aber nicht vermessen. Manche Tunnel dienten während des Türkenansturms auf Wien (1529 und 1683) als Fluchtgänge. Später wurden sie einfach zugeschüttet oder durch Neubauten zerstört. Ganz Kronberg scheint von den Resten unterirdischer Anlagen geradezu unterminiert. Erst ein Bruchteil davon ist wissenschaftlich erforscht. Die meisten zugänglichen Gewölbe dienen heute jenem Zweck, wofür die Kellergassen berühmt geworden sind: als Flaschenverlies für den edlen Rebensaft. Aber welche Bedeutung hatten sie *ursprünglich*?

Hermann Bauch zeigte mir einen dunklen Gang des Himmelkellers, der jahrelang vor neugierigen Blicken verschont blieb. Der Abstieg in die Unterwelt war nicht risikolos, die Stufen mehr als brüchig. Was ich hier zu sehen bekam, ist für jeden Sonntagsforscher ein unvergessliches Aha-Erlebnis: die Wände sind mit Darstellungen geschmückt, die ein unbekannter Künstler des Mittelalters reliefartig herausgearbeitet hatte. Es

Wer hat diese naiven Bibelmotive in unterirdischen Gängen des Himmelkellers geritzt? Enthalten sie verschlüsselte Informationen aus der Zeit des Templerordens? (Bild: Habeck)

zeigt den Leidensweg Christi vom Letzten Abendmahl bis zur Kreuzigung und seiner Auferstehung. Einige Details sind so eigentümlich wiedergegeben, dass kühne Forscher die Möglichkeit nicht ausschließen, dass in den Zeichen geheime Botschaften enthalten sein könnten. Stammen die naiven Bibel-Szenen von Brüdern des Templerordens? Das wird von Historikern rigoros bestritten. Die über den Bildmotiven eingeritzten Texte sind in einer Schreibschrift des 19. Jahrhundert verfasst worden.

Aber was sagt das schon über das wahre Alter? An der Außenwand des Stephansdoms in Wien sind etliche Symbole und Namen erst von Vandalen der Gegenwart hinzugefügt worden. Deshalb würde niemand behaupten, der »Steffl« sei erst vor wenigen Jahren entstanden. Wirkliche Klarheit über den Zweck des unterirdischen Irrgartens in Kronberg kann nur mittels systematischer Forschung beantwortet werden. Seitens des Archäologischen Instituts der Universität in Wien scheint das nötige Interesse an offiziellen Grabungen aber nicht allzu groß zu sein. Warum eigentlich?

Tatzenkreuz und Tabernakelstein

Liegt auf Burg Lockenhaus der Schlüssel zum Vermächtnis des Templerordens?

Kennen Sie die *Blutgasse* in der Wiener Innenstadt? Die Gasse mit dem grauenvollen Namen liegt nur wenige Meter entfernt vom Wiener Stephansdom. Der Sage nach soll hier das Blut ermordeter Tempelritter geflossen sein. Ihr Orden wurde 1307 in Frankreich aufgelöst und ihre Güter beschlagnahmt. Viele starben am Scheiterhaufen oder wurden lebenslang eingekerkert. Andere waren der Verhaftung entgangen, flüchteten ins Ausland oder traten zum Orden der *Johanniter* über. In Wien besaßen versprengte Reste der Templer angeblich im *Fähnrichshof* eine letzte Zufluchtsstätte, die an die Blutgasse angrenzte.

Den heute gebräuchlichen Namen erhielt die Gasse allerdings erst 1542. Zuvor war sie unter der Bezeichnung »Khotgäßl« bekannt, was die Hygienezustände im Wien des finsteren Mittelalters recht gut umschreiben dürfte. Der historische Wahrheitsgehalt in Verbindung mit dem Templerorden ist daher eher zweifelhaft. Aber kann deshalb die Möglichkeit ausgeschlossen werden, dass die edlen Rittermönche in Österreich machtvolle Niederlassungen besaßen? In den meisten heimischen Geschichtsbüchern findet der Templerorden nicht einmal im Register oder wenigstens gnadenhalber als Fußnote Erwähnung. Für Historiker scheint Österreich ein »weißer Fleck« in der Templerkarte zu sein. Der Grund dafür liegt wohl daran, dass nur wenige Schriftbelege über ihre Besitztümer existieren. Die Hand voll Urkunden der Jahre 1298 bis 1303 belegt aber die Präsenz der Templer. In einem Schreiben von *Papst Clemens V.* an den österreichischen Herzog wird dieser ermahnt, in seinen Gebieten weilende Templer unverzüglich zu verhaften und den zuständigen Bischöfen auszuliefern. Aus einem Dokument des Jahres 1309 geht hervor, dass die Templer »all ihr Gut zu Fischamend, Rauchenwarth und Schwechat« verkauft hatten. Folglich müssen diese Liegenschaften zuvor in ihrem Besitz gewesen sein.

Der Einfluss des Ritterordens erstreckte sich vom Heiligen Land, ihrem eigentlichen Wirkungsbereich, über ganz Europa. Auch in unserer Region haben sie ihre unverwechselbaren Spuren hinterlassen. »Templerreisende« können sie bevorzugt in Niederösterreich entdecken. Viele beweiskräftige Spuren dürften im Laufe der Jahrhunderte der Zerstörung zum Opfer gefallen sein. Selbst aus jüngster Zeit sind solche Schandtaten bekannt. Am Südrand des Weinviertels, nur etwa 15 Kilometer von Kronberg entfernt, liegt *Matzen*. Der Ort, die Kirche und das Schloss wurden urkundlich erstmals im Jahre 1194 im Zusammenhang mit den Templern als Bauherren erwähnt. Bemerkenswertes finden wir dazu in der Pfarrchronik. Darin ist aufgezeichnet, dass das Gotteshaus vor mehr als 200 Jahren Gegenstand einer gründlichen Untersuchung war. Der genannte Anlass lässt aufhorchen: »*Es wurden nämlich im Jahre 1798 im Beisein der geistlichen und weltlichen Ortsobrigkeit, um die Wahrheit einer alten Sage, als lägen dort Templer begraben, die Stufen des Hochaltars weggenommen, die Erde aufgegraben und wirklich fand man an jenem der beiden Plätze eine Gruft, in welcher längst verweste Leichen lagen. Deren Kleidung war noch wohl erhalten und war bestimmt die der Templer. Besonders gut war auch der Mantel mit dem Kreuze darauf conserviert. Unter dem Hochaltar lag einer, unter dem Seitenaltar lagen zwei begraben. Jenen* [unter dem Hochaltar, R. H.] *erkannte man vermöge seiner kostbaren Kleidung für einen Vorsitzenden jenes Ordens. Dies alles bekräftigten mehrere Augenzeugen, unter welchen der damalige Pfarrer von Matzen, Herr Alois Winter genannt zu werden verdient.*«

Von der alten Pfarrkirche ist leider nicht mehr viel übrig. Teilweise sind noch romanische und gotische Mauerreste erkennbar. »Im Jahre 1958 wurde aus Platzgründen und weil die alte Kirche für die Gemeinde zu klein geworden ist, an deren Stelle eine neue, moderne Kirche errichtet«, erfährt man von *Gerhard Volfing*, einem profunden Kenner der Geschichte des Templerordens auf österreichischem Gebiet. Der Autor ergänzt betroffen: »Die gotische Kirche wurde schonungslos demoliert. Alles, was sich je unter deren Boden befunden haben mag, denn nach der oben beschriebenen Untersuchung wurden die Gräber wieder geschlossen, liegt nun für immer unter den Fundamentplatten der neuen Kirche begraben.«

Erstaunlich, was alles möglich ist in unserer toleranten Zeit, trotz Denkmalschutz. Was mag noch alles tief im Erdreich unter geheiligten Plätzen liegen? Wo lassen sich in unserer Heimat noch Spuren des legendären Ritterordens finden? Ein Markenzeichen der »Christusritter« war ihre Kleidung: ein weißer Mantel mit einem *achtspitzigen, roten Tatzenkreuz.* Auf Grabplatten, Türstehern und Steinblöcken mit dem typischen Emblem stößt man in Aggsbach Markt, Friedersbach, Kleinzell, Königstetten, Spital, Trandorf, Wiener Neustadt, Zwettl und anderen niederösterreichischen Orten.

Eine heiße Fährte zu den Tempelrittern führt in die Ortschaft *Kleinzwettl*, etwa 35 Kilometer nördlich von Zwettl im Waldviertel. Die Dorfgeschichte lässt sich urkundlich bis ins Jahr 1112 zurückverfolgen. Auf einer kleinen Anhöhe steht eine urtümliche Wehrkirche – ein Juwel der Baukunst. Um 1406 wurde sie gotisch umgebaut. Der ursprünglich romanische Türsturz aus dem 13. Jahrhundert ist als Schaustück neben dem heutigen Eingang eingemauert worden. Er zeigt das bekannte Tatzenkreuz. Im Inneren der Kirche sind weitere Symbole der Templer angebracht. Im Kirchenboden befindet sich der geheime Eingang zu einem unterirdischen Gangsystem mit mehreren Kammern, fein säuberlich in den Stein gehauen. Ein schwerer Verschlussstein macht deutlich, dass der Stollen für neugierige Besucher verschlossen bleiben soll.

Petronell-Carnuntum an der Donau, etwa 40 Kilometer östlich von Wien, ist ebenfalls ein aussichtsreicher Kandidat. Die Geschichte der Region reicht bis Christi Geburt zurück. Im Jahre 6 n. Chr. wird Carnuntum als die größte römische Siedlung in Pannonien genannt. Das Gemeindegebiet umfasst beachtliche 26 Quadratkilometer. Das liegt daran, dass hier ursprünglich sechs Ortschaften gestanden haben. Im Verlauf der Türkenbelagerung wurden sie dem Erdboden gleichgemacht, damit verbunden vielleicht ebenso viele Templerspuren. Eine Besonderheit hat die Kriegswirren überlebt: der älteste und wertvollste Rundbau Österreichs – die *Johanneskapelle*. Die zeitliche Einordnung stimmt: erste Hälfte des 12. Jahrhunderts. In den meterdicken Außenmauern verbirgt sich ein geheimer Gang, der, so wird vermutet, zur Verteidigung gegen unbefugte Eindringlinge gedient haben soll. Die Kapelle wurde früher als Baptisterium (Taufkapelle) benutzt, worauf das ursprüngliche Fehlen einer Gruft hinweist. Erst im 18. Jahrhundert wurde eine Grabkammer angelegt, in der heute die sterblichen Reste der Familie von *Abensperg-Traun* ruhen.

Die Familiengeschichte weist den eigentümlichen Karner als Templerbau aus. Dafür sprechen zwei kleine Templerkreuze, die im Türsturz der Kapelle eingemeißelt sind. Eine Merkwürdigkeit umgibt das Giebelfeld am Karner. Es zeigt ein seltenes Relief mit drei Personen: linker Hand ist ein bärtiger Mann dargestellt, der nur mit einem Tuch bekleidet ist. Die Muster auf seinem Überhang erinnern an die Schuppen eines

Fisches. Mit beiden Armen segnet der Mann den Kopf und die Schulter eines nackten Kindes. Darüber ist ein Vogel zu sehen, der aus einer Mondsichel herabsteigt. Offenbar sollte damit das Symbol des Heiligen Geistes zum Ausdruck gebracht werden. Auf der rechten Seite des Reliefs ist ein weiblicher Engel in Stein verewigt, der dem Kind in der Mitte ein geöffnetes Tuch reicht. Einige Forscher vermuten in der untypischen Szene das Vorbild einer gnostischen Geisttaufe. Andere erinnert das Motiv an die Legenden vom »Schweißtuch der Veronika«, dem »Turiner Grabtuch« und an das angeblich Wunder wirkende Tuchbild »Mandylion« des König Abgar von Edessa. Da am Rundbau noch Rosettenformen und Symbole angebracht sind, die man vor allem bei französischen Tempelritterbauten vorfindet, ist es verständlich, wenn das Bauwerk den Templern zugeordnet wird.

Ein Auftrag an die Templer lautete: »Findet die heilige Lade Gottes, die biblische *Bundeslade* mit den mosaischen Gesetzestafeln!« Hatten die Templer gefunden, wonach sie suchten? Was war der eigentliche Zweck dieser Bundeslade, was ihr Inhalt? Wohin ist der israelitische Kultgegenstand verschwunden? Gibt es eine Verbindung zu den Hütern des Heiligen Grals, »Baphomet« und dem »Stein der Weisen«? Was sich wie das Drehbuch zu einem abenteuerlichen Science-Fiction-Roman liest, hat einen zugegeben utopisch klingenden, aber doch auf historischen Indizien beruhenden Hintergrund.

Für Nachforschungen lohnt ein Ausflug ins sonnige Burgenland mit seinen reichen Sehenswürdigkeiten. Jeder kennt das Land als Brücke zwischen den Ostalpen und der ungarischen Tiefebene. Doch die wenigsten wissen, dass es seinen Namen nicht von den zahlreichen Burgen hat, sondern vielmehr von den vier westungarischen Landkreisen (Komitaten) Press*burg*, Wiesel*burg*, Öden*burg* und Eisen*burg*. Die Burgen aber, die man dort findet, haben alle eine lange Geschichte, und um jede Burg, jede Ruine, rankt sich ein Kranz von Sagen und Mysterien, die von Generation zu Generation weitergegeben werden. Eine mittelalterliche Anlage interessiert uns besonders: *Burg Lockenhaus*, die letzte echte Ritterburg im Burgenland.

Burg Lockenhaus, früher »castrum Léka«, wurde zwischen 1200 und 1240 erbaut. Die Ursprünge könnten noch weiter zurück in die Vergangenheit liegen. Historiker vermuten nämlich, dass die Burg auf den Resten einer alten römischen Wehranlage errichtet worden ist. Die Feste beherbergte in ihrer wechselvollen Geschichte die verschiedensten Herrscher. Im Zeitraffer: 1270 war sie im Besitz des Böhmenkönigs Ottokar, 1337

Eroberung durch *Stefan Láczkfi*, 1390 Übergabe von *König Sigismund von Ungarn* an die Brüder *Kanizsay*, 1490 Einnahme von *Maximilian I.* und wieder Rückgabe an die Kanizsay, ab 1535 residierten die mächtigen *Nádasdy*, unter denen die Vorburg, das »äußere Schloss«, entstand. Diese Epoche war vor allem durch die »*Blutgräfin Erzsebeth*« Nádasdy, geborene Báthory, geprägt, der vielleicht größten Mörderin aller Zeiten. Bei ihr hätte sich selbst Graf Dracula noch Anregungen holen können. Die Adelige war bildschön, aber sexuell abwegig veranlagt und badete gerne im Menschenblut. Sie folterte, verstümmelte und schlachtete junge Mädchen reihenweise ab. Dem Irrglauben verfallen, hoffte sie, damit ihre Schönheit möglichst lange bewahren zu können. Nach Zeugenaussagen bei ihrem Prozess im Jahre 1611 mussten dafür rund 600 junge Frauen ihr Leben lassen. Meistens tötete die blutrünstige Erzsebeth ihre Opfer in der »Eisernen Jungfrau«, einem grauenvollen Folterinstrument, das im Burgverlies zu sehen ist. Ab 1676 waren die Esterházy die Burgherren von Lockenhaus. In dieser Zeit war die Anlage meist unbewohnt und verfiel immer mehr. 1968 erwarb der Dichter *Paul Anton Keller* das verfallene Bollwerk und ließ es mit Liebe und großem finanziellen Aufwand renovieren. Nach seinem Tode im Jahre 1976 wird sie nun von der »Professor Paul Anton Keller-Stiftung« verwaltet.

Trotz der vielen Zerstörungen und Wirren, die Burg Lockenhaus überstehen musste, hat sie ihren bedeutendsten Schatz bewahrt: einen unterirdischen »Kultraum«, angelegt mit zwei identischen Apsiden – eine Krypta, die in ganz Europa einmalig ist und dem Templerorden zugeschrieben wird. Ihr Verwendungszweck bleibt rätselhaft. In jeder der beiden Apsiden befindet sich im Schlussstein ein Kreuz. In der Südapside ein Tatzenkreuz, das an die Templer erinnert, in der Nordapside ein lateinisches Kreuz. Wurde der Raum für geheime Rituale und Zusammenkünfte der Templer benutzt? Wie bei den syrischen Burgen der Kreuzritter fällt das Licht im Zentrum der Krypta durch eine runde Öffnung im Gewölbescheitel ein. Die astronomische Ausrichtung und die vielen numerologischen Hinweise lassen darauf schließen, dass dieser Teil der Anlage einst als Observatorium genutzt wurde.

Ursprünglich soll das an der Decke befindliche »Lichtauge« mit 75 Zentimeter im Durchmesser der einzige Zugang hinunter zum »Kultraum« gewesen sein. Das mag erklären, weshalb dieser Platz bei der Erstürmung im 14. Jahrhundert nicht zerstört wurde. Er war perfekt getarnt, man hatte ihn übersehen. Das gilt nicht für alle Spuren, die sich auf den Templerorden beziehen. Im Osten der Burg befindet sich ein Turm mit einer Kapelle. Das östlichste Fenster zeigt eine mathematische Besonderheit: die Wölbung ist so raffiniert geformt, dass der erste Sonnenstrahl des Jahres am 18. März, dem Tag des Erzengels *Gabriel*, und der letzte am 29. September, dem Tag des Erzengels *Michael*, in den Kapellenraum fällt. Wer immer die genialen Baumeister von Burg Lockenhaus waren, sie legten besonderen Wert auf Symbolik, Geometrie und Sternenkunde. In den Fensternischen der Kapelle sind die Reste der ältesten Freskenbilder im Burgenland zu sehen. Sie stammen nachweislich aus dem 13. Jahrhundert. Das besser erhalten gebliebene Bild an der Ostwand stellt einen Patriarchen dar. Das andere Fresko ist fast zerstört. Nur im unteren Bereich sind noch die Füße eines Ritters mit Kettenstrümpfen, Fragmente der Kleidung und der untere Teil eines Stabes sichtbar.

Der Templerforscher *Gerhard Volfing* bemerkt dazu: »Es wurden bei dieser Zerstörungsaktion lediglich die oberen Partien des Freskos beschädigt, nämlich jene Stellen, wo an der Brust des weißen Waffenrockes und an der linken Schulter des Mantels das rote Tatzenkreuz der Templer sichtbar war. Der Unterteil des Stabes, der noch sichtbar ist, wird oft als Lanzen- oder Speerschaft bezeichnet. Bei näherer Betrachtung erweist er sich für diese Aufgabe als zu dünn. Es ist aber durchaus denkbar, dass es sich dabei um den Schaft eines Stabes, als Träger eines Zeichens handelte. Die Großmeister der Templer trugen als Zeichen ihrer Würde einen solchen Stab, der am oberen Ende einen metallenen Kreis mit dem Tatzenkreuz hatte.«

Konsequente Zerstörung, um die früheren legitimen Burgherren, die Templer, aus der Geschichte zu tilgen? Gerhard Volfing nennt gut dokumentierte Beispiele, die eine gezielte Dokumentenfälschung für möglich erscheinen lassen. Mit dem Templerorden wird auch das größte Geheimnis der Burg Lockenhaus in Zusammenhang gebracht: der »*Tabernakelstein*«. Es handelt sich um einen 1,20 Meter hohen Steinblock, der in der Krypta aufbewahrt wird. Die Vorderseite zeigt eine rätselhafte Gravur: ein Rechteck mit einem Halbkreis im oberen Abschluss, innerhalb dieses Bogens eine geometrische Struktur und im unteren Bereich zwei ineinander gehende Ovale. Was wollten die mittelalterlichen Bildhauer damit zum Ausdruck bringen? Die bisherigen Erklärungsbemühungen überzeugen nicht. Es handle sich um ein »*Bäckerzeichen*«, lautet eine Gelehrtenweisheit. Eine ausgeklügelt konstruierte Kammer, die auf der ganzen Welt ihresgleichen sucht, als Aufbewahrungsort für eine gewöhnliche Brezel? Wer soll das glauben? Max und Moritz? Bezüglich der zwei unteren Kreise heißt es: »*Das Symbol auf dem Stein bedeutet das Wort ›Brot‹.*

In unserem gesamten Kulturkreis einmalig: der »Tabernakelstein« im »Templerkultraum« der Burg Lockenhaus. Die Vorderseite des Quaders zeigt geometrische Gravuren. Was haben sie zu bedeuten? (Bild: Habeck)

Das Wort ›vom Brechen des Brotes‹ ist die allerälteste Bezeichnung: ›Ich bin das Brot des Lebens, das vom Himmel kommt, auf dass, wer davon isset, nicht sterbe.‹

Himmlisches Brot zum Anbeißen? Das gab es wirklich, wenn wir den Überlieferungen des *Alten Testaments* folgen möchten. Darin steht geschrieben, dass zu Moses Zeiten Brot vom Himmel fiel, um die Israeliten bei ihrer Wüstenwanderung zu ernähren. Man nannte es »*Manna*«. Aber was war das eigentlich und woher kam es wirklich? Das fragten sich 1978 auch zwei Ingenieure, die Engländer *George Sasson* und *Rodney Dale*. Beim Quellenstudium uralter jüdischer Texte wurden sie fündig: im *Buch Sohar* (dem Hauptwerk der jüdischen *Kabbala*) entdeckten Sassoon und Dale völlig neue, vom »gefilterten« Bibeltext abweichende Zusammenhänge. Beide Wissenschaftler glauben zu wissen, was mit dem Himmelsbrot »*Manna*« tatsächlich gemeint war: eine in einer Maschine kultivierte

Aus der jüdischen Geheimlehre »Kabbala« rekonstruiert: ein Gerät, das den Texten zufolge das biblische Himmelsbrot »Manna« produzierte. (Bild: Habeck)

Algenform – die den israelitischen Auswanderern als Nahrung diente. Für das Forscherduo Sasson und Dale enthält der Sohar-Text eine Art Code, eine genaue Gebrauchsanweisung zur Handhabung jener »Manna-Maschine«. Es soll ein High-Tech-Gerät gewesen sein, das nicht auf der guten Mutter Erde konstruiert worden ist. Eine Geschichte, die so unglaublich klingt, dass sie schon wieder wahr sein könnte. Und sie hat damit erst begonnen. Der Interpretation des Forscherduos Sasson und Dale zufolge arbeitete die ungewöhnliche Apparatur, die in der Kabbala meist »*Alter der Tage*« bezeichnet wird, auf der Grundlage der Vermehrung und Verbreitung einer Algenkultur, nämlich der Chlorella-Algen, die durch Zufuhr von Tau – also Wasser – und der Bestrahlung einer starken, nuklear betriebenen Lichtquelle am Leben erhalten wurde. Die verblüffende Schilderung in der alten jüdischen Überlieferung ist so detailliert, dass es den versierten Technikern Sasson und Dale tatsächlich gelang, die Maschine in allen Einzelheiten zu rekonstruieren.

Die Autoren vermuten weiter, dass in jener Zeit die »Manna-Maschine« den Israeliten zu Beginn ihrer Wüstenwanderung von *außerirdischen* »Göttern« übergeben und während der vierzigjährigen Odyssee in der Bundeslade aufbewahrt wurde. Später soll dieses Heiligtum, so wissen es jedenfalls die alten Texte, einen würdigen Platz im berühmten Salomonischen Tempel gefunden haben. Den letzten Hinweis auf die Manna produzierende Maschine finden wir im *Makkabäer*-Buch, wo der Prophet *Jeremias* 587 v. Chr. die Bundeslade in einer Höhle des Berges *Nebo* in Sicherheit gebracht haben will. Danach schweigt die Bibel und alle weiteren Spuren verlaufen sich im Sand des Sinai-Gebietes.

Aber kann ein derart außergewöhnlicher Gegenstand so einfach verschwinden? Gibt es Hinweise dafür, dass dieses »heilige Gerät« im Laufe der folgenden 2500 Jahre wieder irgendwo aufgetaucht ist? Diese Frage stellten sich zwei deutsche Forscher und Sachbuchautoren, nämlich der Germanist *Peter Fiebag* und sein Bruder, der Naturwissenschaftler *Johannes Fiebag*. Auf der Spur eines tausende Jahre alten Geheimnisses wandelnd wurde das Autorenduo in der *Parzivallegende* des Hochmittelalters fündig. Hier spielt der *Heilige Gral* eine tragende Rolle. Die geschichtlich dokumentierten Vorgänge aus dem 12. Jahrhundert lassen darauf schließen, dass der Gral nicht als idealisiertes Symbol, Wunderschüssel oder als der Kelch Christi aufzufassen sei, sondern vielmehr mit der »Manna-Maschine« identisch gewesen sein muss.

Das behaupten jedenfalls die modernen Gralsritter aus Deutschland. Tatsächlich lassen sich Textpassagen finden, wonach der Gral als metallisches Gerät bezeichnet wird, das ähnliche Attribute aufweist wie die von Sasson und Dale beschriebene Rekonstruktion der »Manna-Maschine«. Beide Gegenstände dienten offenbar der Produktion von Nahrung. In der »Kabbala« heißt es: »*Und von diesem Tau mahlen sie das Manna der Gerechten für die kommende Welt. Damals ernährte der Alte der Tage sie von dieser Stelle aus. Und es wird gesagt: Seht, ich will euch Brot vom Himmel regnen lassen.*«

Die gleiche Aussage findet sich in der mittelalterlichen Erzählung von *Wolfram von Eschenbach*. Er schreibt über den Heiligen Gral: »*Hundert Knappen wurden aufgeboten. Die nahmen auf weißen Linnen Brot ehrfürchtig von dem Gral. Man sagte mir und ich sage es auch euch, dass vor dem Gral bereit lag, wonach ein jeder die Hand ausstrecke. Etwas Derar-*

tiges hat es nie gegeben, möchte mancher wohl sprechen. Aber er irrt. Denn der Gral war die Frucht der Seligen, eine solche Fülle irdischer Süßigkeit, dass er fast all dem glich, was man sagt vom Himmelreich.«

Aus einer Fülle gleichartiger Textstellen und Überlieferungen ergaben sich für Peter und Johannes Fiebag drei Fakten:
- Manna-Maschine und Gral produzierten die gleiche Nahrung.
- Manna-Maschine und Gral wurden mit gleichen oder ähnlichen Attributen charakterisiert.
- Manna-Maschine und Gral waren künstliche Geräte.

Den Ursprung des Gegenstandes orten die Brüder Fiebag in den Tiefen des Alls. So absonderlich der Sachverhalt anmuten mag, die Chroniken des Mittelalters machen diese Behauptung plausibel. Da ist vom *»Stein des Himmels«* die Rede. Andere Grallegenden sprechen sogar wörtlich von einem *»Stein, der von jenen Sternen herabgekommen ist«*. Selbst Wolfram von Eschenbach vermag uns einen deutlichen Hinweis über die wahre Identität des Grals zu geben. Schreibt er doch klipp und klar: *»Ihn* [den Gral, R. H.] *brachte einstmals eine Schar, die wieder zu den hohen Sternen flog, weil ihre Unschuld sie heimwärts zog.«*

Nimmt man die Überlieferung beim Wort, dann heißt das nichts anderes, als dass der Gral von fremden Wesen aus dem Kosmos zur Erde gebracht wurde, bevor sie zu ihren heimatlichen Sternen zurückkehrten. Jede andere Deutungsmöglichkeit schließt der Hinweis bei Wolfram aus. In der Legende heißt es weiter, dieser Gral würde von einer Ritterschaft gehütet. Wolfram nennt diese Ritter *Templeisen*. Vieles deutet darauf hin, dass damit in Wirklichkeit der Mönchsritterorden der Templer gemeint war. Und in der Tat wurde den Templern bei der Auflösung ihres Ordens vorgeworfen, ein magisches »Idol« namens »Baphomet« verehrt zu haben. Die Beschreibungen dieses »Kultobjektes« deckt sich in vielen Details mit den Aussagen der Kabbala über die »Manna-Maschine«. Zufällige Gleichklänge schließen Johannes und Peter Fiebag aus. Aufgrund der mittelalterlichen Quellenstudien glauben die beiden Forscher belegen zu können, dass das »heilige Gerät« von den Tempelrittern in einer geheimen Aktion nach Europa transportiert wurde, wo man es weiterhin unter dem Namen »Baphomet« verehrte.

Das letzte Kapitel dieses Archäologie-Krimis ist noch nicht geschrieben. Wo befindet sich die »Manna-Maschine« heute? Hat sie die Jahrtausende überlebt? In einem gesicherten Versteck? Gralsucher haben mögliche Standorte in Äthiopien, Israel, Frankreich, Mexiko, Oak Island und Schottland lokalisiert. Selbst Österreich ist ein Kandidat. Die Gravur auf dem ominösen »Tabernakelstein« auf Burg Lockenhaus gibt den entscheidenden Wink: Die geometrische Zeichnung entspricht vereinfacht dargestellt genau der rekonstruierten »Manna-Maschine« bzw. dem dreiköpfigen »Baphomet«. Die Ritzzeichnung ist ein Unikat. Es ist das einzig existierende historische Abbild der Manna produzierenden Maschine. Eine Grabungsgenehmigung für Burg Lockenhaus zu erhalten dürfte auf Widerstand stoßen. Mein Tipp wäre jedenfalls, beim Brunnen im Burghof zu beginnen. Zwei Meter im Durchmesser, wurde er 114 Meter tief in den Fels gehauen. Heute ist er großteils mit Schutt bedeckt. Der Sage nach beginnt am Brunnenboden ein unterirdischer Geheimgang, der nach *Bernstein* führen soll, etwa zehn Kilometer westlich von Lockenhaus entfernt.

Erdichtet? Woher wollen wir das wissen? Warum hat bisher niemand nach dem sagenhaften Stollen gesucht? Angst vor Blamage? Wer weiß, was dem Erdboden an Geheimnissen noch alles entrissen werden könnte, wenn danach gesucht würde? Es muss nicht gleich der »Stein der Weisen« sein, über den man gerne stolpern möchte, aber mit Überraschungen dürfen archäologische Detektive bei ihrer Arbeit immer rechnen. Die Kraft der Fantasie sollte dabei kein Hindernis sein. Im Gegenteil: ohne Mut zur Fantasie, ohne lebhafte Vorstellungskraft, ohne romantische Leidenschaft für die Sache wären wohl viele bedeutende Errungenschaften der Wissenschaft unentdeckt geblieben. Ist die »Manna-Maschine« ein Fingerzeig dafür, dass unsere Vergangenheit fantastischer war, als wir sie uns vorstellen können?

St. Stephan – der unbekannte Dom

Gräber, Grüfte und unverstandene Symbolik

Wenn Archäologen in Wien Überreste aus früher Zeit entdecken wollen, müssen sie nicht lange graben. In der ganzen Stadt stoßen sie auf Spuren aus dem Mittelalter und der Römerzeit, die gerne alles über den Haufen werfen, was die Fachwelt bisher von den Anfängen der Stadtgeschichte zu wissen glaubte. Selbst an so berühmten und gut erforschten Orten wie dem Wiener Stephansplatz. Hier, mitten im Zentrum der Innenstadt, steht der *Stephansdom*. Jeder kennt ihn, doch niemand kennt ihn wirklich. Kaum ein Gebäude ist so sagenumwoben, steckt so voller Geheimnisse wie der »Steffl«. Ein Spitzname, der genau genommen nur den Südturm bezeichnet. Hätten Sie gewusst, dass allein aus dem feuchten Sandstein des südlichen Heidenturmes 20.000 Liter Wasser gepumpt wurden? Dass im Sommer das Domdach durch die Hitzeeinwirkung bis zu fünf Zentimeter höher ist als im Winter? Oder dass die große Brandkatastrophe in den letzten Tagen des 2. Weltkriegs weder durch die Nazis noch von den Russen verursacht wurde? In den 1990er Jahren freigegebene Aufzeichnungen belegen: Es waren Plünderer, die Geschäfte am Stephansplatz in Brand steckten, danach griff das Feuer auf den Dom über.

Im Jahre 2001 gab der gute alte »Steffl« wieder ein Geheimnis preis, das ein völlig neues Licht auf seine Entstehungsgeschichte geworfen hat. Im Zuge der Erneuerung einer alten, rußenden Warmluftheizung hatte sich ein Grabungsteam durch das Gotteshaus »gewühlt«. In nur 50 Zentimeter Tiefe stießen die Wissenschaftler auf Gräber der Barockzeit und auf fünf gotische Fußböden aus dem 15. Jahrhundert. 50 Zentimeter darunter lagen wiederum Skelette, Fundamente und ein romanischer Fußboden. Unter diesem kam ein weiterer Fußboden aus der Zeit um 1100 n. Chr. ans Tageslicht. Bis dahin zählten die Archäologen allein zehn Schichten Mörtelboden verschiedenster Epochen sowie unzählige Mauerreste und Fundamente, die den Dom durchziehen. Aufgefundene

Bestattungsrelikte und Mauerreste belegen, dass bereits zwischen dem 9. und 11. Jahrhundert an diesem Platz eine große Kirche mit Pfarrrecht ansässig gewesen sein musste. Alles begann viel früher als angenommen.

In zwei Metern Tiefe kam ein romanisches Fundament zum Vorschein, und bei 2,50 Meter unter der Kirche offenbarte sich eine weitere Sensation: ein Gräberbezirk mit hunderten Skeletten aus dem spätantiken 4. Jahrhundert n. Chr., der noch mit der römischen Besiedlung zusammenhängt. Was lange als Gerücht herumgeisterte, ist seither amtlich: der Wiener Stadtkern, inzwischen UNESCO-Weltkulturerbe, ist auf einem steinalten Totenacker errichtet worden. Das mag den Hang zum Morbiden erklären, der den Wienern gerne nachgesagt wird.

Vor fast 2000 Jahren war das heutige Stadtzentrum die römische Siedlung *Vindobona*. 1994 sorgten Ausgrabungen im *Palais Harrach* auf der Freyung, etwa 600 Meter vom Stephansplatz entfernt, für Aufsehen: Aufgefundene römische Speerspitzen und Keramiken machten deutlich, dass Vindobona der älteste Stützpunkt der Römer im Donauraum war. Mehr noch: Vindobona hatte damit *Petronell-Carnuntum* den Rang als ältestes römisches Militärlager abgelaufen. Schon Jahrzehnte zuvor hatte man in den Gemäuern des Stephansdoms mehrere, teils beschriftete Quader aus der Römerzeit entdeckt, die von der Festungsmauer Vindobonas stammen dürften. Wie viele römische Steine stecken wohl in den Mauern der Basilika? Viele Millionen Schicksale hängen an unzähligen Steinen des Wiener Wahrzeichens. Wenn sie sprechen könnten, was hätten sie uns zu erzählen?

So viel steht fest: Der Name »Vindobona« führt noch weiter in die Anfänge der Stadtentwicklung zurück, stammt er doch aus dem Keltischen. Solche vorrömischen Siedlungen sind um Wien auf dem *Bisamberg* und *Leopoldsberg* nachgewiesen. Da die abwechslungsreiche Geschichte der alten Kaiserstadt viel älter ist als vermutet, könnte in tiefer gelegenen Erdschichten unter dem Stephansdom noch Unentdecktes beerdigt liegen. Wurde der Stephansdom vielleicht sogar auf einer ehemals heidnischen Kultstätte errichtet? Den Teufel an die Wand zu malen ist aber nicht notwendig. Die Stadtarchäologen betrachten nämlich ihre Ausgrabungen unter dem Dom vorerst als beendet. Ein Segen für all jene, die es nicht so gerne mögen, wenn in der Vergangenheit herumgestochert wird. Im Ostteil der Kirche werden zwar noch alte Funde tief im Erdboden vermutet, doch gerade dort wurden im 17. Jahrhundert die *Katakomben* angelegt. Somit bleibt es dem erhabenen Dom erspart, womöglich ins Wanken zu geraten, wie schon in den 1970er Jahren beim U-Bahn-Bau. Damals neigte sich der »Steffl« um einige Zentimeter zur Seite. Aus dem »schiefen Turm von Wien« wurde – dem Himmelvater sei Dank! – nichts. Mit einem sündteuren, aber wirksamen Sicherheitsaufwand konnte das weitere Absinken des Domes schnell verhindert werden.

Grabungen hin oder her, Faktum ist: Die Domgeschichte begann nicht erst 1137, dem angeblichen Ursprungsdatum für den Sakralbau. Nach dem Grundstücks-Tauschvertrag von Mautern zwischen dem Babenberger-Markgraf *Leopold IV.* und Bischof *Reginmar von Passau* wurden die Hofställe (Stephansplatz) damals ausgeklammert, weil, so hatten Historiker bisher vermutet, auf dem freien Gelände ein Dom geplant war. Es muss aber, wie wir heute wissen, schon *zuvor* eine große Kirche an dem Platz gestanden haben. Die Grundsteinlegung für die renovierte alte oder neue Kirche, eben den »Steffl«, erfolgte 1144 mit der Weihung zu Ehren des *Heiligen Stephanus*. Der Namenspatron, zugleich Schutzherr der Kutscher, Pferdeknechte und Ackergäule, wurde 40 n. Chr. vor den Toren Jerusalems zu Tode gesteinigt. Bis 1263 wurden zwei romanische Basiliken mit Querschiff errichtet. Die Westfassade mit dem *Riesentor* und die *Heidentürme* sind aus dieser Bauphase erhalten geblieben. Von 1304 bis 1523 entstand der gotische Neubau.

Mit dem Bau der beiden ungleichen Türme ließen sich die Wiener Zeit. Der 137 Meter hohe gotische Südturm entstand im Zeitraum von 1359 bis 1433. Der eher bescheidene 68 Meter hohe Nordturm, auch »Adlerturm« genannt, wurde noch später, erst 1511 fertig gestellt. Genau genommen wurde er ja nie wirklich vollendet. Denn eigentlich hätten den Dom zwei *gleich hohe* Türme zieren sollen. Warum daraus nichts wurde? Hunderte Sagen und Geschichten ranken sich um den Dom. Eine erzählt von *Hans Puchsbaum*, dem Steinmetzgesellen der Wiener Dombauhütte im Mittelalter. Der junge Mann war in Maria, die Tochter des Bauherrn vernarrt. Der aber hatte das Töchterchen einem reichen Bürgersohn versprochen. Einzige Möglichkeit für den verliebten Jüngling, mit dem Mädchen doch noch auf Tuchfühlung zu gehen: er solle den Nordturm genau so schnell bauen wie der alte Griesgram den Südturm. Ein Ding der Unmöglichkeit. Wie bestellt erschien dem schmachtenden Möchtegern-Lover der Satan und schlug ihm folgenden Pakt vor: »Ich will Euch helfen, den Turm zu bauen, doch dürft Ihr während der Zeit weder den Namen Gottes noch den seiner Heiligen aussprechen!« Und genau an diesen Bedingungen scheiterte das Projekt »Liebesheirat«. Luzifer verwandelte sich in Maria, und als der junge Puchsbaum die vermeintliche Braut der nahen Zukunft erblickte, rief er froh gelockt ihren

Namen – und hatte verloren. Der Turm blieb unfertig, niemand traute sich seither, das Werk des Teufels zu vollenden.

In Wahrheit gab es einen profaneren Grund: Die Moneten gingen flöten. Also wurde aus dem Turm ein Halbturm. Zum Aufbau mussten neben den Steinbrüchen rund um Wien vor allem die Steine der Toten herhalten. Ganze Teile des Doms sind bisweilen aus Grabsteinen aufgemauert worden. Der Altwiener Lokalchronist und Erzähler *Siegfried Weyr* (1890–1963) wusste auch warum: »Es war bequem, die schönen Plattformen zu benützen, das Material war bereits zugehauen, man sparte Geld, und die alten Zeiten waren von einer Pietätlosigkeit, die oft alles in den Schatten stellte, was sich in unseren Tagen zuträgt.«

Statt der in den Himmel stürmenden Spitze wurde auf dem Nordturm eine Kuppel aufgesetzt. Fertig, erledigt. Wer sich dennoch der Illusion hingeben möchte, wie es aussehen *würde*, wenn der Dom zwei gleiche Türme hätte, kann dies jederzeit tun. In der *Liliengasse*, nur ein paar Meter vom Dom entfernt, steht ein Bankhaus mit Spiegelglas. Wenn man sich ganz nahe an die Scheibe drückt, spiegelt sich der vollendete Turm im Glasportal, so als wäre auch sein Zwilling fertig gestellt worden. Doch auch ohne seinen »Bruder« ist der Stephansdom ein in Stein gemauertes Geheimnis.

Wenn wir uns vom Stephansplatz dem Haupteingang des mächtigen Gebäudes nähern, fällt uns zuerst das romanische Portal, das »Riesentor«, auf. Es würde uns noch mehr ins Auge springen, wenn wir seine ursprüngliche Pracht erblicken könnten. Die war nämlich knallbunt! Diese überraschende Erkenntnis erbrachte eine im Jahre 1995 begonnene Restaurierung. Ruß, Dreck und Staub hatten sich zu einer dicken Kruste gebildet. Der Stein darunter begann sich aufzulösen. Daher wurden vom Bundesdenkmalamt Proben entnommen und unter dem Elektronenmikroskop analysiert. Zusätzlich kam eine Laser-Technik zum Einsatz, die die Steine zerfressende Schmutzkruste verdampfen ließ. Was dabei zum Vorschein kam, verblüffte die Experten: Der Dom war ursprünglich in Gold, Rot, Grün, Blau und Ocker gestaltet!

Ende des 15. Jahrhunderts war er noch eingefärbt, allerdings wurden nur mehr Grautöne verwendet. Erst im 19. Jahrhundert kam das Einfärben dann ganz aus der Mode. Das muss wohl der Zeitpunkt gewesen sein, wo sich die Wiener an den grauen Alltag gewöhnen mussten. Und das tun sie bis heute. Eigentlich schade, ein fröhlich-bunter »Steffl« täte der gramerfüllten Seele des Wieners bestimmt gut.

Die Wände der Stephanskirche sind übersät mit verspielten Ornamenten, sonderbaren Zeichen und unverstandener Symbolik. Versteinerte Heilige, christliche Mythologie, aber auch Drachen und Dämonenfratzen starren von Pfeilern, Gesimsen und Portalen herab zu den staunenden Betrachtern. Die Bedeutung mancher Plastiken konnte gelüftet werden, bei anderen stoßen selbst Kunsthistoriker an die Grenzen der Deutbarkeit und viele werden wohl für immer ein Rätsel bleiben. Zu den bekanntesten Skulpturen zählt der »*Zahnwehherrgott*«. Wenn Sie vom Riesentor um die Kirche herum gehen, sehen Sie den Torso, der schmerzerfüllt zum Himmel blickt. Die Legende erzählt, dass der Schmerzensmann aufgrund seines leidenden Ausdrucks von jungen, angesäuselten Männern verspottet wurde. Die Trunkenbolde waren der Meinung, die Figur hätte starke Zahnschmerzen, und banden ihr ein Tuch um. Kurz darauf hatten sie selbst große Zahnschmerzen und kehrten zum Tatort zurück. Sie leisteten Abbitte und siehe da – bald waren auch ihre Schmerzen verschwunden.

Erstaunlich ist das so genannte *Staub'sche Epitaph*, eine in Stein gehauene Darstellung vom Jesukind auf der rechten Außenmauer des Doms. Sie zeigt die *Beschneidung* des Knäbleins. Interessante Details offenbaren die Gewölbe im Inneren der Kirche: Schlusssteine mit dem »*wahren Antlitz Christi*«, das exakt dem Abbild jenes Mannes entspricht, das auf dem Turiner Grabtuch verewigt ist; im Frauenchor *Phönix*, der mythische Vogel der Wiedergeburt, der sich aus der Asche erhebt, und ein *Einhorn* im Schoße der Jungfrau Maria oder im Mittelchor *Jonas*, der vom Fisch ausgespuckt wird, sowie der Riese *Samson*, der die Stadttore von Gaza trägt. Für Neugierige ist das Mitnehmen eines Opernglases anzuraten.

Selbst Frivoles gibt es im Gotteshaus zu entdecken. Die Akzeptanz der Bevölkerung war der Kirche immer schon wichtig. Dafür sprang sie sogar über den Schatten ihres ängstlichen Verhältnisses zur Sexualität. Das lässt sich unschwer an zwei Mauerplastiken am Dom erkennen. An prominenter Stelle an beiden Seiten des Riesentores zieren weithin sichtbar links ein *männliches* und rechts ein *weibliches Geschlechtsteil* die Spitze einer Säule. Ein Zugeständnis an »heidnische« Fruchtbarkeitssymbole.

Tatsächlich spielte sich das pralle Leben im und rund um den Dom ab. Ein gewisser *Anton Maus*, Oberaufseher über die kaiserlichen Wächter bei St. Stephan, beklagte sich 1714, dass den Altären Spitznamen gegeben worden seien – etwa »*Hurenaltar*«. Im Dom seien zu viele Freudenmädchen anwesend, außerdem, so Maus, hätten »*die Weiber und Menschen mit Butten, mit schreienden Hühnern, Gäns und Enten häufig durch die Kirche zu gehen gepflogen, die Sesselträger ihre Herrn erst bei den Altären aussteigen lassen, ob sie schon auch keine bestraften Leut gewesen, auch die Sessel in der Kirchen leerer stehen lassen«.*

Für fromme Christen und Esoteriker gleichermaßen von Bedeutung: beim Eingang rechter Seite, gleich nach der *Eligiuskapelle*, sieht man immer viele Kerzen brennen. Hier wird das Gnadenbild der *Maria Pötsch* aus Ungarn verehrt. Es ist ein auf Holz gemaltes Bild der Heiligen Jungfrau mit dem Jesuskind am Arm. Sein Ruf als wundertätiges Bild geht ins 17. Jahrhundert zurück, als viele Zeugen berichteten, dass Tränen aus den Augen der Madonna flossen. Man ließ sogar die Flüssigkeit von Gelehrten untersuchen, die zu dem Schluss kamen, dass sie dieselbe Beschaffenheit wie menschliche Tränen hat. Im strengen Winter 1696, in dem sogar der Wein im Kelch gefror, erstarrten die Tränen nicht zu Eis. Seither verbreite sich die Legende, dass sie heilende Wirkung hätten. Das »Wunderbild« wurde im Auftrag von Kaiserin *Eleonore* (1655–1720), der dritten Gemahlin *Leopolds I.* (1640-1705), nach Wien gebracht und schmückte eine Zeit lang den Hochaltar. Heute wird die Ikone von Gläubigen angebetet, um von Maria die Genesung von Kranken zu erbitten.

Das Gnadenbild ist nur eine von vielen Reliquien, die im Stephansdom aufbewahrt werden. 1502 wurde das so genannte »*Heiltumsbuch*« von St. Stephan herausgegeben. Manche darin verzeichneten Kleinode befinden sich noch heute im Stephansdom, so auch ein Fetzen vom Tischtuch des Letzten Abendmahles oder vor dem Hochaltar ein Stück Hirnschale des heiligen Stephanus. Im Dom gibt es eine eigens für Reliquien eingerichtete Kammer, *Valentinskapelle* genannt. Man erreicht sie nur über eine Wendeltreppe. Ein neugotischer Altar von *Ludwig Linzinger* birgt dort die Häupter der Heiligen *Kosmas* und *Damian*. Barocke Wandschränke enthalten verschiedenste Reliquien und Monstranzen. Und im Zentrum steht ein Sarg mit den Gebeinen des heiligen Valentin. Die meisten Reliquien werden seit 1933 im *Dom- und Diözesanmuseum* und in der *Wiener Schatzkammer* ausgestellt, darunter Kurioses wie der Zahn von *Johannes dem Täufer*, ein Armbein der *heiligen Anna*, Partikel vom *Kreuz Christi* oder die angeblich schicksalsbestimmende *heilige Lanze*.

Wem das alles zu wenig gruselig ist, der begibt sich am besten in die *Katakomben*. Gleich neben dem Nordturm führt die Treppe ins Unterirdische. Erst im 19. Jahrhundert hat sich der Begriff Katakomben durchgesetzt, vorher sprach man von den Grüften des Doms, die sich feucht, ein wenig modrig und etwas schaurig präsentieren. Verständlich, liegen doch hier Berge aus Gebeinen – davon etliche Opfer der im Mittelalter wütenden *Beulenpest*. Der »schwarze Tod« hatte Mitte des 14. Jahrhunderts ein Drittel der damaligen Bevölkerung Europas ausgelöscht. Zu weiteren Epidemien kam es 1665 in London und 1678 in Wien. Der letzte größere Ausbruch war 1722. Bis auf wenige Einzelfälle verschwand die Seuche danach vom Kontinent. Vermutlich, weil ein wichtiges Wirtstier des Erregers – die Hausratte – von der Wanderratte verdrängt wurde.

In den Katakomben ruhen nicht nur aus Gebeinen der Pesttoten gestapelte Knochenberge, sondern ebenso Bischöfe, Herzöge sowie die Urnen mit den Eingeweiden von Mitgliedern des Hauses Habsburg. Nicht zu verwechseln mit der Gruft in der *Kapuzinerkirche*, wo in 138 Metallsärgen die Überreste unserer Kaiser, Könige und Erzherzöge liegen. Am 25. April 1732 wurde der »Freithof« (Friedhof) im Dom durch Kaiser *Karl VI.* gesperrt, vielleicht weil aufsteigender Verwesungsgeruch die Gläubigen lieber daheim beten ließ. In der Folge wurden unter der Kirche und auf einem Teil des Friedhofgeländes die »neuen Grüfte« erbaut.

Immer wieder sorgten die unterirdischen Stollen für Aufregung. Im Jahre 1865 soll dumpfes Klopfen aus den Katakomben gedrungen sein. Eine Polizeikommission untersuchte den Spukfall – fand einen zugemauerten Gang und eine tiefe Treppe. Aus Angst sollen die Beamten die Untersuchungen eingestellt haben. Bis in die 1870er Jahre waren die Katakomben für die Öffentlichkeit gesperrt. Als nach dem Bau der 1. Hochquellleitung 1872/73 der Grundwasserspiegel stieg, wurde die ehemals unterirdische Begräbnisstätte geräumt und in kleinere Kammern verlegt.

Nicht weniger makaber ist das *Friedrichsgrab*: In den 1990er Jahren wurde eine Sonde in den Sarkophag *Kaiser Friedrichs III.* (1415–1493) eingeführt. Man konnte den Leichnam des schon zu Lebzeiten kauzigen Monarchen in einem schwarz-goldenen Leichengewand erkennen. Ein Geheimnis bleibt: kurz vor seinem Tod war dem Kaiser ein Bein amputiert worden. Ob es mit ihm bestattet wurde oder ob der alte Fritz nicht komplett ist, konnte nicht geklärt werden. Auch der Sinn seines Wahlspruchs *AEIOU*, den er an allen möglichen Orten verewigte, erlaubt viele Interpretationen. Meist werden die Buchstaben mit »Austria erit in orbe ultima« übersetzt, soll heißen: »Österreich wird auf der Welt am längsten bestehen.« Die Buchstaben standen einst auch auf einem »Riesenknochen«, offenbar das Relikt eines prähistorischen Tieres. Er soll über dem Nordportal des Stephansdoms bis ins 18. Jahrhundert gehangen haben. Der Name »Riesentor«, der Haupteingang in die Kirche, soll einer Legende zufolge von heidnischen Riesen abgeleitet worden sein, die im »Steffl« einst getauft wurden. Historiker halten es hingegen für wahrscheinlicher,

Die Virgilkapelle am Stephansplatz ist eine rätselhafte Gruft aus dem frühen 13. Jahrhundert. War sie ein geheimer Versammlungsort? (Bild: Wien Museum, Fotostudio Otto)

dass der Name von einer »Riesen« stammt, einer trichterförmigen Gleitbahn, die an Berghängen verwendet wird, um Holz ins Tal zu fördern. Aber welcher Zusammenhang ergibt sich daraus mit dem Gotteshaus?

Der »Steffl« hat schrullige, schöne und weniger schöne Seiten. Der Hass der Wiener auf die Türken, die immerhin Kipferl und Kaffee bescherten, hat sich am Dom manifestiert: so zeigt eine Skulptur über der Capistrankanzel an der Rückseite des Domes einen Türken mit »barbarischem Schopf«, der von einer Fahnenstange durchbohrt wird. Eine verächtliche Tafel am Südturm mit der Inschrift »*Schau du Machame* [Mohammedaner, R. H.] *du Hund*« wurde vor einem Jahrzehnt zugemauert. Adolf Hitler hat auch ein Auge auf den Dom geworfen. Er wollte ihn zu einer »Weihestätte« machen. Von den Nazis geschätzte historische Persönlichkeiten sollten im »Steffl« zu zweifelhaften Ehren gelangen. Das fand der Salzburger Kunsthistoriker *Andreas Kapeller* heraus. Der Kriegsverlauf stoppte den geplanten Wallfahrtsort des neu erwachten »großdeutschen« Volkes.

Bei so viel »negativer Strahlung« verwundert es nicht, wenn Spezialisten der Geomantie den eigentlichen Energieplatz im Zentrum der nur wenige Meter vom »Steffl« entfernt liegenden *Virgilkapelle* geortet haben. An diesem Platz stand einst die kleine *St.-Magdalens-Kapelle*. Im 14. Jahrhundert hatte man sie errichtet, 1781 brannte sie ab und wurde nicht mehr aufgebaut. Mit dem Bau der U-Bahn stieß man erwartungsgemäß auf die Fundamente der Kapelle, deren Lage man kannte. Als die Ausgräber tiefere Schichten freilegten, war die Verblüffung groß: Völlig überraschend lag unter der Kapelle ein weiteres unterirdisches Gewölbe, das mit Schutt gefüllt war. Historiker vermuteten zwar einen Karner unter der Kapelle, der im 14. Jahrhundert als Grabstätte einer Kaufmannsfamilie diente, aber nicht einen »Altar für den heiligen Virgil«. Heute heißt die Kapelle *St. Virgil*. Aber welchen Namen trug sie ursprünglich? Niemand vermag das zu sagen. Unbestritten ist: Das Gewölbe entstand um 1230 und gilt als größter erhaltener gotischer Innenraum Wiens. Seit der Sanierung im Jahr 2005 ist der »Kultraum« wieder zugänglich. Aber was war der Zweck der Kammer? Nur Begräbnisstätte? Das ist schwer zu glauben.

Den Grundriss bilden zwei Kleeblätter, die mit dem Stiel zusammenstoßen. Das ergibt sechs halbkreisförmige Nischen. Noch überraschender ist, dass man vor der östlichen Nische einen Brunnen fand – ein zweiter wird in der gegenüberliegenden Nische angenommen. An der Wand ist ein großer Kreis mit einem roten Kreuz zu sehen. Es gibt weder Fenster noch eine Türe. Der Einstieg erfolgte wahrscheinlich über eine Innentreppe. Der aufmerksame Leser wird es bemerkt haben: Der 12 Meter unter dem heutigen Platzniveau liegende Raum zeigt ähnliche Merkmale wie die bereits beschriebenen »Kulträume« in *Kronberg* und auf *Burg Lockenhaus*. War die Virgilkapelle in Wahrheit ein geheimer Versammlungsort der Templer? Noch etwas ist seltsam: Wünschelrutengänger haben an diesem Ort eine »enorme Strahlung« festgestellt. Sensible Menschen sollen bereits beim Betreten des Raumes diese Energien spüren können, die von der Erde ausgehen. Nicht im Stephansdom lag das eigentliche Kraftzentrum der alten Metropole, sondern in der Virgilkapelle!

Der gute alte Stephansdom ist aber immer noch ehrwürdig und schön anzusehen, auch wenn er im Laufe der Jahrhunderte etwas in Mitleidenschaft gezogen wurde. St. Stephan ist und bleibt ein beliebter Schauplatz, vor allem für Trauungen. Mozart ehelichte hier seine Constanze und schrieb seinem Vater: »*Als wir zusamm verbunden waren, fing so wohl meine Frau als ich an zu weinen – davon wurden alle, sogar der Priester gerührt.*« Und sogar eine Zwergenhochzeit fand 1622 im Dom statt. In der Stadtchronik ist dazu vermerkt: »*Das winzige, etwa zwei Fuß hohe Paar wurde in feierlicher Prozession von fünfzig Zwergengefährten zum Traualtar geleitet.*«

Ein guter Übergang zum nächsten Kapitel, das aufdeckt: *Zwerge* spielen in Österreich keine kleine Rolle.

Das Erdstall-Rätsel

Wer waren die Bewohner der mysteriösen »Schrazellöcher«?

Seit wann gibt es Menschen auf der Erde? Wissen wir, woher wir kommen? Nicht wirklich. In der menschlichen Ahnengalerie herrscht Chaos. Jüngster Streitfall: die Entdeckung einer bisher unbekannten Menschenart, die auf der indonesischen Insel *Flores* lebte. Der auf den Namen *Homo floresiensis* getaufte Vertreter der neuen Spezies war erstaunlich klein. Die Körpergröße betrug nur einen Meter – ausgewachsen und vom Scheitel bis zur Sohle –, sein Gewicht etwa 16 bis 32 Kilogramm. Diese Zwergwesen waren seit Jahrmillionen von den Nachbarinseln isoliert. Sie waren vermutlich die ersten Seefahrer, bauten Boote und konnten navigieren. Wie sonst wären sie auf dem abgeschiedenen Eiland gestrandet? Der Wissenschaftler *Peter Brown* von der *University of New England* in Armidale untersuchte die Knochen und zeigte sich verwundert: »Die Kreaturen lebten zur falschen Zeit am falschen Platz. Hätte jemand einen Außerirdischen entdeckt, wäre ich kaum überraschter.«

Nach Überlieferungen der Inselbewohner könnten die Zwergenmenschen noch vor kurzem gelebt haben. Dorfbewohner von Flores wissen von Erzählungen ihrer Vorfahren, dass es bis vor etwa 150 Jahren ein Meter große »behaarte Menschen« gegeben habe, die Essen von ihnen stahlen. Das wurde so lange toleriert, bis sie eines Tages ein Baby entführten und verspeisten. Mythos oder die betreffende Beschreibung des *Homo floresiensis*? Einige Forscher halten es für möglich, dass diese Menschenart sogar heute noch in abgeschiedenen Urwaldregionen existiert.

Erzählungen über Begegnungen mit Zwergen kennen wir aus aller Welt. Ammenmärchen? Oder sind es nicht doch oft Sagen, die einen wahren Kern zum Ursprung haben? In unserer Heimat, im Land der Berge, sind Geschichten über Zwerge, Wichteln und Hausgeister weit verbreitet. Pygmäen im Alpenraum? Das klingt kurios. Und doch könnte ein tief liegendes Geheimnis im oberösterreichischen Kurort *Bad Zell* darauf hinweisen. Die berühmte Heilquelle, die seit dem 18. Jahrhundert Pilger und Erholung Suchende mit rheumatischen Leiden ins Mühlviertel lockt,

Der Autor steigt in die Unterwelt der Zwerge. Bis in eine Tiefe von fünf Metern unterhalb der Erde reicht ein wirres Gangsystem ohne erkennbaren Nutzen. War es Zufluchtsort, Kultstätte oder Behausung für Zwerge? (Bild: Habeck)

ist nicht gemeint. Das wirkliche Rätsel liegt unter dem Privatgrund der Familie Wansch.

»Hier ist es!«, sagt *Johann Wansch*, als er mich auf die Besonderheit seiner Heimstätte aufmerksam macht. Wir stehen in einem Nebenraum des Bauernhauses. Vor uns klafft ein dunkles, unscheinbares Loch im Boden, etwa 40 Zentimeter im Durchmesser. Ein Plumpsklosett, denke ich im ersten Moment der Verwunderung. Weit gefehlt. Es ist die senkrecht hinabführende Pforte in ein unterirdisches Labyrinth!

»Im Jahre 1933 war es, als mein Vater auf diese Merkwürdigkeit aufmerksam wurde«, erzählt Johann Wansch und ergänzt: »Nach einem schweren Unwetter schoss das Regenwasser vom Hang unseres Grundstücks herunter und sammelte sich an jener Stelle, wo sich heute dieser Durchschlupf zum Tunnelsystem befindet. Genau dort war damals das Wasser nicht versickert und mein Vater wurde stutzig. Schließlich fand er den Eingang. Bei der Freilegung dann die Überraschung: Ein Teil von unserem Grundstück ist mit begehbaren Hohlräumen durchsetzt, die in drei Höhenlagen angelegt sind. Die Gänge sind rund 40 Meter lang, aber teilweise mit Schwemmsand und Wasser gefüllt.«

Wer hat sie wann, wozu gegraben? Um das herauszufinden, entschließe ich mich zum Abstieg in die Unterwelt. Mit Hilfe einer Strickleiter steige ich hinab. Das Licht meiner Taschenlampe macht es sichtbar: Vor mir liegt ein eng verzweigter Gang, oben an der Decke spitz zulaufend. Fein säuberlich aus dem porösen Löss gearbeitet, gegraben, geschaufelt und gekratzt. Die Stollen sind so schmal und niedrig, dass man ein Zwerglein sein muss, um sich hier geschickt fortzubewegen. Akrobatische Verrenkungen sind notwendig. Gehen ist für unsereins nur in gebückter Haltung möglich. Über Steine und Bretter versuche ich Wasserpfützen zu überwinden, bis plötzlich vor mir ein neues dunkles Loch auftaucht. Nur mühsam gelingt es mir, von dort in die nächste untere Etage vorzudringen. Ich befinde mich nun etwa fünf Meter unter der Erdoberfläche. Es ist friedlich, still und doch unheimlich. Feiner Sand rieselt herab.

Auf allen vieren taste ich mich weiter vor, vorbei an Sitzecken und kleinen Nischen an den Wänden, bis zur nächsten Einstiegsluke ins dritte Untergeschoss. Da dieser Gang großteils unter Wasser liegt, entschließe ich mich zur Umkehr. Was ich erlebt und gesehen habe, ist beeindruckend genug. Ich war Gast in einer unterirdischen Behausung, die von Heimatforschern als Zwergenloch, Schrazelloch, Erdweiblschlupf oder meist als *Erdstall* bezeichnet wird!

Aber was ist ein Erdstall? So einfach die Frage, so schwierig die Antwort. Schon der Name »Stall« mutet seltsam an. Das Wort steht hier für »Stelle«, »Platz« oder »Ort« und hat nichts mit einem Bauwerk zur Unterbringung von Tieren zu tun. Oberösterreich ist geradezu wie ein Schweizer Käse durchlöchert mit solcherart künstlich angelegten Erdställen. Man entdeckt sie häufig unter alten bäuerlichen Besitztümern, Kirchen, Friedhöfen und Hausbergen. Und das in großer Anzahl. Einige hundert hat man in Oberösterreich gezählt. Doch die Verbreitung reicht weit darüber hinaus. Niederösterreich, Böhmen und Slowakei sowie Polen und Ungarn, aber auch Bayern, Frankreich und Spanien können auf diese rätselhafte Unterwelt verweisen. Mehr als *zweitausend* dieser Anlagen soll es im mitteleuropäischen Verbreitungsgebiet geben. Oder gegeben haben, denn viele der künstlich angelegten Stollen wurden im Laufe der letzten Jahrzehnte von Bauern oder Besitzern neu errichteter Einfamilienhäuser, die auf einen solchen Erdstall überraschend gestoßen waren, wieder zugeschüttet. Nur ein paar Dutzend haben sich hierzulande im ursprünglichen Zustand ins 21. Jahrhundert hinübergerettet.

Ihre Größe und Länge ist unterschiedlich. Im Normalfall 9 bis 40 Meter. Eine Hausberganlage in der niederösterreichischen Gemeinde *Althöflein* sprengt jedoch bisher Dagewesenes. In dem kleinen Ort im nordöstlichen Weinviertel erhebt sich als markantes Zeichen der Kapellenberg. An der Spitze thront das St.-Georgs-Kirchlein aus dem 12. Jahrhundert.

Darunter – durch Weinkeller zugänglich – Merkwürdiges: In drei Etagen liegen enge Stollen übereinander, die durch Steigluken und vertikale Lüftungsschächte miteinander verbunden sind. Bis in acht Meter Tiefe reichen sie hinab ins finstere Erdreich. Mit rund 200 Meter derzeit erforschter Länge ist der Althöfleiner Erdstall der größte noch begehbare (soll heißen: bekriechbare) im deutschsprachigen Raum. Warum stehen solche unterirdischen Gangsysteme nicht längst unter Denkmalschutz?

»Was sind das doch für sonderbare Menschenwerke, diese künstlichen Höhlen, nah unserer Wahrnehmung und doch so fern unserer Erkenntnis, so wenig beachtet und doch so wert, Denken und Schaffen einer längst vergangenen Zeit aus ihnen zu erschließen! Diese, in wunderlichen Windungen und überraschendem Zickzack tief in die Erde eindringenden Gänge, die mehr einer Röhre gleichen, durch die man sich, oft nur wie ein Wurm, durchzuzwängen vermag, an die sich dann Kammer an Kammer reiht, aber auch nicht größer, als sechs oder acht Menschen Raum finden und sich eben noch aufrichten können ...« So anschaulich beschrieb *Matthäus Much* im Jahre 1903 das Erdstallphänomen. Angeregt durch die Studien des Gelehrten begann der Benediktinermönch *Lambert Karner* (1841–1909) seine Leidenschaft für die Erforschung der Erdställe zu entdecken. Der »Höhlenpfarrer« war der Ansicht, dass sie prähistorische Kultstätten waren. Heute wird der Baubeginn der Anlagen von den meisten Fachexperten ins *frühe Mittelalter* datiert. Als unterste Altersgrenze wird das 11. Jahrhundert genannt.

Doch wofür wurden diese verworrenen Gangsysteme gebraucht? Hatten sie überhaupt einen *praktischen* Verwendungszweck? Das sind die »Gretchenfragen«, die seit der ersten wissenschaftlichen Untersuchung eines Erdstalls im Jahre 1828 bis heute für Kopfzerbrechen sorgen. Fundsachen, die darüber Auskunft geben könnten, fehlen. Gravuren an den Wänden beschränken sich meist auf Namen oder Jahreszahlen. In einem Erdstall zu *Klein-Weikersdorf* in Niederösterreich sind Namen von Zwettler Priestern aus dem 15. Jahrhundert in die Wand eingeritzt. Das Grundstück gehörte einst dem Stift. Über den Baubeginn und Zweck sagt dies freilich wenig, denn die Inschriften dürften erst später hinzugefügt worden sein. Es existiert kein Hinweis, der über die Nutzung der Bauten verlässlich Auskunft geben könnte. Bisher konnte nur Spärliches ans Tageslicht befördert werden, darunter ein Holzschemel, eine Haue und verkohlte Scherben. Sie stammen aus dem 12. Jahrhundert, wie man heute weiß.

Die wahrscheinlich bedeutendsten Artefakte aus den Höhlengängen sind spurlos verschollen. Eine Chronik der Mühlviertler Gemeinde *Arnreit* im Bezirk Rohrbach nimmt darauf Bezug. Darin heißt es, dass in dem 1889 entdeckten Erdstall *Mayrhof* Tonscherben mit einem Henkel gefunden wurden. Die Bruchstücke seien an Pfarrer Lampert Karner übergeben worden, der sie dann im Museum des Stiftes *Göttweig* aufbewahrte. Heute sind die Gegenstände unauffindbar. Karner glaubte in ihnen Teile einer »Opferschale« erkannt zu haben, in der Rauchwerk verbrannt werden konnte. Bewiesen ist das keineswegs. Das Besondere sind die »Gefäßböden«. Sie zeigen kreisförmige Abbildungen, die der steirische Heimat- und Burgenforscher *Alfred Höllhuber* als frühromanische *Sonnenräder* interpretierte. Dabei fiel etwas auf, das bisher keine Beachtung fand: Exakt das gleiche geometrische Motiv existiert als Ritzzeichnung an der Wand des Weinviertler Erdstalls in *Röschitz*, nahe an der Grenze zu Tschechien. Das Seltsame: Die Gemeinde Röschitz liegt 140 Kilometer Luftlinie von Arnreit entfernt. Es muss ein tiefer, noch unverstandener Sinn hinter der gemeinsamen Bildsymbolik stecken. Ebenfalls auffällig: Die Grundrisse erinnern an das Phänomen der *Kornkreise*, deren Herkunft ebenfalls ungeklärt ist wie jenes der Erdställe.

Faktum ist: Wie bei den Kreismustern im Korn gleicht kein Erdstall-Grundriss einem anderen. Das Baukonzept ist dennoch immer ähnlich. Mit einem bis eineinhalb Meter Raumhöhe erinnern die kellertiefen Gangsysteme an ein wirr zusammengefügtes Baukastensystem mit unterschiedlichen Bauelementen. Nur über schwierige Passagen gelangt man zu Rundgängen, Kammern mit Sitznischen sowie engen Schlupflöchern, die als senkrechte Schächte zu tiefer gelegenen Etagen führen. Es gibt nur einen Eingang. Dieser ist gleichzeitig mit dem Ausgang *identisch*. Für Menschen mit Platzangst eine Horrorvorstellung. Damit scheidet »Fluchtgänge« als Lösung für das Erdstall-Rätsel aus. Für heutige Begriffe sind solche Tunnelsysteme völlig nutzlose, in sich unlogische Bauwerke, ohne jeglichen erkennbaren Sinn oder Zweck. Weshalb der ganze Aufwand?

Um dem Rätsel auf die Spur zu kommen, bietet sich für Archäologen, Heimatforscher und Religionswissenschaftler ein spannendes Betätigungsfeld. Theorien gibt es unzählige. *Zufluchtsstätten* oder *Vorratsräume* sind beliebte Lösungsvorschläge. Schwer vorstellbar. Viele Gänge befinden sich unter Bauernhöfen. Wie hätte der Landwirt in kriegerischen Zeiten sich und seinen wertvollsten Besitz, das Vieh, darin verstecken sollen? Dennoch scheint es so, als ob die Anlagen für einen Aufenthalt – von wem auch immer – gedacht waren. Bei Gangkreuzungen und

Kammern führen häufig kreisförmige Röhren an die Erdoberfläche. Sie sind etwa 15 Zentimeter im Durchmesser und werden nach oben immer dünner. Offenbar handelt es sich um Bohrungen zur *Belüftung*. Dennoch ist die Sauerstoffzufuhr in den Tunnelanlagen zu gering, um eine längere Anwesenheit zu ermöglichen. Wurden die wirren Rundgänge und Schlupflöcher vielleicht angelegt, um eindringende Feinde zu verwirren? Das darf ebenso bezweifelt werden. Warum sollte ein Feind in das unübersichtliche Gangsystem überhaupt eindringen? Solange er dort unten Leben vermutet, wäre das Zuschütten des Eingangs oder das Ausräuchern die einfachste Lösung. Für Menschen, die in Kriegszeiten den Erdstall als Zufluchtsstätte verwendet hätten, wäre er eine tödliche Falle geworden.

Erdställe als Vorratsräume? Eine Idee, die gerne vorgebracht wird, aber wohl nur von Koryphäen stammen kann, die selbst nie einen Erdstall betreten haben. Sonst wüssten sie von der Erfahrung bedrückender Enge, die in den Gängen nur eine sehr eingeschränkte Bewegung erlaubt. Wie soll man unter solchen Gegebenheiten mit schmalen Durchschlupflöchern und senkrechten Schächten größere Vorräte transportiert haben?

Sind Erdställe Reste *bergmännischer* Tätigkeit? Wurde nach Rohstoffen gegraben? Eine Theorie, die ebenso ins Leere zielt, da sich die meisten Anlagen in Regionen befinden, wo selbst Laien annehmen können, dass bergmännische Erkundungen unsinnig sind. Zudem würde das Ausheben *eines* Suchstollens genügen. Es wurden aber im Abstand nur weniger Meter aufwändig und irrational angelegte Tunnelsysteme konstruiert. Einige Röhren sind so eng, dass man nur liegen kann. Arbeitstechnisch nicht sehr vorteilhaft. Welche Art von *Beleuchtung* unter der Erde zur Anwendung kam, bleibt ebenfalls rätselhaft. Nur selten weisen »Lichtnischen« an den Seitenwänden Brandspuren auf.

Simpel mutet die Vorstellung an, dass die Erdstall-Architektur bloß ein Produkt spielender *Kinder* sei. Wer das Know-how der Gangsysteme entdeckt hat, kommt zu anderen Schlüssen. Schon das Graben in den Erdboden war schweißtreibend, gewiss nicht kinderleicht. Erdställe wurden in unterschiedlichen Gesteinsschichten angelegt. Die Palette reicht von Schotter über sandigen Löss bis hin zu hartem Granit, wobei verschiedene Werkzeugtypen zur Anwendung kamen. Pickelartige Keilhauen im harten Gestein, Werkzeuge mit breiteren Schneiden, etwa 6 cm, bei weicheren Materialien. Sichtbare Hauspuren an den Wänden vieler Erdställe bestätigen das. Anfang der 1990er Jahre unternahmen österreichische Archäologen ein Experiment. Sie wollten im praktischen Versuch einen Erdstall nachbauen. Und das mit einfachsten Mitteln. Die Ernüchterung folgte prompt: Nur unter größten Anstrengungen gelang es pro Mann und Arbeitstag etwa 5 bis 10 cm zu graben. Bedenkt man nun die vielen engen Stellen, Schlupflöcher, Nischen, Kammern und Gänge mit zum Teil über 100 Metern Länge, darf man die Kinder-These bedenkenlos ad acta legen. Es ist auch wenig glaubhaft, dass im Mittelalter von Polen bis Spanien plötzlich alle Kids begannen, Löcher und Gänge zu graben.

Der wahre Verwendungszweck der Erdställe bleibt unbegreiflich. Damit sind wir bei der historischen Lieblingshypothese angekommen – es waren »Kulträume«! Aber *welcher* Kult wurde vollzogen? Vielleicht Krankheitsmagie? Wir wissen von der heilsamen Wirkung, die bei bestimmten Energieplätzen und Kurorten wirkt. Wurde den Erdställen eine ähnliche Heilkraft zugedacht? Kroch man in ein unterirdisches Rehabilitationszentrum, um von Schmerzen Heilung zu erhoffen? Oder waren es besondere Orte der Einkehr und Besinnung? Stellt der Durchschlupf ins Erdloch und das spätere Herauskriechen ans Tageslicht einen Bezug zur Vorstellung von *Tod* und *Wiedergeburt* dar? Könnte der Abstieg in die Unterwelt ein Symbol für das Totenreich sein? Wurde ein Ritual vollzogen, das den Übergang durch den Tod und die Neugeburt darstellen sollte? Waren die unterirdischen Gänge womöglich Meditationsorte, ähnlich den völlig dunklen und schalldichten »Isolationstanks«, wie sie vor allem in den USA als psychotherapeutisches Heilverfahren und für Out-of-Body-Experimente (außerkörperliche Erfahrungen) verwendet werden?

Fachleute sind sich auch bei der Erklärung »Kultstätte« uneins. Der deutsche Erdstall-Forscher *Karl Schwarzfischer* brachte 1968 die These von »Leergräbern« ins Gespräch. Demnach seien die Erdställe Aufenthaltsorte für Totengeister gewesen. Als »Grabbeigaben« fand man lediglich abgebrannte Holzstücke und verkohlte Scherben. Spuren einer Brandkatastrophe oder vergessene Opferbräuche? Pfarrer Lambert Karner macht in einer Schrift aus dem Jahre 1887 auf etwas Interessantes aufmerksam, wenn er feststellt: »... merkwürdigerweise habe ich in den hunderten Kammern noch keine entscheidenden Funde gemacht, wenngleich mir wiederholt von Skeletten, die darin gelegen sein sollten, gesagt wurde, und in Mähren und in Röschitz Sagen gehen, dass in denselben Greise gehaust hätten, die, als man sie anrührte, zu Staub zerfielen.«

Hat es die sagenhaften Skelette wirklich gegeben? Sind sie bloß Erinnerungen an Vorfahren, die der Glaubensvorstellung nach in den Erdställen gehaust haben? Spielt der Gedanke an Erd- oder Hausgeister eine besondere Rolle? Wurden deshalb wirre Gänge angelegt, damit Spukgestalten fern der eigenen vier Wände tunlichst in ihrer verborgenen »Wohnstätte« bleiben?

Mehr Fragen als Antworten. Den Spekulationen sind keine Grenzen gesetzt. Bleibt noch die gewagte Deutung, die dem Phänomen seinen Namen gab: *Zwergenwohnung.* Der Gelehrte *Franz Kießling* (1859–1940) erforschte im Waldviertel rund 70 Erdställe und gelangte zur Überzeugung, dass sie von einem geheimnisvollen Zwergenvolk in vorgeschichtlicher Zeit geschaffen wurden. Er nahm dabei Bezug auf alte Legenden und Sagen, die im Volksmund auch als Trolle, Gnome oder Schrazeln bekannt sind. Schilderungen über unheimliche Begegnungen mit dem »kleinen Volk« kann man als Aberglauben abtun. Bei einem leibhaftigen Zwergenmensch, wie er 1932 im US-Bundesstaat *Wyoming* entdeckt wurde, tut man sich schon schwerer. Damals legten Sprengarbeiten der Goldsucher *Cecil Main* und *Frank Carr* unbeabsichtigt eine kleine Höhle frei. Als sich die Staubwolken verflüchtigt hatten, fuhr den beiden Männern eisiger Schrecken in die Glieder. Aus dem Hohlraum starrte sie eine koboldhafte Mumie an, die auf einem Steinbalken mit überkreuzten Beinen und Armen saß.

Anthropologen der Harvard-Universität haben die Echtheit der Mumie bestätigt. Der Leiter der anthropologischen Abteilung des Amerikanischen Museums, *Henry Shapiro*, erklärte, dass die Untersuchungen ein komplettes Erwachsenenskelett ergeben hatten, das mit getrockneter Haut überzogen war. Zu Lebzeiten soll der Winzling höchstens 35 Zentimeter gemessen haben und bei seinem Tod etwa 65 Jahre alt gewesen sein. In den 1950er Jahren ging die Mumie in den Privatbesitz von *Leonard Wadler* über. Danach verliert sich ihre Spur. Alte Fotos, Röntgenaufnahmen und Dokumente existieren, doch niemand weiß, wo sich die Mumie heute befindet. Anhand früherer Untersuchungsergebnisse äußerte der französische Zoologe *François de Sarre* 1993 den Verdacht, dass es sich in diesem Fall nicht um einen Kobold, sondern um einen *Fötus* mit abnormer Schädelausbildung (Mikrozephalie) gehandelt haben könnte.

Ähnlich skeptisch äußerten sich Mediziner, die die Knochen eines nur 14 Zentimeter großen menschenähnlichen Wesens unter die Lupe nahmen. Der »Winzling« wurde 2003 bei archäologischen Ausgrabungen in Südamerika, nahe der chilenischen Ortschaft *La Noria*, entdeckt. Er war bei der Auffindung in einen Leinensack eingewickelt und mit einer Schnur verschlossen. Die einheimische Bevölkerung kennt Legenden über ein kleinwüchsiges Volk, das in der Atacama-Wüste lebte, bevor die Spanier ins Land kamen. Ist der Skelettfund ein Beweis dafür, dass Kobolde tatsächlich existieren oder zumindest gelebt haben? Die Körpergröße entspricht etwa einem Embryo im 5. Monat seiner Entwicklung. Dagegen spricht allerdings die untypische Ausbildung des Gesichtsschä-

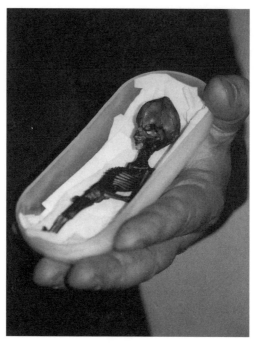

Menschenähnliches Skelett mit einer Größe von nicht mehr als 14 Zentimetern. Missgebildeter Fötus oder Koboldmumie? (Bild: Habeck)

dels. Anatomen verweisen auf die merkwürdige Schädelform und auf den Umstand, dass keine *Fontanellen* (Knochenlücken) am Schädeldach erkennbar sind. Insgesamt wirkt das Skelett für seine Größe zu ausgereift. Gleiches gilt für die Körperproportionen. Selbst wenn man berücksichtigt, dass die extrem trockene Umgebung zu einem enormen Wasserverlust führen kann, ist das Wesen ursprünglich höchstens doppelt so groß gewesen. Im Frühjahr 2005 wurde der Gnom erstmals in *Berlin* der Öffentlichkeit präsentiert. Besucher der Ausstellung »*Unsolved Mysteries*« konnten das Corpus Delicti im Original bestaunen. Trotz aufwändiger Scanning- und Magnetresonanz-Tests, ist es Gerichtsmedizinern nicht gelungen, das Rätsel um dieses mumifizierte »Wichtelmännchen« zu lösen.

So faszinierend diese Funde sind, aus dem Alpenvorland sind bisher keine Skelette von Zwergen aufgetaucht. Ob Schrazelloch, Mysterienkult oder Zufluchtsstätte, eines ist dennoch gesichert: Die verhexten Erdställe dürfen weiterhin zu den großen Rätseln der Geschichte gezählt werden!

Haymon, Samson und die Goliathknochen

Hat es die Riesen einst wirklich gegeben?

Wo von Zwergen die Rede ist, dürfen *Riesen* nicht fehlen. Sie treten nicht weniger oft in Erscheinung als Kobolde und Elementargeister. Als menschengestaltige Wesen mit gewaltiger Körpergröße von 2,5 bis 10,8 Metern spielen sie in fast allen Mythologien und Volkslegenden eine bedeutende Rolle. Die wohl bekannteste Episode schildert den Kampf von *David* gegen *Goliath*. Beschrieben beim Propheten *Samuel* (I., XVII. Kapitel): »David rannte auf den Philister zu, schwang seine Schleuder und ließ Goliath einen Stein gegen die Stirn fliegen, die der Helm nicht bedeckte. Goliath stürzte und fiel aufs Gesicht. Auf diesen Moment hatte David gewartet. Er lief zu seinem niedergestreckten Feind, zog dessen Schwert und schlug ihm den Kopf ab.« Sein Triumph gilt seither als Symbol des Sieges des Guten über die Gewalt des Bösen. Diese Geschichte aus der Bibel ist nur eine der vielen Überlieferungen darüber, wie ein normal gewachsener Mann einen Riesen mit List bezwingen konnte. Goliath erreichte angeblich dreieinhalb Meter Höhe und sein Panzerhemd soll sage und schreibe 104 Kilogramm gewogen haben.

Auch Österreich hat seine Nationalriesen. Ihre Spuren sind weit verbreitet, aber meist längst in Vergessenheit geraten. Eine Legende führt nach Innsbruck. Genauer gesagt nach *Wilten*. Hier im Südwesten der Stadt zwischen Inn, Sill und Hötting liegt das älteste Siedlungsgebiet im Raum Innsbruck. Am Fuße des Bergisels, direkt neben dem heutigen Stift Wilten, fand man Grabstellen aus der jüngeren Bronzezeit um 1300 v. Chr. Im Jahre 1128 ließen sich an diesem Platz Prämonstratenser nieder und gründeten das Kloster Wilten. Doch schon zuvor im 9. Jahrhundert soll sich hier eine sakrale Stätte befunden haben, dessen Entstehung mit der Sage der Riesen *Haymon* und *Tyrsus* eng verbunden ist. Haymon soll ein großmächtiger Riese gewesen sein, der jahrhundertelang das Land beherrschte. In den »*Alpensagen*« wird dazu vermerkt: »Mit seiner ungeheuren Kraft konnte er stärkste Tannen entwurzeln. Niemand konnte ihn bezwingen. Zu einem Riesenschloss, das er erbauen wollte, richtete er den Boden zurecht, indem er mit einem gewaltigen Felsbrocken auf der Schulter am Sillfluss hinauf fast zum Patscherkofel und zurück über Igls nach Wilten lief. Dort warf er den Block mit unheimlicher Kraft an die Stelle, wo er hernach seinen Bau begann.«

So nebenbei soll Haymon die Bevölkerung vor einem drachenartigen Untier geschützt haben, indem er es erschlagen hatte. Um diese Zeit machte ihm ein anderer Riese, *Tyrsus*, das ganze Inntal streitig und zerstörte immer zur Nachtzeit den begonnenen Schlossbau. Bei Seefeld kam es zum Kampf zwischen den beiden Giganten, wobei Tyrsus sein Leben lassen musste. Noch heute heißt der Ort, wo dies geschehen sein soll, *Tyrsenbach*. Der Riese Haymon soll noch lange gelebt und sein Schloss fertig gebaut haben, genau an jener Stelle, wo heute das Kloster Wilten steht. Sein Grab befindet sich angeblich noch heute dort, wenn es in der Legende heißt: »Es ist vierzehn Schuh und zwei Finger lang. Die holzgeschnittene Nachbildung des Riesen in seiner Rüstung gibt es ebenfalls noch zu sehen. In der Sakristei wird auch die Zunge des von ihm erlegten Drachen gezeigt und ein Kelch, auf dem die Passion abgebildet ist. Dieses kostbare Gefäß ist uralt, denn man hat es zur selben Zeit gefunden, als Haymon den Grund zum Kloster aushob. Neben dem Grab hängt eine Tafel mit der aufgezeichneten Lebensgeschichte des Riesen.«

In der Steiermark sollen ebenfalls Riesen an Bauarbeiten beteiligt gewesen sein, etwa beim Turm zu *St. Georgen* an der Stiefing. Auch an dem *Schlosse Neuberg* und an der *Kirche Maria-Lebing* bei Hartberg werkten der Sage nach zwei aus Asien eingewanderte Riesen. Sie hatten beide nur einen Hammer, den sie sich gegenseitig zuwarfen, obwohl die Baustellen eine Stunde voneinander entfernt waren. An der Wand des einen zur Kirche umgestalteten Turmes der *Burg Neuberg* erinnert ein Gemälde daran: Es zeigt zwei riesige wilde Männer mit Keulen.

In Oberösterreich, just in jener Region, wo man sich seit alters her Geschichten über Zwerge erzählt, kommen die Riesen gleich mehrfach vor. Im »*Oberösterreichisches Sagenbuch*«, 1932 von *Albert Depiny* herausgegeben, erfährt der staunende Leser, wo die Riesen überall kraftvoll mitgemischt haben sollen. Etwa beim Bau der Kirche von *Taufkirchen* an der Pram in der Nähe von Schärding. Hier sollen drei Riesen tätig gewesen sein. Der erste hob die Steine eine Stunde weit weg im Rainbach auf und warf sie dem zweiten zu, der dort stand, wo sich heute die *Kröstlinger Linde* befindet, dieser warf sie dem dritten Riesen zu, der auf dem Bau arbeitete. Beim Kirchenbau selbst führten die Riesen die Kirchenmauer bis zur Höhe des Gewölbeanfanges auf. Als die Kirche vollendet war, sah ein Riese stehenden Fußes zum Fenster hinein. Interessantes Detail: In alten Zeiten sollen in der Kirche *Riesenschädel* zu sehen gewesen sein.

Mit den Riesen-Legenden eng verknüpft sind Findlinge, jene gewaltigen Gesteinsblöcke, die mit den eiszeitlichen Gletschern weitergewandert sind. Da man sich früher nicht vorstellen konnte, *wie* die viele Tonnen schweren Steine transportiert worden sind, konnten nur Riesen dazu imstande gewesen sein. In der *Klammleiten* zwischen Gramastetten und Rottenegg liegen solche Felskolosse. Riesen sollen sie einst zum Bau der *Burg Lichtenhag* herbeigeschleppt haben. Die Steine wurden dann aber selbst den Hünen zu schwer und sie ließen sie am Wege liegen. Einer zeigt eingedrückte Stellen, die dem Volksglauben nach von einer Riesenhand und einem Knie stammen.

In einigen Überlieferungen sollen Riesen trotz ihrer Muskelkraft und Größe verunglückt sein. In *Haslach* an der Mühl steht ein großer Granitstein. Hier rastete der Sage nach gerne ein alter Riese. Eines Tages stürzte der Stein um und begrub den Riesen unter sich. Seither heißt der Block *Riesenstein*. Bisher gelang es noch niemandem unter den Felsbrocken zu blicken. Wäre das für neugierige Heimatforscher vielleicht die Anstrengung wert? Überreste toter Riesen sollen ebenso in *Kirchschlag* bei Linz begraben liegen. Die Legende erzählt, dass die Gebeine von gewaltiger Größe vor 200 Jahren beim Benefiziatenhaus ausgegraben worden sind. Leider geben die Historien keine Auskunft darüber, wohin die Riesenskelette danach verschwanden.

Seltener sind Erzählungen über Riesinnen. Eine soll beim Bau des *Ennser Stadtturmes* beschäftigt gewesen sein. Es heißt, sie trug einen großen Steinblock in ihrer Schürze, der später in der Wächterstube als Tisch diente. Als Wahrzeichen soll lange eine Rippe der Riesin an einer Kette im Turme gehangen haben. Wo hielten sich all die Riesengestalten versteckt? Dem Gerücht nach im *Enzenberg* bei Offenhausen. Hier soll es noch eine Menge unerforschter unterirdischer Gänge und Höhlen geben, wo einst die Riesen hausten.

Viele Sagen und Erzählungen über Riesen stehen im Zusammenhang mit *Höhlen*. Solche unterirdischen Zauberreiche existieren viele im Alpenland Österreich. Egal, ob bizarr geschmückte Tropfsteinhöhlen, sagenumwobene »Drachenhöhlen« oder die atemberaubenden Hallen der »Eisriesenwelt«: Die Begegnung mit ihren inneren Schätzen ist immer ein unvergessliches Erlebnis. Das *Bayerkönigloch* in den Felsen der Kleinen

Halt im Tiroler Kaisergebirge soll seinen Namen nach dem Sagensammler *Anton Karg* von einem Wache haltenden Riesen bekommen haben, der »am Eingang zu des Kaisers Hallen« diesen Dienst versah. Für Besucher zugängliche Schauhöhlen, wo verschlungene Pfade zwischen Schloten und Schächten abgesichert sind, gibt es jede Menge. Daneben existieren aber ebenso etliche schwer zugängliche Höhlensysteme, die noch kaum erforscht worden sind. Im Herbst 2000 stieß ein Forscherteam im oberösterreichischen *Nationalpark Kalkalpen* auf ein riesiges, bislang unberührtes Höhlensystem. Wo genau, bleibt zum Schutz der Höhle vorerst ein Geheimnis.

Es soll schon vorgekommen sein, dass sich Tourengeher in den langen Gängen einer Höhle verirrt haben. Aber Umwege erweitern bekanntlich die Ortskenntnis, was gelegentlich zu unvermuteten Entdeckungen führen kann. So ist es einem Bergrettungsteam in der *Raucherkahöhle* nahe Bad Ischl ergangen. Mit derzeit 84 erforschten Kilometern zählt sie zur zweitlängsten in ganz Österreich. Als 1993 Höhlenforscher einen schmalen Seiteneingang erkundeten, starrte sie auf einmal ein 1,5 Meter (!) großer *Totenkopf* an, der bei einer Wand über einem bedrohlichen Schacht herausragte. Genau an jener Stelle, wo zwei große Höhlensysteme zusammentreffen. Spätere Studien ergaben, dass der Schlot 70 Meter in die Tiefe führt. Dort befindet sich nur Geröll und es gibt keine Ausgänge. Wegen des steinernen Wächters wird dieser Übergang nun »Totenkopfquerung« genannt. Nur Höhlenkundige haben Zugang in das Berginnere. Wie kam der Riesenkopf dort hin? War er schon immer an seinem Platz? Ein echter Schädel aus Knochen wird es wohl nicht sein. Aber offenbar hat jemand das Gestein bearbeitet und ihm das Aussehen eines riesigen Totenschädels gegeben. Wer das gewesen sein könnte, wie und warum das geschah, ist ein Rätsel. Auffällig ist allerdings, dass die Gegend, in der sich die Raucherkahöhle befindet, seit alters her schon *Totes Gebirge* genannt wurde.

Wer einen leibhaftigen Riesen zu Gesicht bekommen möchte, der sollte dem salzburgerischen *Lungau* oder dem steirischen *Murau* (Krakaudorf) einen Besuch abstatten. Zwischen den katholischen Feiertagen Fronleichnam und Maria Himmelfahrt zieht in dieser Region der *Samson* durchs Land. Diese riesengroße Figur, meist begleitet von zwei grotesken Zwergen, ist zur Fremdenverkehrsattraktion geworden. Der Tag seines Auftritts ist aber von Ort zu Ort verschieden. Doch wo immer der bärtige Riese mit blechernem Helm und Lanze erscheint, soldatisch unterwegs, ein bisschen römisch, ein bisschen sonderbar, ist ihm die Bewunderung sicher. Einheimische bestaunen den riesigen Gesellen ebenso wie Gäste aus dem Ausland. Nur ein einziger Mann trägt, im hohlen Inneren versteckt, die etwa sechs Meter hohe und um die achtzig Kilogramm schwere Holzfigur.

Der Brauchtumsforscher *Paul Kaufmann* bemerkt dazu: »Es ist ein kleines Kunststück, das schwankende Holzgerüst, das sich unter dem Gewand des Riesenkerls verbirgt, sicher durch die Straßen und über die Felder zu tragen. Es braucht einige Muskelkraft, wenn auch nicht unbedingt die des biblischen Samson, der ein wahrer Kraftlackl gewesen sein soll. Die Tore der Stadt, in der man ihn gefangen hielt, soll er aufgehoben und die Säulen des Palastes umgerissen haben, sodass dreitausend Philister unter den Trümmern begraben wurden. Ferner weiß man zu berichten, dass er mit dem Kinnbackenknochen eines Esels auf die Philister losgegangen sei und dabei viele erschlagen habe.«

Der Tamsweger Samson dürfte der älteste sein. Seit 1635 ist der Triumphzug historisch belegt. In der Steiermark wurde diese Prozession erst in den 1960er Jahren neu beziehungsweise *wieder* eingeführt, nachdem man eine alte Rechnung gefunden hatte, aus der hervorging, dass die Murauer schon im 18. Jahrhundert einen solchen Samson von der Tamsweger Fronleichnambruderschaft um 24 Gulden erworben hatten. Na gut, dachten sich die pfiffigen Murauer, was unsere Vorfahren vor 200 Jahren konnten, das können wir heute auch. Sie kauften in Salzburg einen Samsonkopf und tragen die Riesenfigur seither erneut herum.

Lebendiges Brauchtum aus heidnischer Zeit zu Ehren der Riesen: imposante Samsonumzüge im Salzburger Lungau und im steirischen Murau. (Bild: H. Belzer)

Umzüge mit eigentümlichen Riesenfiguren werden noch heute als lebendiges Brauchtum in manchen Gegenden Belgiens, Frankreichs, Spaniens und auf Sizilien gepflegt. Früher waren diese »Riesenkulte« ebenso in Südengland und Skandinavien gebräuchlich. Da die Umzüge etwa mit der Zeit der Sommersonnenwende zusammenfallen, vermuten Ethnologen, dass die Feste ein Rest *keltischer* Tradition sein könnten. Jedenfalls ist verbürgt, dass in den Mythen der Kelten tanzende Riesen vorkommen.

Finden sich in altem Brauchtum und Sagengut verblasste Erinnerungen an ein Riesengeschlecht, das lange vor unserer Zeit existierte? Die meisten Wissenschaftler bezweifeln, dass es für all diese mythischen Überlieferungen *reale* Grundlagen gibt. »Die Gestalt der Riesen ist wahrscheinlich aus vielerlei urtümlichen Vorstellungsbereichen erwachsen«, vermutet der deutsche Wissenschaftspublizist und Buchautor *Ernst Probst*. Seine Erklärung: »Aufgrund existierender stark unterschiedlicher Größenverhältnisse, wegen der Deutung außerordentlicher Naturerscheinungen als Wirkung überstarker Wesen, durch Proportionsfantasie (der unterlegene Gegner muss aus Gründen des Effekts zu übermenschlichen Proportionen gesteigert werden, solche Vorstellungen spielten bei Drachensagen eine Rolle), vielleicht aber auch durch Halluzinationen im Rauschzustand.«

Gilt das auch für die Berichte über Begegnungen mit dem riesenhaften *Yeti* im Himalaja oder dem nordamerikanischen *Bigfoot*? Nicht alle Riesen müssen Fiktion sein. Denken wir nur an krankheitsbedingte Körperextreme. Der Mongole *Xi Shun* dürfte derzeit mit 2,38 Metern Größe jeden Menschen auf der Welt überragen. Der nachweislich größte Mann der Geschichte war *Robert Pershing Wadlow* aus den USA, der es bei seiner letzten Messung am 27. Juni 1940 auf 2,72 Meter brachte. Seine Größe ging auf eine Überproduktion der Hirnanhangsdrüse zurück, die seinen Körper mit Wachstumshormonen überschüttet hatte.

Nicht nur »Verirrungen der Natur« lassen uns an Riesen glauben. Wir wissen heute längst, dass fehlgedeutete Tierfossilien das eine oder andere Riesenmärchen entstehen ließen. So manches Monster entpuppte sich erst Jahre später als *Mammut*knochen. Selbst heute in unserer aufgeklärten Zeit ist niemand vor Irrtümern gefeit. Aber müssen deshalb zwangsläufig *alle* aufgefundenen Spuren über Riesen ins Reich der Fantasie verbannt werden? Ich behaupte: *nein!* Belege? Bitte schön:

Ein besonders kurioser Fall führt zurück ins Jahr 1908. Damals wurde in *Glen Rose*, Texas, eine unglaubliche Entdeckung gemacht: Eine Springflut riss im ausgetrockneten Flussbett des *Paluxy* Kalkgestein auf und legte *menschliche* Fußabdrücke frei. Mit 38 Zentimetern Länge sind die Abdrücke von enormer Größe. Hier muss einst in grauer Vorzeit ein *Riese* unterwegs gewesen sein. Die fünf Zehen schließen die Verwechslung mit einer ausgewaschenen Saurierfährte aus. Doch das ist nicht die einzige Besonderheit. Mindestens ebenso merkwürdig ist der Umstand, dass parallel dazu Spuren von einem *Dinosaurier* verlaufen. Beide Fährten befinden sich nachweislich in *denselben* geologischen Schichten. Die stummen Zeugen können dort immer noch bestaunt werden.

Aber wie ist das möglich? Ein gepanzerter Dinosaurier mit Füßen eines Menschen kommt als Lösung wohl nicht infrage. In den letzten 200 Jahren stießen Archäologen und Fossilien-Forscher immer wieder auf normwidrige Versteinerungen, Knochen und Gegenstände, die aus Epochen stammen, wo sie absolut nichts zu suchen haben. Einige Beispiele:

- Wozu dienten überdimensionale Axtschneiden und Messer aus Stein, die im Dschungel von Ecuador gefunden wurden? Im *Museo Weilbauer* in Quito sind einige dieser 2000 Jahre alten Werkzeuge ausgestellt. Ähnliche Faustkeile mit 4 Kilogramm Gewicht wurden in Syrien und Ostmarokko ausgegraben.
- In Utah, USA, wurden vor wenigen Jahren in einer Grabanlage mehrere menschliche Skelette gefunden, die alle etwa 2,30 Meter Größe aufwiesen. Einige Knochenreste lassen auf Körpermaße bis zu 3 Metern schließen. Daneben wurden Sandalen, Teile von Netzen und weitere Gegenstände ans Tageslicht befördert. Weshalb wird darüber nicht weiter berichtet?
- Wer hat den Backenzahn von 5,8 Zentimeter Länge und 4,5 Zentimeter Breite verloren, den der Archäologe *Rex Gilroy* in Australien fand? Offenbar jenes Wesen, das in der gleichen Gegend im ausgetrockneten Lehm einen 60 mal 18 Zentimeter großen Fußabdruck hinterließ. Die Gestalt müsste allerdings 6 Meter groß gewesen sein.
- In Südafrika untersuchte *James J. Hurtak* einen riesigen Fußabdruck mit gigantischen Ausmaßen: Länge 130 Zentimeter, Breite 69 Zentimeter, Tiefe 18 Zentimeter. Die Fährte befindet sich in einem Granitfelsen, der ein geologisches Alter von mehreren Millionen Jahren aufweist. Entdeckt wurde der Abdruck bereits 1912. Untersuchungen ergaben, dass er keine moderne Fälschung sein kann. Aber welcher Titan kann diese Spur damals hinterlassen haben?

Der vielleicht bedeutendste Beleg, der auf die Existenz einer frühen unbekannten Riesenrasse hinweisen könnte, stammt aus Ecuador. Im Vermächtnis des verstorbenen Pater *Carlos Vaca* fand sich eine Sammlung von riesigen Knochen. Sie stammen von Ausgrabungen, die Wissenschaftler 1992 in der Provinz Loja unternommen hatten. Einige Bruchstücke wurden von Anatomen an der Universität Wien untersucht mit dem Verdacht auf »menschenartig«. Was absolut nicht dazu passt, ist die Größe: Sie müssten einem Menschen oder Primaten gehört haben, der zu Lebzeiten unfassbare 7,50 Meter groß gewesen war. Wer den direkten Größenvergleich nicht scheut, dem möchte ich einen Ausflug in die Schweiz ans Herz legen. Im erlebnisreichen *Mystery Park* in *Interlaken*, dort wo man das Staunen wieder lernt, steht ein hypothetischer Rekonstruktionsversuch des Riesenskelettes. Neben dem Giganten wird selbst der größte Besucher zum Zwergerl.

Was soll's? Die Natur hat schon immer Mini- und Maxiwesen hervorgebracht, von Zwergen-Menschen bis zu Dino-Giganten. Aber was lässt Lebewesen schrumpfen oder in die Höhe schießen? Wissenschaftler vermuten, es hat mit der *Atmosphäre* zu tun. Bohrproben vom Meeresgrund zeigen, dass sich der Sauerstoffgehalt in den letzten 50 Millionen Jahren verdoppelt hat. Die größten Landtiere, die je auf Erden gelebt haben, waren Saurier. Einige Arten wurden bis zu 40 Meter groß und erreichten ein Gewicht von 50 bis 100 Tonnen. Dagegen sind heutige 7 Tonnen schwere Elefanten von bis zu 3,50 Metern Körperhöhe ziemlich klein geraten. Trotzdem, ganz überzeugt die »Sauerstoff-These« nicht. Vor einigen Millionen Jahren lebte in Venezuela ein Nagetier, das aussah wie ein Meerschweinchen. Mit dem Unterschied, dass es 700 Kilo auf die Waage brachte. Etwa zur gleichen Zeit waren auf Malta, Sizilien und Zypern Elefanten beheimatet, die nicht größer als 90 cm waren. Bis vor rund 200.000 Jahren lebte in Asien der größte Affe aller Zeiten: *Giganthopiticus*. Weshalb der Drei-Meter-Lackl ausstarb, ist ungeklärt. Ebenso erstaunlich: Knochenfunde auf den südpazifischen Fidschi-Inseln beweisen, dass noch vor 3000 Jahren Menschen auf Riesenleguane, gigantische Frösche und Hühner mit einem Meter Größe und 15 Kilogramm Gewicht trafen. Der Mensch hat sie mit Riesenschritten ausgerottet.

Und was wurde aus dem Geschlecht der Riesen? Vor 65 Millionen Jahren raffte eine gewaltige Klimakatastrophe die Dinosaurier dahin. Sind die Goliaths der Urzeit diesem Schicksal gefolgt? Oder finden die Überlieferungen und Entdeckungen über Riesen doch eine harmlose Erklärung? So oder so, die Vorstellungen darüber, was wir als riesengroß betrachten und was als winzig klein, ist relativ. *Novalis* (1772–1801), der berühmte Dichter der Romantik, wusste über Mini- und Maxi-Wesen bestens Bescheid. Sein Kommentar zur Riesenproblematik:

Riesenknochen aus Ecuador wurden in Wien unter die Lupe genommen. Das Seltsame: sie zeigen anatomische Merkmale, die einem Hominiden entsprechen. Der unbekannte Zweibeiner müsste zu Lebzeiten über 7,5 Meter groß gewesen sein. Im Mystery Park in Interlaken, Schweiz, kann die Skelett-Rekonstruktion bestaunt werden. (Bild: Habeck)

»Wenn man einen Riesen sieht, so untersuche man erst den Stand der Sonne und gebe Acht, ob es nicht der Schatten eines Pygmäen ist.«

»Ralf« – das seltsame Wesen

Knochen, die nicht ins Schema passen

Am 19. Juli 1995 wurde in Wien ein Torso mit Kopf aufgefunden. Die Leiche war verpackt in einen schwarzen Plastikmüllsack. Drei Tage später entdeckte ein Angestellter in einer Tierkörperverwertungsanstalt einen Beckenteil samt Beinen in einem Müllcontainer. Wer der unbekannte Tote war, konnte nie aufgeklärt werden. Die Entdeckung schauriger Leichenfunde sorgt immer wieder für Aufregung in den Medien. Meist gelingt es den Spezialisten der Gerichtsmedizin, die wahre Identität vermisster, verunglückter oder ermordeter Personen zu klären. Seit 1997 gibt es in Österreich die Einrichtung der DNA-Datenbank, die zur erfolgreichen Verbrechensaufklärung maßgeblich beiträgt. Biologische Spuren wie Haut, Haare, Sperma, Blut oder Speichel, die von mutmaßlichen Tätern stammen oder am Tatort hinterlassen wurden, können nun mit modernsten Methoden analysiert und genetische Profile erstellt werden. Stimmen genetische Merkmale mit den DNA-Proben eines Verdächtigen überein, kann daraus geschlossen werden, dass er am Tatort gewesen ist. Stimmen die Profile nicht überein, wird der Verdächtige entlastet. Die Methode der DNA-Analyse wurde im Laufe der Jahre immer präziser. Durch Untersuchungen des Knochengewebes können seit 1991 selbst bis zur Unkenntlichkeit verkohlte oder zerstörte Spuren exakt bestimmt werden.

Die Anwendung forensischer Hochtechnologie kann ebenso bei der Identifizierung im Tierreich behilflich sein. Im Januar 1999 gab es einen solchen Fall. Drei Arbeiter trauten ihren Augen nicht. Bei einem Kontrollgang im Hafen Freudenau in Wien stießen sie am Ufer auf einen mysteriösen Schädel von enormer Größe. Kein Zyklopenkopf, aber kurios genug. Identifiziert wurden die Knochenteile wenig später als Kopf eines *Flusspferdes*. Doch wie kam das Nilpferd in den Wiener Hafen? Die Donau heraufgeschwommen ist es sicher nicht. Der – rechtmäßige?

– Besitzer hat sich nie gemeldet. Veterinärmediziner nehmen an, dass der Schädel als Trophäe illegal importiert wurde. Danach wollte man das Souvenir wieder loswerden.

Wie aber sind Knochen zu beurteilen, die sich trotz aller Mühen der Aufklärung in kein bekanntes Schema einordnen lassen? Auch das gibt es. Die Vorgeschichte: Im Frühjahr 2002 landet unbemerkt von den Medien eine unscheinbare Holzkiste aus Amerika in Wien-Schwechat. Sie ist etwa 1,20 Meter lang, einen halben Meter hoch und ebenso breit. Mit einem speziellen Kunsttransport wird der Behälter in das Wiener *Naturhistorische Museum* gebracht. Der Inhalt ist höchst brisant: ein mysteriöses Skelett von einem unbekannten Wesen!

Als die Truhe geöffnet wird, kommt ein grausliches Gerippe zum Vorschein, das in einer hochprozentigen Alkoholflüssigkeit konserviert wird. Entdecker des Kadavers, der aus drei Teilen besteht, ist der Amerikaner *Frank D. Pryor*. Er holt das fremde »Ding« aus dem Spiritus und präsentiert es den versammelten Gelehrten. Staunen und skeptisches Kopfschütteln machen sich breit. Was soll das sein? Kleiner, länglicher Kopf, große Augenhöhlen, langer Hals, keine Arme, keine Beine? Fragmente eines bisher unentdeckten Tieres? Knochen von einem Alien? Gerichtsmediziner ohne Skalpell, dafür ausgestattet mit modernster Technik, sollen Klarheit bringen. Museumsdirektor *Bernd Lötsch* winkt dennoch ungläubig ab: »Ein Riesenaufwand für ein banales Kalb!«

Frank D. Pryor wundert sich. Als Cowboy und Jäger weiß er sehr wohl, wie die Anatomie von Rindern beschaffen ist, aber ein Skelett wie dieses ist ihm noch nie unter die Augen gekommen. Ich frage ihn, wann und bei welcher Gelegenheit er über die abnormen Knochen gestolpert ist. »Im Jahre 1990 während eines Jagdausfluges im waldigen Gelände von Oklahoma«, erinnert sich der Amerikaner. »Damals stieß ich überraschend auf diese Knochenreste, die erbärmlich gestunken hatten. Ich konnte mir nicht erklären, zu welchem Vieh sie gehörten, und beschloss, den makabren Fund mit auf meine Farm zu nehmen. Der Tierarzt meines Heimatortes konnte bei der Identifizierung aber leider nicht helfen. Niemand wusste zu sagen, welcher Tiergattung das merkwürdige Skelett zugeordnet werden kann.«

Pryor ließ das keine Ruhe. In den darauffolgenden Jahren wurde das Gerippe an 14 amerikanischen Universitäten und Instituten untersucht. Die Ergebnisse waren stets verwirrend. Trotz aufwändiger Untersuchungen, mehrfacher DNA-Analysen und Computertomografien konnte die zoologische Zuordnung nicht eindeutig bestimmt werden. Einmal

»Ralf«, ein mysteriöses Knochengerippe, gibt Rätsel auf. Mikrobiologen der Salzburger Universität ist es trotz radiografischer Untersuchung und DNA-Analysen nicht gelungen, die wahre Identität der unbekannten Spezies zu klären. (Bild: Habeck)

glaubte man Spuren von einem *Lama* entdeckt zu haben, dann wurden die Erbsubstanzen von einem jungen *Kamel* und anderer Tiergattungen angezeigt. Pryor nannte sein »Stiefkind« seither »Ralf«, eine Abkürzung für »*R*ätselhafte *a*ußerirdische *L*ebens*f*orm«. Eine Namensgebung mit Augenzwinkern, die aber, so glaubt der Amerikaner, der Analogie des »Kryptowesens« am nächsten kommt. »Ralf-Daddy« Frank D. Pryor weiß warum: »Nicht zuletzt deshalb, weil in der Umgebung des Fundortes immer wieder vermehrte UFO-Aktivitäten gemeldet werden.«

Bei der abenteuerlichen Suche nach der wahren Identität des zweifelhaften Beweisstückes hat sich ein Mann besonders engagiert. Er heißt *Klaus Dona*, ist Kulturmanager und lebt in Wien. Als Initiator der Ausstellung *Unsolved Mysteries – Die Welt des Unerklärlichen*, die 2001 in Wien eine viel beachtete Weltpremiere hatte, versetzte er Laien und Wissenschaftler gleichermaßen in Staunen. Klaus Dona ist geradezu besessen von der Idee, möglichst viele rätselhafte Artefakte aus aller Welt aufzustöbern. Das gelang ihm bisher recht erfolgreich. Bei den Recherchen in Geheimarchiven und wenig bekannten Privatsammlungen kam er auf die Spur von »Ralf« und seinem Besitzer Frank D. Pryor. Als Attraktion für eine geplante Folgeausstellung wurde vereinbart, das ominöse Gerippe auf Übersee-Reise nach Österreich zu schicken. Zunächst mit Zwischenstopp in Wien, bald darauf landete »Ralf« im gerichtsmedizinischen Institut der Universität Salzburg.

Bei der äußerlichen Begutachtung tippten die Wissenschaftler aufgrund der Gebissstruktur und der Wirbelsäule auf einen Vierbeiner, am ehesten auf ein *Kalb*. Der erste Verdacht von Lötsch schien sich zu bewahrheiten. Dennoch offenbarten sich Ungereimtheiten. Erstens: Die Rückenknochen sind zu lang für ein junges Rind und das Gehörsystem zu groß. Zweitens: Anatomen in Wien schließen nicht aus, dass die Knochenfragmente einem Zweibeiner gehörten. Damit letzte Zweifel über die Identifizierung der Spezies beseitigt werden können, wurden eine radiografische Untersuchung sowie eine DNA-Analyse vorgenommen. Einer der führenden heimischen Experten auf diesem Gebiet ist der Molekularbiologie und DNA-Spurenanalytiker *Jan Kiesslich*. Er ist der richtige Fachmann, wenn es anhand biologischer Spuren um die Auswertung kriminalistischer Zusammenhänge und die Identifizierung unbekannter Toter geht. Urgeschichtler und Archäologen suchen ebenso seinen kompetenten Rat bei der Analyse alter Erbsubstanzen.

Wie lässt sich nun für den Laien verständlich die Untersuchung am abgestorbenen Körper umschreiben? Der Gerichtsmediziner gibt gerne Auskunft:»Jedes Lebewesen ist bis zu einem gewissen Grad durch seine Erbinformation bestimmt bzw. definiert. Das heißt, es finden sich auch Informationen über die Spezies, also die biologische Art, in der Erbinformation. Daraus lässt sich ableiten, ob wir es mit einem Menschen, Rind, Wurm oder was auch immer zu tun haben. Diese Information ist in jeder Körperzelle enthalten. Daher ist es möglich, selbst aus sehr unvollständigen Überresten Informationen über die genetische Konstitution eines Individuums zu erfahren und seine Spezies zu bestimmen. Voraussetzung dafür ist allerdings, dass noch Spuren der Erbinformation, also der DNA, vorhanden sind. Bei ungenügenden Methoden der Aufbewahrung und mit zunehmendem Alter wird dies immer unwahrscheinlicher.«

Und wie ist die Vorgangsweise im Fall »Ralf«, will ich neugierig von Jan Kiesslich wissen. Der Fachmann anschaulich:»Technisch gesehen wird aus vorliegendem Probenmaterial DNA chemisch präpariert und dann mit einer speziellen Methode künstlich so weit vervielfacht, um die Information ›lesen‹ zu können. Die Sprache der DNA beruht auf einem 4-Buchstaben-Code, der geeignet ist, jedwede Art genetische Information zu speichern. Das bedeutet, für die Speziesbestimmung wird sozusagen ein Kapitel im ›Buch des Lebens‹ nachgelesen. Dann kann anhand von entsprechenden Datenbanken, dieses ›Kapitel‹ einer Spezies oder einem Individuum zugeordnet werden.«

Da sollte es beim »Kryptowesen« aus Oklahoma kein Problem geben – oder? Kiesslich machte sich optimistisch an die Arbeit. »Ich habe mehrere Proben aus den Knochen entnommen und versucht eine Speziesbestimmung durchzuführen«, erklärt der Experte und kann seine Enttäuschung nicht verbergen: »Das Resultat war nicht von Erfolg gekrönt.« Der Wissenschaftler nahm eine zweite Serie von Proben und schickte sie an seine Kollegen vom *Institut für Anthropologie und Humanökologie* der Universität Göttingen, die noch feinere Untersuchungsmethoden vornehmen können. Auch diese Analyse war nicht eindeutig. Im Gegenteil: wie bereits aus den amerikanischen Labortests bekannt, ergaben die aktuellen DNA-Analysen wiederum ein Gemisch an *unterschiedlichen* Erbfaktoren, darunter Daten, die sowohl auf *Schwein* als auch auf *Rind* hinweisen. Ein weiterer Befund ließ sogar auf ein *Gürteltier* schließen.

Gürteltier? Kiesslich ist vorsichtig in der Beurteilung, weil es »ein zufälliges, nicht reproduzierbares Ergebnis« darstellt. Hinzu kommt, dass »Ralf« aufgrund der Zahnstruktur zu Lebzeiten eher ein Vegetarier war. Gürteltiere jedoch sind Insektenfresser. Die Sachlage bleibt mysteriös. Weshalb konnte die Erbsubstanz des unbekannten Tieres nicht einwandfrei bestimmt werden? »Meiner Meinung nach liegt das daran, weil die DNA in den Überresten bereits zu stark zersetzt oder durch fremde DNA-Spuren kontaminiert war«, gesteht der Molekularbiologe freimütig ein und resigniert: »Somit konnte ein klares Ergebnis leider nicht erzielt werden.«

Wurde das ekelerregende Skelett vielleicht aus verschiedenen Tierknochen zusammengesetzt? So wie dies beim *Wolpertinger* geschah? Den kennt doch jeder, oder? Das ist ein Fabeltier, das dem Aberglauben nach als Hase mit Hirschgeweih in den bayrischen Wäldern herumspuken soll. Im *Deutschen Jagd- und Fischereimuseum* in München kann ein präpariertes Exemplar bewundert werden. Ist »Ralf« ebenfalls eine Attrappe? Betrug und Täuschung? Waren Spaßvögel am Werk? Oder ist »Ralf« womöglich als Produkt genetischer Experimente einem Geheimlabor entwischt? Dem Entdecker Frank D. Pryor ist kein Vorwurf zu machen. Der Fund brachte ihm weder Ruhm noch Geld, nur Unannehmlichkeiten. »Manchmal denke ich«, klagt der Amerikaner frustriert, »es wäre besser gewesen, ich hätte den Kadaver im Wald liegen gelassen.«

Jan Kiesslich, auf den Fälschervorwurf angesprochen: »Ob das Knochengerüst ein Falsifikat ist, weiß ich nicht. Ich bin kein Veterinärmediziner, aber mein persönlicher Eindruck ist, dass es sich *nicht* um ein aus unterschiedlichen Knochen zusammengesetztes Tier handelt. Schon aus dem einfachen Grund, weil die drei Knochenteile anatomisch sehr gut zusammenpassen und vom Zustand her gleichartig sind. Wenn hier also Fälscher am Werk waren, dann verdammt gute, denn sie hätten großen Aufwand betrieben und müssten sehr viel Zeit gehabt haben.«

Wenn Ralf keine Fälschung ist, was dann? Eine gewagte Hypothese bringt das Geschöpf mit Beobachtungen zusammen, die aus der Gegend des Fundortes vorliegen. Demnach berichten Einheimische immer wieder von einem seltsamen Wesen, das an die blutsaugende Kreatur *Chupacabras* (deutsch: »der Ziegensauger«) erinnert. Dieses mysteriöse Tier hat vor allem in der lateinamerikanischen Folklore seinen festen Bestandteil. In Puerto Rico, Texas, Florida und Mexiko häufen sich die Begegnungen mit dieser fremden Spezies. Chupacabras wird eine Vorliebe für Blut und Verstümmelungen nachgesagt. Für den Tod von Viehbestand soll er verantwortlich sein, das in den letzten Jahrzehnten immer wieder mit Bisswunden aufgefunden wurde. Die Bevölkerung ist angesichts grausam verstümmelter Kadaver, aus denen das Blut gesaugt und Organe herausgerissen wurden, verschreckt.

Schauermärchen oder Wirklichkeit? Der steirische Maler *Gerhard Patz* schwört, er habe das Ungeheuer mit eigenen Augen gesehen. 1996 verbrachte der Künstler den Frühling in *Santa Rosalia* in Mexiko. Am Abend des 22. Mai beobachtete er gemeinsam mit *Miguel Habana*, einem befreundeten Bauer und Langustenfischer, etwas höchst Merkwürdiges. Gerhard Patz erinnert sich: »Wir sind vor dem Haus gesessen, als plötzlich ein großes Tier über uns geflogen ist. Es hat einer Fledermaus ähnlich gesehen, hatte aber die Größe eines Hundes. Wir haben noch gelacht und gewitzelt: das ist Chupacabras!«

Am Morgen danach verging den Männern das Lachen. Patz: »Lautes Geschrei von Frauen hat mich aufgeweckt. Ich bin nachschauen gegangen und habe drei tote Ziegen gesehen. Sie waren blutleer, vollkommen ausgesaugt. Spuren hat man keine gesehen, nur faustgroße Löcher im Hals der Tiere.«

Schwindel? Wunderwesen? Alien oder Machwerk finsterer Forschung in geheimen Genlabors? Ist »Ralf« ein Vetter des Ungeheuers? Seine Überreste, die vielleicht Auskunft darüber geben könnten, sind erstarrt. Ihr letztes Geheimnis haben sie für sich behalten.

Andererseits: Schweigen ist auch eine Antwort.

TEIL II

Wundersame Erscheinungen

»Es gibt keine Wunder für den, der sich nicht wundern kann.«

Marie von Ebner-Eschenbach (1830–1916),
österreichische Schriftstellerin

Fauna X

Exotische Eindringlinge und Überbleibsel aus der Urzeit

Madame Nessie in der Donau? Ungeheuerlich! Das klingt nicht weniger fantastisch als die alten Donausagen über Nixen und Wassermännchen oder Legenden über Drachen und Tatzelwürmer. Der »gesunde Hausverstand« verwirft solche unglaublichen Geschichten schnell ins Reich der Märchen. Berichte über Begegnungen mit wundersamen Wesen darf man nicht ernst nehmen, sie können nur der menschlichen Vorstellungskraft entsprungen sein, sagen die Skeptiker. Vielleicht ein vorschnelles Urteil. Natürlich wissen wir inzwischen, dass es in früheren Zeiten viele Fehldeutungen gegeben hat. So wurden fossile Mammutschädel zunächst als Zyklopen und die langen Zähne der Narwale als Beleg für die Existenz von Einhörnern angesehen. Heute sind wir klüger. Und dennoch: woher wollen wir wirklich wissen, ob am Anfang einer entstandenen Fabel nicht doch ein reales Tier als Vorbild stand?

Gewiss kein Plesiosaurier, aber ein unbekanntes Reptil wurde im Sommer 2005 in der Alten Donau in Wien gesichtet. Badegäste berichteten übereinstimmend, es habe Ähnlichkeit mit einem etwa ein Meter langen *Krokodil* gehabt. Feuerwehrtaucher suchten das Gelände ab, wurden allerdings nicht fündig. Magistratsbeamte, die mit dem Fall beauftragt waren, vermuteten eine Verwechslung mit einem *Hecht*. Die Fische erreichen eine Größe von einem Meter – das würde zu der angeblichen Kroko-Sichtung passen. Zu belächeln sind derartige Beobachtungen aber nicht: 2001 wurde der Kaiman »Florian« aus dem Donaukanal gefischt.

Unheimliche Begegnungen mit entflohenen oder absichtlich ausgesetzten Tier-Exoten, die in unserer Region nicht beheimatet sind, werden häufig zu einem Problem. Im September 1993 brach im ganzen Land die »Mambamia« aus. Anlass: Während einer Schlangenausstellung im steirischen Kurort *Bad Aussee* vermisste der Schausteller *Manfred Pelko* eine grüne *Mamba*. Die ostafrikanische, 1,30 Meter lange Schlange war durch einen Spalt unter dem Holzboden des Kurmittelhauses entwischt. Wer von solch einem hochgiftigen Reptil gebissen wird, hat maximal eine halbe Stunde zu leben. Ausgerüstet mit Kreissägen und in Schutzkleidung wurde der Fußboden zerschnitten, der Keller von Gerümpel geleert und der angrenzende Kurpark peinlich genau durchforstet. Doch »Fuzzi«, so wurde die Bestie getauft, wusste sich gut zu verstecken. Erst nach fünf Tagen war die Aufregung im Ausseerland vorbei. Das Erstaunliche: übersinnliche Fähigkeiten verhalfen letztlich zum Happyend der Schlangenjagd. Der Rutengänger *Peter Komarek* hatte das richtige Gespür dafür. Zu seiner eigenwilligen Jagdmethode befragt, erklärte er: »Man braucht einen Gebäudeplan und den Besitzer des gesuchten Objekts. Im Falle der Mamba musste sich Herr Pelko mit voller Kraft auf Fuzzi konzentrieren. Ich wiederum konzentrierte mich auf ihn. Das Pendel zwischen meinen beiden Fingern ließen wir dabei über den Plan schweben. Dann begann es zu kreisen. Da wusste ich, wo die Schlange war.« Ob man an verborgene Kräfte glaubt oder nicht: Er behielt Recht. Genau an der ausgependelten Stelle konnte die Giftschlange von ihrem Besitzer selbst wieder eingefangen werden.

Das gelingt nicht immer so reibungslos. Inzwischen haben viele fremde Tierarten den Weg nach Österreich gefunden, obwohl sie niemals Teil der heimischen Fauna waren. Das Problem mit der tierischen Einwanderung liegt in den Folgen für das Ökosystem. Neben der Nahrungskonkurrenz liefert auch die Übertragung von Krankheitserregern eine Gefahr für die biologische Vielfalt der Alpenregion. Die Liste dieser *Neobioten*, so werden die neuen, gebietsfremden Arten von Biologen genannt, ist lang. Nachgewiesen sind derzeit rund 1100 Pflanzen, 100 Pilze und mehr als 500 Tierarten, die in den letzten Jahrhunderten nach Österreich gelangt sind. Unter ihnen der gefräßige *Waschbär*, der eigentlich in den Wäldern Nordamerikas zu Hause ist. Dass der flinke, putzige Kerl immer öfter in der Alpenregion gesichtet wird, soll auf einen Bombenangriff der Alliierten zurückzuführen sein, die in den letzten Kriegstagen des Jahres 1945 ein Zuchtgehege in Berlin zerstörten. Einigen Waschbären gelang unversehrt die Flucht. Sie vermehren sich seither munter. 1974 wurde der erste Vierbeiner an der bayrischen Grenze bei *Lofer* gesichtet. Aus Tirol und Oberösterreich liegen inzwischen vermehrte Berichte über Waschbären vor, die sich mit Vorliebe bei Familien über die Küchenvorräte hermachten.

Ernste »Problemkinder« vor unserer Haustüre sind die *Asiatischen Laubholzkäfer*. 2001 wurden sie erstmals auf 28 Bäumen in Oberösterreich nachgewiesen. Eingeschleppt hat man sie aus China mit Verpackungsholz. Das Teuflische: Die Larven fressen in Windeseile Gänge mit bis zu 3 Zentimetern Durchmesser ins Holz.

In den heimischen Gewässern tummeln sich genauso Eindringlinge aus der Ferne, etwa der nordamerikanische *Signalkrebs*. In den 1970er Jahren wurden in Salzburg einige dieser Speisekrebse ins freie Gewässer gesetzt. Im Winter 2004 hat man die ersten Exemplare im Wienfluss bei Hadersdorf entdeckt. Was niemand ahnte: Die Krabbeltiere übertragen eine Pilzinfektion, die für in unseren Flüssen ansässige Edelkrebse tödlich ist.

Trübe Aussichten auch im Nationalpark Donauauen. Hier wurden in den 1990er Jahren neue Fischarten eingefangen, darunter die *Syrmangrundel*. Ein 5 Zentimeter langes Tier aus dem Schwarzen Meer, das durch seine Gefräßigkeit die Artenvielfalt in der Donau stört.

Da ist es zu den *Bisamratten* nicht mehr weit. 1905 wurden fünf Exemplare des amerikanischen Nagers bei Prag ausgesetzt. Seitdem haben sie sich in ganz Europa ausgebreitet und unterminieren Uferbefestigungen. Großen Appetit haben sie ebenso: sie fressen und gefährden damit heimische Muscheln.

Neue Tierarten machen sich breit, andere verschwinden für immer. Mit der »roten Liste« bedrohter Geschöpfe wird uns der Spiegel einer gefährdeten Natur vor Augen gehalten. Die Frage »Haben Sie je einen *Rapp* gesehen?« werden die wenigsten Naturliebhaber bejahen können. Der schwarze Vogel mit sichelförmig nach unten gebogenem Schnabel zählt zur Ibis-Familie. Seit dreihundert Jahren gilt das Vogelvieh in Europa als ausgestorben, jetzt sind nur mehr in Marokko achtzig Brutstätten bekannt. Gut versteckte Restexemplare können mit viel Glück im Burgenland und Niederösterreich beobachtet werden. Ein völliges Aussterben des Waldrapps soll durch Zuchtprogramme in Zoos verhindert werden.

Eine Vielzahl unbekannter Tierarten wird noch in den unerforschten Tiefen des Meeres, im Dickicht des Dschungels, aber genauso in heimischen Gewässern und Naturschutzgebieten vermutet. 2002 ist einem Mitarbeiter des oberösterreichischen Nationalparks *Kalkalpen* ein sensationeller Käferfund gelungen. *Erich Weigand* entdeckte in einer Höhle bei Kleinreifling den »Arctaphaenops muellnen«, zu Deutsch »*blinder Höhlenkäfer*«, der weltweit nur im Gebiet des Hinter- und Sensengebirges vorkommt. Erst drei Mal in der Geschichte konnte dieses seltene Insekt gesichtet werden – nämlich zuvor 1970 und 1991 in der Rettenbachhöhle.

Jeden Tag stoßen Forscher auf neue Lebewesen, zumeist Insekten, Würmer oder Mikroorganismen. Oft werden sie an Orten entdeckt, wo man sie nicht vermuten würde, etwa in Wolken über dem 3106 Meter hohen *Sonnblick* im Nationalpark Hohe Tauern. Experten der Technischen Universität Wien konnten im Jahre 2000 nachweisen, dass sich Mikroorganismen dort oben prächtig vermehren – sogar bei lebensfremden Temperaturen bis minus 37,5 Grad. Um welche »supercoolen« Bakterien es sich handelt und woher sie abstammen, konnten die Meteorologen noch nicht herausfinden. Einige meinen jetzt, dass diese winzigen Lebensformen sogar Einfluss auf die Wetterentwicklung haben. Immer mehr Funde erweitern die Vorstellung von Biologen, unter welch unwirtlichen Bedingungen Leben vorkommen kann. Bakterien wurden in kochend heißen Schwefelquellen ebenso nachgewiesen wie im Eis der Antarktis. Somit könnten selbst in den Tiefen des Alls und auf scheinbar lebensfeindlichen Planeten noch bizarre Überraschungen auf uns warten.

Der romantische *Toplitzsee* im steirischen Salzkammergut hat es ebenfalls in sich. Mit 1,8 Kilometern Länge, etwa 300 Metern Breite und 103 Metern Tiefe ist er Österreichs ungewöhnlichstes Gewässer. Schon die Grundtemperatur des Wassers mutet seltsam an. Sie ist um zwei Grad höher als in anderen Seen. Seit Kriegsende ranken sich wilde Gerüchte über einen Goldschatz den die Nazis hier versenkt haben sollen. In mehreren Tauchgängen wurden Kisten mit Falschgeld, Munition, Raketentreibsätze, Waffen, Bomben und Teile eines angeblich gesprengten Flugzeuges gefunden. Besonders aufwändig war die Suchexpedition in den Jahren 1983 bis 1987. Damals unternahm der Biologe *Hans Fricke* wissenschaftliche Untersuchungen mit dem Tauchboot GEO. Das angebliche Nazigold wurde nicht gefunden, dafür neue Bakterienarten. Und als Besonderheit: ein bis dahin unbekannter Wurm, der im *sauerstofflosen* Wasser lebt.

Wenn von wurmartigem Getier die Rede ist, dann kommen wir an dem unheimlichen *Grottenolm* nicht vorbei, der in eiskaltem, lichtlosem Wasser beheimatet ist. Die Biologie und die Lebensweise dieser seltsamen Wesen liegen nach wie vor im Dunkel der slowenischen und kroatischen Karsthöhlen. Bis in unsere Zeit kam es zu Begegnungen zwischen Olmen und Menschen nur dann, wenn der Olm von der Kraft der unterirdischen Flussläufe ins Freie gespült wurde. Im Februar 1994 gelang es einem französisch-slowenischen Forscherteam erstmals, einen Grottenolm in seinem natürlichen Lebensraum zu filmen. Dabei sind die Berichte über solche Sichtungen uralt. Aus dem 17. Jahrhundert wird überliefert, dass Bauern ein Tier gefangen hätten, das sie für einen jungen, vom Hochwasser aus dem Berg angeschwemmten *Lindwurm* hielten.

Steckt in solchen Funden die Ursache für den Volksglauben an mythische Tiere, die seit Ewigkeiten in Höhlen oder in tiefen Seen ihr Unwesen treiben? Was verbirgt sich zoologisch gesehen dahinter? Sind Berichte über mittelalterliche Drachen, Springwürmer und Wunderwesen lediglich Ausgeburten der Fantasie? Der Lindwurm, Kärntens beliebtestes Ungeheuer, hat es zumindest geschafft, als Klagenfurter Wappentier bis heute zu überleben. Das Untier soll riesengroß gewesen sein, hätte einen Körper mit Flügeln und Schuppen besessen, einen schnaubenden Rachen, furchteinflößende Zähne und gefährliche Krallen. Gehaust hätte es im Sumpf, bis tapferen Männern gelang, das Monstrum mit einer List zu töten. Dann konnte Klagenfurt entstehen. So vermeldet es die märchenhaft anmutende Gründungssage.

Dafür kann die Metropole Wien auf den *Basilisken* verweisen, einem Mischwesen, das an die Kreuzung eines Hahnes und einer Kröte erinnert. In der Wiener Innenstadt – in der Schönlaterngasse Nr. 7 – soll dieses schreckliche Ungeheuer im Hausbrunnen entdeckt worden sein. Die Sage nennt sogar ein genaues Datum: 26. Juni 1212. Das Viech saß nun im Brunnen, verbreitete einen furchtbaren Gestank und verunreinigte das Wasser. Ein mutiger Bäckerjunge erklärte sich bereit hinunterzusteigen, man riet ihm aber, das Scheusal nicht anzusehen. Die schaulustige Menschenmenge, die sich um den Brunnen versammelt hatte, befürchtete nämlich, der Junge könnte vom Blick des Ungeheuers zu Stein verwandelt werden. So nahm der gewitzte Jüngling einen Spiegel mit, als man ihn mit einem Seil hinunterließ. Als der Basilisk sein eigenes, hässliches Antlitz sah, erstarrte er zu Stein. An der Fassade des Basiliskenhauses erinnert ein altes Fresko an diese Begebenheit.

Interessant: Eine ähnliche Sage ist aus *Basel* in der Schweiz überliefert. Der Basilisk taucht dort im 15. Jahrhundert sogar als Wappenhalter des Basler Stadtwappens auf. Ein fremder Kaufmann soll ein ausgestopftes Drachentier damals vorgewiesen haben. Die Identität des Basilisken bleibt ungeklärt. Der weit gereiste Kaufmann hingegen, der könnte ein Wiener gewesen sein.

Auch wenn der Wahrheitsgehalt solcher Legenden angezweifelt werden darf, so fällt doch eines auf: viele alte Erzählungen über drachenartige Fabeltiere tragen typische Merkmale, die an Kreaturen aus der Saurierepoche erinnern. Wäre es denkbar, dass Urzeittiere überlebt haben, sich hinüberretten konnten bis in unsere Tage? Ein Ding der Unmöglichkeit, sagt die Wissenschaft. Laut Evolutionstheorie trennen die Epochen, in denen diese Lebewesen auftraten, viele Millionen Jahre.

Und doch geben immer wieder die Meere und Urwälder Geheimnisse preis, werden Tiere entdeckt, die es nach Meinung der Wissenschaftler eigentlich längst nicht mehr geben dürfte, weil sie als ausgestorben geführt werden. Überraschende Entdeckungen gibt es auch in unseren Breiten. Die *Bayerische Kurzohrmaus* etwa wurde vor einem halben Jahrhundert für ausgestorben erklärt. Im Jahre 2000 wurde jedoch in Tirol eine kleine Population gefunden, die überlebt hat. Nicht selten kommt es vor, dass sogar große Säugetiere erspäht werden, die zwar lokal bekannt sind, aber von den Zoologen noch nicht registriert. Im Zuge solcher Studien wurde die wissenschaftliche Disziplin der *Kryptozoologie* begründet.

Die Fahndung nach dem sagenumwobenen Yeti im Himalaja, »Bigfoot« in Nordamerika oder dem Ungeheuer von Loch Ness in Schottland wird zwar ernst genommen, zählt aber nicht zum zentralen Aufgabenbereich. Inzwischen können die Forscher auf viele spektakuläre Entdeckungen verweisen. Im Dschungel von Vietnam beispielsweise wurde Anfang der 1990er Jahre das *Riesenmuntjak*, eine bisher unbekannte Hirschart, nachgewiesen. Oder das Aufspüren der *Arnold's Riesenschildkröten*, um 1840 für ausgestorben erklärt, 1996 wiederentdeckt. Insgesamt konnten nur 18 Exemplare gefunden werden, die sich jetzt auf einer Zuchtstation auf den Seychellen vermehren, wenn auch etwas langsam. Frustrierend muss es für Kryptozoologen sein, wenn sie den handfesten Beweis in greifbarer Nähe wissen und dieser trotzdem entwischt. So geschehen im Falle einer bisher unentdeckten Schweineart. Im Jahre 2004 hatte ein deutsch-niederländisches Forscherteam das unbekannte Tier am Rio Aripuana in Brasilien aufgespürt. Doch das 40 Kilo schwere und fast 1,3 Meter lange *Riesenpekari* wurde trotz heftiger Gegenwehr von Siedlern getötet, gehäutet, über dem Feuer gebraten und als Abendessen verspeist. Schwein gehabt, aber doch verloren.

Wer mehr über »Mensch und Tier in Fabel und Mythos« erfahren möchte, der ist bei einem Besuch im *Haus der Natur* in Salzburg bestens aufgehoben. Eine sehenswerte Abteilung über Kryptozoologie führt den Museumsbesucher in eine unbekannte Welt. Von fliegenden Drachen, Vampiren und Schneemenschen über Nessie und anderen Meeresungeheuern bis hin zum Jagdzauber und der Volksmedizin ist alles dokumentiert. Ein besonderes Exponat ist der *weiße* Gamsbock, der im August 1913 vom österreichischen Thronfolger *Franz Ferdinand* im Salzburger Blühnbachtal erlegt wurde. Die abnorme weiße Färbung mancher Wildtiere ist durch Pigmentmangel erklärbar. Die Fantasie der Menschen, speziell der Alpenjäger, ist durch solche Albinos immer schon beflügelt worden. Dem Aberglauben nach soll die Erlegung einer weißen Gams dem Weidmann Unglück bringen. Binnen Jahresfrist, so wird er-

Im »Haus der Natur« ausgestellt: Präparat eines Quastenflossers. Man nahm an, dass solche Urzeitfische seit 64 Millionen Jahren ausgestorben sind, bis 1938 überraschend ein Exemplar auftauchte. (Bild: Habeck)

zählt, müsse der Schütze sterben. Bei Erzherzog Franz Ferdinand ist dies tatsächlich auf tragische Weise Wahrheit geworden. Am 28. Juni 1914 fiel er in Sarajevo einem Attentat zum Opfer. Der Erste Weltkrieg wurde damit ausgelöst.

Nicht nur die weiße Gams ist ein alpines Mysterium. Mehr noch zur Verwunderung trägt der berühmte *Tatzelwurm* bei. Begegnungen mit diesem etwa einen Meter langen Reptil mit katzenähnlichem Kopf sind vielfach überliefert. Es soll vor allem in Salzburg sein Unwesen treiben oder zumindest getrieben haben. Je nach Region hat es unterschiedliche Namen. In Tirol nennt man das Tier »Haselwurm«, »Pratzlwurm« in Oberkärnten, »Legerwurm« im Salzkammergut, »Natternstutz« im Trauntal, »Stock« im Steyrer Tal und »Waldstutz« im Hochschwabgebiet. Eine der ältesten bekannt gewordenen Sichtungen stammt aus *Lofer* in Salzburg aus dem Jahre 1779. Die Illustration auf einem alten Marterl erinnert daran. Demnach soll der Bauernsohn *Heinrich Fuchs* von mehreren Tatzelwürmern verfolgt und infolge der schrecklichen Begegnung an einem Herzanfall gestorben sein.

»Auch wenn der Tatzelwurm heute aus den Schlagzeilen verschwunden ist, wird er dennoch gesichtet«, schreibt der deutsche Mythenforscher *Ulrich Magin*. Und wirklich, Anfang der 1980er Jahre sammelte *François Muller* aus Lausanne Beobachtungen aus Südtirol, wo der Forscher das letzte Rückzugsgebiet des salamanderartigen Tieres vermutet. Berichte liegen aus den Jahren 1948 und 1968 vor, wo das Wesen in den französischen Alpen auftauchte. Mehrere Augenzeugenberichte liegen aus den 1960er Jahren in Oberitalien vor. Zuletzt soll das Ungetüm, so weit bekannt, 1984 im Dreiländereck zwischen Italien, Frankreich und der Schweiz gesichtet worden sein.

Etwa hundert Augenzeugenberichte sind seit dem 18. Jahrhundert gesammelt worden. Sofern man die Schilderungen nicht als Hirngespinste abtut, bleibt die Frage: Welches merkwürdige Tier wurde beobachtet? Die Erklärungen sind zuweilen mindestens so fantastisch wie die Erscheinung selbst. Eine besagt, dass sich ein Rudel von Wiesel ohne erkennbaren Grund aneinander festbeißt und somit den Eindruck eines riesigen pelzigen Wurmes vermittelt. Für jene Zeitgenossen, die die Sache ernster nehmen, bleibt der Tatzelwurm als kryptozoologisches Fragezeichen bestehen. Ihrer Meinung nach könnte es sich um eine unbekannte Otterart, einen Riesensalamander oder einen Verwandten der amerikanischen Gila-Krustenechse handeln.

Einige Forscher vermuten im Tatzelwurm ein *lebendes Fossil*. Diese Tiergattung gibt es tatsächlich. Es handelt sich um »Überbleibsel« urzeitlicher Tier- und Pflanzenwelten, die in früheren Epochen der Erdgeschichte oft sehr große Artenzahlen erreicht haben, dann aber allmählich ausstarben. In manchen Fällen geschah dies ziemlich plötzlich aus nicht immer geklärten Gründen. Das Seltsame: Etliche dieser ausgestorben geglaubten Urzeitwesen erfreuen sich nach wie vor bester Gesundheit. Totgesagte leben eben länger. Berühmtestes Beispiel dafür ist der *Quastenflosser*, der mit seinen beinartigen Flossen als Bindeglied zwischen Meer- und Landbewohner verstanden wird. Von dem vor 64 Millionen Jahren lebenden Knochenfisch kannte man nur Versteinerungen, bis 1938 nahe Madagaskar ein Exemplar ins Netz ging. Gleichermaßen merkwürdig: *Pfeilschwanzkrebse*, die sich vor der Atlantikküste Nordamerikas tummeln. Wer die »lebenden Fossilien« bestaunen möchte: Einige Exemplare krabbeln in einem Aquarium im *Haus des Meeres* in Wien. Bereits 400 Millionen Jahre haben diese seltsamen Urviecher auf der Erde überlebt. Seitdem sind sie in ihrer Entwicklung bis heute nahezu völlig unverändert geblieben.

Eine der ältesten historischen Darstellungen eines Tatzelwurms aus dem 18. Jahrhundert. (Bild: Archiv Habeck)

»Lebende Fossilien« beherbergt auch die Alpenregion. Sie sind vor allem im Gebiet der *March-Thaya-Auen* in Niederösterreich sowie im burgenländischen *Seewinkel* beheimatet und könnten aus Steven Spielbergs Film »Jurassic Park« entflohen sein. Gemeint sind die »Urzeitkrebse« der Gattung *Triops*, die wie Wesen aus einer fremden Welt aussehen. Tatsächlich handelt es sich bei diesen Krebsen, die als *Rückenschaler* bezeichnet werden, um Tierarten, die vor 500 Millionen Jahren gelebt haben. Genauso wie der Quastenflosser oder die Pfeilschwanzkrebse, haben sie sich aber in all den Millionen von Jahren kaum verändert. Wieso eigentlich? Widerspricht das nicht dem Evolutionsgedanken? Ist es bloß eine Laune der Natur, dass eine Spezies Abermillionen von Jahren in seiner ursprünglichen Form überlebt hat? Welche Schlussfolgerung dürfen wir im Zeitalter von Cyberspace und Hochtechnologie daraus schließen?

Eine eindeutige: Die Urzeit lebt noch immer!

Ahnenkult, Alpenyetis und Astronauten

Lebendiges Brauchtum aus heidnischer Zeit

Viele Traditionen sind einfach nicht totzukriegen. So auch im Falle des feucht-fröhlichen Kürbisfestes *Halloween*. Wer sich dabei über den »amerikanischen Modebrauch« Halloween mokiert, übersieht, dass die Wurzeln im heidnischen *Samhain*, einer keltischen Neujahrsfeier, liegen. Dieser Kult wurde auf Irland schon vor mehr als 5000 Jahren gefeiert und zählt somit zu den ältesten Traditionen der Menschheit überhaupt. Mit irischen Emigranten gelangte das Ritual in die Neue Welt, von wo es modernisiert als Kinderspaß nun wieder den Weg in seine alte Heimat gefunden hat.

Wie bei Halloween kann die ursprüngliche Bedeutung von altem Brauchtum in Vergessenheit geraten, dennoch erfreut es sich vor allem in ländlichen Gegenden großer Beliebtheit wie eh und je. *Feuerfeste* spielen dabei eine bedeutende Rolle. Der Flamme wurde schon seit Menschengedenken eine Unheil abwendende Wirkung nachgesagt. Feuer, Glut und Rauch sollten Hexen und böse Geister vertreiben. Auch heute noch werden zu bestimmten Anlässen, etwa zur *Osternacht*, Feuer entzündet. Das in esoterischen Kreisen populäre Wagnis, über glühende Kohlen zu laufen, ohne sich zu verbrennen, ist eine lebendige Erinnerung an jahrtausendealten heidnischen Glauben. Hier versinkt der ursprüngliche Sinn im Dunkel der Geschichte.

Gleiches gilt für die *Funkenfeier* zum Ausklang der Faschingszeit. Ein Brauch, der vor allem im Vorarlberger *Montafon* und *Oberland* nichts von seinem archaisch anmutenden Schauspiel verloren hat. Aus Holz werden bis zu 15 Meter hohe, kunstvoll aufgeschichtete Turmbauten errichtet. Auf der Spitze thronen Hexenpuppen, die es in sich haben: wird der Riesenturm nämlich entzündet und haben die Flammen ihr Ziel erreicht, explodieren die pulvergefüllten Köpfe der Figuren unter ohrenbetäubendem Krach. Burschen entreißen dem flammenden Holzturm brennende Äste und schwingen sie schleifenförmig als leuchtende Zeichen im Nachthimmel. Die Wurzeln des Funkenbrauchtums werden wiederum in prähistorischer Zeit vermutet. Von Überresten eines alten Sonnenkultes bis zur Dämonenabwehr und zum Fruchtaufwecken reichen die Deutungsversuche.

Der feurigste aller Bräuche ist die *Sonnwendfeier*. Um den 21. Juni, dem längsten Tag des Jahres, werden seit jeher auf Berghängen oder Anhöhen Feuer entzündet. Viel Wunderbares rankt sich um diese Sitte, die seit dem Mittelalter in Österreich nachgewiesen werden kann. Über seine Entstehung kursieren verschiedene Thesen. Ob die Tradition auf Druiden und Kelten zurückgeht, ist wissenschaftlich umstritten. Manche Volkskundler sind der Ansicht, der Kult stamme erst aus der Zeit der Pestseuche, die im Mittelalter die Menschen in Europa dahingerafft hatte. Wer damals noch nicht vom »schwarzen Tod« befallen war, sollte dies durch ein Feuerzeichen deutlich gemacht haben. Andere vertreten die Meinung, das Entzünden des Feuers sei auf die Türkenbelagerungen zurückzuführen. Die Landbevölkerung soll sich in dieser dunklen Zeit durch Feuersignale – so wie die nordamerikanischen Ureinwohner – verständigt haben. Der Ursprung des Feuerfests ist aber mit Sicherheit schon viel länger bekannt. Flur- und Bergnamen wie Sonnwendkogel, Sonnwendstein oder Sonnwendleiten machen deutlich, dass es sich um eine seit langem gepflegte Tradition handelt.

Die katholische Kirche besetzte die heidnischen Feuer mit dem christlichen Glauben, benannte sie *Johannes-Feuer* (der 24. Juni ist der Geburtstag von Johannes dem Täufer), in der steirischen Version »Sunnawendhanslfrohfeuer«, Ulrich-Feuer, Peter- oder Herz-Jesu-Feuer. Im 20. Jahrhundert geriet der heiße Brauch ins Politische und damit der fixe Termin ins Wanken. Burschenschaften und national gesinnte Kreise, im »Dritten Reich« die Nationalsozialisten waren glühende Anhänger der Sonnwendfeiern. Heute sind die Feste weitgehend entpolitisiert und werden von unterschiedlichsten Vereinen getragen: Tourismus, Feuerwehr und Esoterik geben der *Sommersonnenwende* neuen Sinn. Die Wahl des Termins schwankt bis heute: 21. Juni hie, 23. Juni da. Kalendarisches Sonnwendfeuer oder Johannisfeuer, das ist immer noch die Frage.

Eines ist unbestreitbar: Mit der Christianisierung Mitteleuropas wurden viele naturreligiös geprägte Bräuche von der Kirche übernommen. Weder Inquisition noch Hexenverfolgung konnten die »irrgläubige« Vorstellung an »höhere übernatürliche Wesen« ausrotten. Die Erinnerung an die alten »Götter« lebt weiter, wenn auch meist unter anderen Namen.

In ganz Europa ist der Glaube an magische Kräfte seit Urzeiten ein fester Bestandteil der Sagen und Bräuche, die von Generation zu Generation weitererzählt wurden und bis in die Gegenwart überlebt haben. Das magische Wirken der Ahnengeister, Bergheiligen, Flussgötter, Elfen und Feen wird darin ebenso lebendig gehalten wie die Angst vor satanischen Mächten, dunklen Dämonen oder boshaften Kobolden, die nachts auf unser Schicksal Einfluss nehmen. Vorzugsweise in der »stillen« Adventzeit bevölkern so manche Spukgestalten die Nächte und haben Geister Hochsaison. Hätten Sie gewusst, dass *das* Fest des Jahres, nämlich *Weihnachten*, eine merkwürdige Symbiose mit alten Dämonen eingegangen ist?

Schon seit jeher war der Tag der *Wintersonnenwende* – der 25. Dezember – ein Feiertag. Der vorderasiatische *Mithras-Kult* feierte an diesem Tag die Geburt des Lichtgottes, der ägyptische *Isis-Kult* den Geburtstag des Falkengottes Horus, die Germanen das *Mittwinterfest* und die Römer fassten alle diese Gedenkfeiern zum »Tag des unbesiegbaren Sonnengottes« zusammen. Der Vatikan wollte diese heidnischen Riten entkräften und verlegte das Fest der Geburt Christi auf den 25. Dezember. Historisch belegt ist das keineswegs, man hat den Geburtstag auf dem Konzil von Konstantinopel im Jahre 381 n. Chr. willkürlich festgelegt.

Doch der alte Glaube war zäh. Erst im 14. Jahrhundert hatte sich das Weihnachtsfest im Alpenraum durchgesetzt. Der *Christbaum*, das beliebteste Symbol der Weihnachtszeit, ist in Österreich erst im 19. Jahrhundert eingeführt worden. Bis dahin galt das Aufstellen und Schmücken eines Baumes aus katholischer Sicht als heidnischer Kult. Die Sitte, im Winter einen grünen Baum zu schmücken und damit die Unsterblichkeit der Natur zu verehren, reicht tatsächlich weit in die Vorgeschichte zurück. Das gilt für viele Adventbräuche, deren Herkunft kaum mehr bedacht wird. Etwa das *Adventblasen*. Es war ursprünglich ein Lärmzauber zur Geisterabwehr. Ebenso der *Adventkranz*. Er sollte nach nordischer Tradition die bösen Geister der Winterzeit abwehren. 1860 wurde der moderne Adventkranz von *Johann Heinrich Wichern* erfunden, besser gesagt wiederentdeckt. Erst nach 1920 ist der evangelische Weihnachtsschmuck auch im katholischen Österreich heimisch geworden.

Aus grauer Vorzeit hinübergerettet haben sich ebenso die *Raunächte*, abgeleitet von »rau«, einer alten Bezeichnung für »wild, haarig, mit Fell bekleidet« und die *Lostage*. Gemeint sind Orakel- und Geisternächte, in denen sich das zukünftige Schicksal bestimmen soll. Der 30. November (heiliger Andreas) ist so ein Datum. Was wir in der Nacht zum 1. Advent träumen, soll in Erfüllung gehen. Weitere Lostage sind Barbara (4. Dezember), Lucia (13. Dezember) und die drei Donnerstage vor dem »Heiligen Abend«. Von der *heiligen Lucia* wird erzählt, sie würde eine Sichel mit sich tragen und Kinder, die nach dem Gebetsläuten immer noch auf der Straße herumtollen, einfach mitnehmen. Nicht ungefährlich auch die Thomasnacht: Es heißt, der *heilige Thomas* würde mit einem Totenheer durch die Dörfer ziehen. Junge Frauen, die in dieser Nacht nackt vor dem Fenster stehen, könnten etwas über ihren Zukünftigen erfahren. Das Interesse dafür scheint abgeklungen, was so mancher Zeitgenosse bedauert.

Der Glaube an die zur Wintersonnenwende auftretenden übernatürlichen Besucher stellt Ethnologen vor ein Problem. Überlieferungen reichen bis in prähistorische Zeiten zurück und sind in Hülle und Fülle vorhanden. Was aber ist davon lediglich Dichtung? Was steckt hinter dem Aberglauben? Gibt es *reale* Vorbilder für Manifestationen des Überirdischen?

Bei ihren Bemühungen, vorchristliche Rituale im europäischen Brauchtum aufzuspüren, beschränken sich Wissenschaftler meist auf zwei Kategorien von Bräuchen: Maskierter *Mummenschanz* zur Narrenzeit und *Erntezeremonien* bzw. Feste, die mit dem Jahreszyklus zu tun haben. Letztere wurden oft als Überbleibsel von Fruchtbarkeitskulten betrachtet, die angeblich auch Menschen- und Tieropfer mit einbezog. Heute werden diese Deutungen zunehmend als nicht genügend beweisbar kritisiert.

Es gibt noch eine dritte Kategorie. Sie ist mit der lästigen Frage verknüpft, ob es für einige in Masken und Bräuchen dargestellten Geschöpfe *leibhaftige* Vorlagen gegeben hat. Denken wir etwa an die Geschichten über den mythischen Zauberer *Jackl*, der in Salzburger und oberösterreichischen Sagen seine Spuren hinterlassen hat. Als Vagabund, Heiler und magiekundiger »Herr der Berge« soll er der feudalen Gesellschaft einen Streich nach dem anderen gespielt haben. Nur Märchen? Warum könnte der Magier Jackl nicht ebenso *tatsächlich* gelebt haben, genauso wie seine berühmten Kollegen, die Spaßmacher *Till Eulenspiegel* (um 1300) und *Baron Münchhausen* (1720–1797)?

Manchmal verbinden sich wahre Geschichte, Legende und Brauchtum zu einem Gesamtbild. Beim Bischof von Myra (Kleinasien), besser bekannt als *heiliger Nikolo*, ist das unbestritten so. Todestag soll ein 6. Dezember gewesen sein, das Jahr um 350 n. Chr. Im süditalienischen *Bari* sind seine Gebeine als Reliquie aufbewahrt. Was aber hat es mit den wilden Begleitern des heiligen Gabenbringers auf sich? *Krampus* und *Knecht*

Ruprecht heißen die koboldartigen Unholde, die schon Generationen von Kindern erschreckt haben. Knecht Ruprecht verteilt meistens nur die Ruten für unartige Kinder, während der schwarzgesichtige Beelzebub damit gerne auch mal zuschlägt. In letzter Zeit verschmolzen beide Begriffe miteinander und werden als Synonyme verwendet. In der Schweiz hingegen wird Nikolaus' Gehilfe harmlos »Schmutzli« genannt.

Dagegen wirken die Umzüge der *Schiachperchten* bedeutend spektakulärer, wenn sie im Salzburger *Pongau* und *Pinzgau* mit höllischem Lärm die Stille eines ruhigen Winterabends unterbrechen. Ihr Anblick ist wahrlich nicht vertrauenerweckend. Mit furchterregenden Teufelsmasken und Kostümen aus zottigem Fell ziehen sie scheppernd und gestikulierend als Alpenyetis durch Straßen, Gassen und Dörfer.

»*Frau Bercht*«, auch »Berchtlmuada« oder »Lutzl« genannt, hat als Schicksalsfrau ebenfalls ihren festen Stammplatz in der alpinen Sagenwelt. In ihrer Aufgabe als Seelenbegleiterin übt sie soziale Kontrolle aus, achtet auf Ordnung und straft, wenn nötig. Bereits in der Antike genoss sie große Verehrung. Im Mittelalter wurde aus dem Weib eine Allegorie der Sünde. »Domina Berchta« wird vom althochdeutschen »peraht« abgeleitet, das übersetzt »hell und glänzend« bedeutet. Dies wurde als »Prunksucht« ausgelegt. Ab dem 16. Jahrhundert hat man »Berchta« auf Teufelsgestalten übertragen, deren wildes Treiben die Kirche im 17. und 18. Jahrhundert zu unterbinden suchte. Ähnlich erging es dem Mischwesen »*Habergoaß*«, das halb Vogel, halb Geiß in der Steiermark und in Kärnten als Erscheinungsform des Teufels verstanden wird. Früher soll das Wesen ein »Wachstumsgeist« gewesen sein, der für das Gedeihen des Korns verantwortlich war. Seit dem 19. Jahrhundert hat sich das Perchtenlaufen zum folkloristischen Schaubrauch entwickelt und ist heute mehr denn je ein Spektakel für Jung und Alt. Freilich: Ernsthaft fürchten muss sich keiner mehr über dieses »Geistervolk«. Aber wie war das in früheren Zeiten?

Niemand kann wirklich abschätzen, wie ernst unsere Ahnen den Einfluss überirdischer Kräfte genommen haben. Heute sind Schauergeschichten über Kobolde und dunkle Mächte oder wilde Tanzeinlagen von Feuerteufeln und Schreckgestalten nichts anderes als *Fantasieprodukte*, mit denen Erwachsene Kinder unterhalten (oder erschrecken). Und vor zweihundert Jahren? Da kann die Situation ganz anders gewesen sein. In manchen Gegenden schien diesen dämonischen Wesen noch vor relativ kurzer Zeit tatsächlich eine Aura von Angst anzuhaften. Vielleicht aus gutem Grund.

Stimmt es, dass mit der Maskerade von »Wilden Männern«, Tierdämonen, Waldmonstern, Totengöttern und Teufelsfratzen bloß böse Geister vertrieben werden sollten? Oder wäre es ebenso vorstellbar, dass unsere Vorfahren mit dieser Brauchtumspflege etwas *imitiert* haben, das ihnen wirklich Furcht und Schrecken einjagte, aber in ihrer ursächlichen Bedeutung unverstanden blieb? Unbekannte Naturphänomene? Eingriffe aus einer anderen Welt? Wozu die ganze Vermummung, der man in den verschiedenen jahreszeitlichen Gebräuchen – nicht nur im Alpenraum – immer wieder begegnet? Die wahre Identität der Mitwirkenden bleibt bei solchen zeremoniellen Handlungen, wie etwa dem Perchtenspringen, hinter irgendeiner Verkleidung verborgen. Dieses Versteckspiel ist jedoch nicht durch eigene Fantasievorstellungen bestimmt, sondern durch Tradition mit heidnischen Wurzeln und wird bis zum heutigen Tage ausgeübt.

Die diesem Treiben zugrunde liegende Symbolik sorgt innerhalb der Gelehrtenwelt für heiße Debatten. Einige Volkskundler sind der Ansicht, dass der Zweck der Verkleidung darin besteht, Geister, Dämonen oder Hexen durch ihre *Hässlichkeit* zu vertreiben oder ihren Zauber durch *Gelächter*. Andere verweisen auf ihre *Anonymität*, die diese den Ausführenden verleiht. Freude an der Macht, Bewunderung und Belustigung werden ebenso als Gründe für Verkleidungskult angeführt wie die Befreiung von alten Konventionen oder einfach der Spaß, in andere Rollen zu schlüpfen. Eine Kombination von all dem ist vermutlich auch nicht so verkehrt. Bei den meisten Maskierungen ist der Sinn und Zweck durchaus nachvollziehbar. Wenn sich jemand nach altem Brauch in *Laub*gewänder hüllt, ist es plausibel, wenn damit der »Geist der Frühlingsvegetation« verkörpert werden soll. Was aber, wenn der Kostümierte an einen *Marsmenschen* erinnert?

Angenommen, Besucher aus dem Kosmos landeten irgendwann in der Frühgeschichte im Alpenraum. Wie hätten die Menschen auf eine unerklärliche Erscheinung mit fremden Raumfahrern reagiert? Wie hätten sie versucht, dieses unvorhergesehene und beispiellose Ereignis zu bewältigen? Was hätten sie getan, wenn vergleichende Erklärungsmuster nicht vorhanden waren? Ein Geschehen während des 2. Weltkriegs liefert die Antwort. Die Kriegswirren verschlugen den amerikanischen Soldaten *John Frum* mit seiner kleinen einmotorigen Maschine auf die melanesische Insel *Tanna* (Papua-Neuguinea). Er lehrte die Eingeborenen einige Handwerke und Fertigkeiten, sprach von seiner Heimat, den USA, und schenkte dem Stamm verschiedene Gegenstände. Bevor er verschwand, versprach er eines Tages wiederzukommen. Tat er aber nicht. Als spätere Expeditionen das Naturvolk besuchten, war die Verblüffung groß: Eingeborene trugen auf ihrer Haut »USA« als Tätowierung, vollzogen Rituale zu Ehren ihres »Gottes Frum« und hatten seinen »magischen Vogel«, nämlich sein Flugzeug, aus Stroh nachgebaut. Habseligkeiten des »überirdischen Besuchers«, darunter vergilbte Fotos, wurden stolz als Reliquie gezeigt. Wären Jahrhunderte oder gar Jahrtausende vergangen, was wäre davon dauerhaft geblieben? Nicht viel. Überlebt hätte wohl nur der kultische Brauch, der als Erinnerung an dieses wundersame Ereignis über viele Generationen mündlich weitergegeben wurde.

Die Fachwelt nennt diesen Kult »*Cargo*«. Er beruht auf einer Verwechslung. *Ulrich Dopatka*, Computerspezialist und Autor mit Hang zum Überirdischen, weiß warum: »Immer dann, wenn eine ›primitive Kultur‹ mit einer höheren, technisierten Kultur in Kontakt kommt, besteht die Wahrscheinlichkeit, dass die Vertreter dieser fortgeschrittenen Zivilisation dank ihrer unverständlichen Möglichkeiten (Fliegen in vogelähnlichen Geräten, Sprechfunk etc.) als *Götter* verehrt werden: ein Phänomen, das in der Gegenwart beobachtet wird und, da historische Belege vorliegen, auch in ferner Vergangenheit gegolten haben muss.«

Diese Verhaltensweise animierte den Schweizer Schriftsteller *Erich von Däniken* und andere »Alienjäger« zu einer provokanten Hypothese: die in den Mythen der Welt als himmlische »Götter« beschriebenen Geschöpfe waren in Wahrheit Astronauten fremder Gestirne, die vor Jahrtausenden die Erde besuchten. Diese Fremden, so Däniken und Co, die keine »Götter« waren, sondern wegen ihrer überlegenen Technologie irrtümlich als solche verehrt wurden, haben ihre »Visitenkarte« hinterlassen. Wir finden sie als Spuren in den überlieferten Mythen ebenso wie anhand rätselhafter archäologischer Funde oder in Form verblüffender Kenntnisse und seltsamer Rituale bei Naturvölkern.

Die Niederkunft des *Bep-Kororoti* mit einem »fliegenden Haus«, wird als eines von vielen Indizien genannt. Der Ethnologe *Joao Americo Peret* hatte es bereits 1952 fotografisch belegt: die *Kayapós*, ein Indianerstamm am Rio Fresco, südlich von Pará in Brasilien, fertigt nach alter Tradition noch heute Ritualgewänder aus Stroh an. In Zeremonien und Tänzen feiern sie das Erscheinen ihres Kulturbringer-Gottes *Bep-Kororoti*. Das Seltsame: die Kostüme erinnern frappant an Astronautenkleidung unserer Tage! Zufall und Utopie, sagen die Zweifler. Andere verweisen auf eine Fülle vergleichbarer Rituale bei Naturvölkern, die es wert wären, unter der Arbeitshypothese »Besuch aus dem All?« genauer zu prüfen.

Vorboten des Mitterndorfer Nikolospiels: Seltsame Wesen in Strohkostümen künden von der unheimlichen Macht der Anderswelt. (Bild: Archiv Habeck)

»Wäre da nicht die europäische Umgebung – man könnte meinen, die Bilder des Düsseldorfer Fotografen *Markus Bullik* seien auf Neuguinea entstanden oder am Amazonas ...«, so die Zeitschrift GEO, als sie 1999 seine Fotografien von »Brauchgestalten« aus verschiedenen ländlichen Regionen Deutschlands vorstellte. Tatsächlich weisen die mit Strohmasken kostümierten Personen auffällige Ähnlichkeit mit den Ritualgewändern des Bep-Kororoti der Kayapó-Indianer auf. Speziell der am Ostermontag im südlichen Schwarzwald auftretende seltsame »*Hisgier*«. Optisch ist er mit dem Amazonasgott identisch, besitzt einen Helm mit aufschiebbarem Visier und steckt in einem hermetisch abgeschlossenen Anzug aus Stroh. Eine weitere Gemeinsamkeit zeigt sich inhaltlich. Eigens für den »Hisgier«, und nur für ihn, dürfen bestimmte alte Getreidesorten auf den Feldern ausgesät werden. Nicht viel anders bei den Kayapó-Indianern.

Dort wird ihr »kosmischer Lehrmeister« Bep-Kororoti als Überbringer der Kulturpflanzen verehrt.

Wo aber liegt der Ursprung für diesen Vermummungskult? Volkskundler begnügen sich mit der Erklärung »Relikte uralter heidnischer Rituale«. Schön und gut. Was aber war der Auslöser dafür? Eine Frage, die sich gleichermaßen bei der österreichischen Variante stellt, dem *»feurigen Schab«*. Diese eigenartige Gestalt ist vollkommen in Stroh gehüllt und trägt auf seinem Kopf meterhohe Stangen, die wie Antennen himmelwärts ragen. Eine Gruppe dieser »Schabmänner«, die von einem fremden Planeten stammen könnten, treten beim alljährlichen Nikoloumzug in *Bad Mitterndorf*, im steirischen Salzkammergut, auf. Behäbigen Schrittes schreiten sie voran und schnalzen im Takt mit ihren Peitschen. Damit soll der Weg von »bösen Geister« freigehalten werden.

Weshalb aber »Strohschaben«? Und was haben sie mit dem Nikolo zu tun? Woher stammt das eigenartige Erscheinungsbild? »Das sind waschechte, unbekehrbare Heiden, Resterscheinungen aus alter Zeit, dunkle Erinnerungen an Dämonenglauben und Dämonenbeschwörung«, erklärt der Heimatforscher *Paul Kaufmann*. Eine Spur führt zum fliegenden *»Schabbock«*. Sagen beschreiben ihn als fast lautloses, längliches, leuchtendes, glühendes »Ding«, dessen Ende einer *Getreidegarbe* (Schab) oder einem Besen glich. »Skopnek« und »Skopnjak« nennt man das flugfähige Objekt im slowenischsprachigen Teil der Steiermark und Kärntens. Als »flammender Besen« oder »exotischer Vogel« soll es sich gezeigt haben, manchmal auch glühend und Funken sprühend. Wenn dieses feurige Ungetüm in Bodennähe kam, hinterließ es – laut altem Sagengut – verdorrte Pflanzen und unfruchtbares Erdreich. Menschen, die der Erscheinung zu nahe kamen, erlitten Brandwunden, waren gelähmt oder liefen in Panik davon.

Ein Verhalten, das im Auftreten eine deutliche Parallele zum UFO-Phänomen unserer Tage zeigt. Aber darf man solche Geschichten wirklich ernst nehmen? Was ist der Kern dieser Überlieferung? Die Forscherin *Lydia Naar* aus Graz glaubt den Grund zu kennen: »Man sah etwas Glühendes am Himmel fliegen – etwas, das man schwer in Worte fassen konnte und das man deswegen mit einem bekannten Gegenstand des täglichen Lebens verglich – einer Getreidegarbe. Was immer man später hinzudichtete, der Grundtypus blieb dabei unverändert: eine Funken sprühende Getreidegarbe bzw. ein flammender Birkenbesen. Dies lässt die Vermutung zu, dass es sich im Kern um einen realen Hintergrund handelt.«

In verschiedenen heimischen Sagen taucht der unheimliche »Schabbock« auf. Wie ein feuriger Besen konnte er durch die Luft fliegen und versetzte Menschen in Panik. Märchen, Kugelblitz oder UFO? (Bild: Archiv Habeck – Holzschnitt von Guido Birolla)

Könnte dieser *reale* Hintergrund fantastischer sein, als wir erahnen? Eine kecke Frage, die sich beim Studium alpiner Felskunst ebenso stellt. Insbesondere bei Abbildungen, die im norditalienischen *Val Camonica* entdeckt wurden. Sie zeigen Wesen, die offenbar in Anzügen stecken und um den Kopf einen geschlossenen Helm mit Strahlenkranz tragen. Erinnerungen an Besucher aus dem Kosmos?

Als ich vor einigen Jahren neue Ausgrabungen besichtigte, führte mich *Ausilio Priuli* zu den Fundstellen. Der italienische Forscher und Museumsdirektor ist einer der weltweit profundesten Kenner prähistorischer Felskunst. Seit Jahrzehnten untersucht und dokumentiert er die bronzezeitlichen Felsgravuren nahe *Brescia*, die in diesem Gebiet massenweise aufgefunden wurden. Von ihm wollte ich wissen, wie er die berühmten Gravuren deutet, die behelmte Wesen mit »Strahlenkränzen« zeigen. Viele Archäologen sehen in den helmartigen Kopfaufsätzen einen »rituellen Kopfschmuck aus Stroh« analog zu unseren »Brauchgestalten«.

Alpine Felsbilder geben Rätsel auf: Wer wurde in Anzügen, mit geschlossenen Helmen und »Strahlenkränzen« dargestellt? Fantasiegebilde? Schamanen? Sternengötter? (Bild: Habeck)

»Könnten die dargestellten Wesen«, fragte ich Priuli, »auch Außerirdische gewesen sein?« Der Felskunstexperte überraschte mit seiner offenen Antwort: »Ich halte es für wahrscheinlich, dass es sich um Schamanen oder um Darstellungen mythologischer Wesen handelt. Nach meinem Wissensstand kann ich aber nicht ausschließen, dass die Abbilder Geschöpfe zeigen, die vielleicht von weit her aus dem Weltall zur Erde kamen. Eines scheint mir jedoch gewiss: wenn in grauer Vorzeit tatsächlich extraterrestrische Besucher gelandet sein sollten, dann können wir davon ausgehen, dass der prähistorische Mensch diese Wesen nicht als ›Außerirdische‹ angesehen hätte, so wie wir es heute tun würden. Wir haben das Wissen, um von ›Außerirdischen‹ sprechen zu können. Der Mensch der Frühzeit wohl kaum. Er hätte die Fremden als ›höhere Wesen‹ verehrt.«

Höhere Wesen? Lautete ihr Name vielleicht »Bep-Kororoti«, »Hisgier« oder »feuriger Schab«?

Atmosphärische Anomalien

»Eisbomben«, »Turbostürme« und eine
»himmlische Verschwörung«

»Es gibt mehr Dinge im Himmel und auf der Erde, als eure Schulweisheit sich träumt«, heißt ein bekanntes Zitat aus Shakespeares »Hamlet«. Das werden sich der Tischler *Christian Weichselbaumer* und seine Frau aus *Königswiesen* in Oberösterreich ebenso gedacht haben. Am 10. April 2000 wurde das Ehepaar gegen 4.30 Uhr plötzlich aus den Träumen gerissen. Mehrere gefrorene Eisbrocken von der Größe eines Basketballs durchschlugen das Dach ihres Hauses und landeten im Heizraum. »Es hat so gewaltig getuscht, dass ich geglaubt habe, die Gastherme sei explodiert«, erinnert sich der Handwerker. Das Gerät blieb zum Glück unbeschädigt. Ein zwei Quadratmeter großes Loch im Hausdach war beunruhigend genug. In einigen Regionen Mitteleuropas verlief der »Eisbomben-Regen« weniger glimpflich. Dutzende dieser eiskalten Trümmer, die aus heiterem Himmel auf die Erde stürzten, sorgten zwischen Januar und April desselben Jahres für helle Aufregung in der Bevölkerung. In der spanischen Ortschaft *Sufli* wurde eine Passantin von einem 1,4 Kilogramm schweren Klumpen am Arm und an der Schulter verletzt. Die getroffene Frau hatte vorübergehend ihr Bewusstsein verloren. Ähnlich folgenschwer war die Situation in Norditalien. In *Ancona* wurde ein Mann von einem ein Kilogramm schweren Eisblock am Kopf verwundet und erlitt einen Schock.

Womit bestätigt wäre, dass nicht alles Gute von oben kommt. Die Eisstücke hatten das Aussehen dicker, gefrorener Schneebälle und wogen bis zu 7 Kilogramm, die imstande gewesen wären den Schädel einen Menschen zu zertrümmern. Woher aber stammten die mysteriösen »Eisbomben«? In einigen wenigen Fällen aus Kühlschränken. Witzbolde erlaubten sich einen Scherz. Die meisten aufgefundenen Klumpen waren aber nachweislich tatsächlich aus luftiger Höhe mit 330 Stundenkilometern zur Erde gekracht. Aber wodurch verursacht? Forscher entwickelten mehrere Thesen, die alle nicht ganz überzeugen. Überdimensionale *Hagelkörner* wurden als Erklärung genannt. Turbulenzen in höheren Schichten der Atmosphäre sollen dafür verantwortlich sein, dass Wassermassen kondensierten und als Eisstücke auf die Erde stürzten. Dem halten andere Meteorologen entgegen, dass die Entstehung so schwerer Eisbrocken in den Wolken nicht möglich sei. Schon *vor* der Bildung als »Rieseneisbomben« würden sie als kleine Stücke zur Erde fallen oder schmelzen. Dass die Eisbrocken von einem *Kometen* stammten, bezweifeln die meisten Wissenschaftler. Kometen und andere auffällige Himmelskörper waren keine beobachtet worden. So bleibt noch der Verdacht, dass sich die Brocken außen an Flugzeugen gebildet hatten und herabstürzten. Rückstände aus Bordtoiletten wurden ebenfalls als des Rätsels Lösung angeboten.

Doch das Phänomen ist uralt, stammt aus Epochen, wo es noch keine Flugzeuge gab. Historische Aufzeichnungen reichen bis zu Kaiser *Karl dem Großen* (742–814 n. Chr.) zurück. Damals soll ein Eisblock in der Größe von fünf Metern Länge vom Himmel gefallen sein. Eine ähnliche »Rieseneisbombe« mit den gewaltigen Ausmaßen mehrerer Meter ist aus dem Jahre 1849 überliefert. Bei *Ord* in Schottland soll sie niedergegangen sein. Diese Eisblöcke bilden eine gute Überleitung zu anderen Gegenständen und vor allem Lebewesen, die scheinbar aus dem Nichts zur Erde fielen, darunter Insekten, Mäuse, Ratten, Kröten oder Fische. Allgemein wird angenommen, dass ein Wirbelwind diese Tiere irgendwo aufgenommen und an anderen Orten wieder herunterfallen ließ.

Berichte aus dem Altertum widersprechen dieser Auffassung. Bereits die griechische Schrift »*Deipnosophistai*« aus dem 2. Jahrhundert n. Chr. berichtet von einem *Fischregen*, der drei Tage ohne Unterbrechung anhielt. Kein Wirbelsturm dauert so lange an. Außerdem: warum sind es meist nur Tiere *einer* Gattung, die ähnlich wie das im Alten Testament beschriebene Himmelsbrot »Manna« scheinbar aus dem Nichts zur Erde fielen? Und warum findet man nie Pflanzen oder andere Rückstände von Teichen und Seen, denn von dort müssten die Tiere ja stammen?

Sind solche rätselhaften Vorgänge auch aus Österreich bekannt? Ja, durchaus. Besonders spektakulär aus dem Jahre 1821: nach heftigen Regenfällen im Monat August waren die Lehmstraßen des 17. Wiener Gemeindebezirkes *Hernals* über mehrere Wochen überschwemmt. In den Lacken fanden die Anrainer seltsame kleine Kreaturen, die wegen ihrem bizarren Aussehen als »nicht von dieser Welt« eingestuft wurden. Den Aussagen der Marktfrauen zufolge seien diese Tierchen »plötzlich massenweise vom Himmel gefallen«. Geschäftstüchtige Standlerinnen boten die größten Exemplare der fremden Wunderwesen zum Verkauf an. Eine

Lebewesen, die vom Himmel fallen, sorgen seit Jahrhunderten für Verwunderung. Als Erklärung werden Wirbelstürme genannt. Doch weshalb ist immer nur eine bestimmte Tiergattung davon betroffen, während weitere Bestandteile ihres Lebensraumes – Wasser, Schlamm, Pflanzen und verschiedenartige Flora und Fauna – davon unberührt bleiben? Tornados sind im Allgemeinen nicht so wählerisch. (Bild: Archiv Habeck; Holzschnitt aus O. Magnus, Historia de gentibus septentrionalibus, 1555)

Wissenschaftlerdelegation wurde zu den Fundorten entsandt, um die Herkunft der rätselhaften Geschöpfe zu klären. Ergebnis der zoologischen Experten: »Es handelt sich um aus der Luft gefallene Insekten, die wohl vom Wind in die großen Lacken verblasen wurden und die sich dort nun dank der anhaltenden Überschwemmungen zahlreich entwickelten.«

Was die honorigen Herren und auch die erstaunte Öffentlichkeit wirklich gesehen hatten, waren »Urzeitkrebse«, die tatsächlich wie außerirdische Winzlinge aussehen und seit 500 Millionen Jahren die Erde bevölkern. Keine globale Klimaveränderung konnte die »lebenden Fossilien« auslöschen, weder Eiszeiten, Gluthitze und auch nicht die eine oder andere »Sintflut«. Es sind die ältesten überlebenden Tiere der Erde, die auch in unseren Auen vorkommen. Schon ihre Existenz ist ungewöhnlich. Erst recht, wenn sie mit Regentropfen zum Erdboden herunterfallen.

Noch unwahrscheinlicher muten Berichte an, wonach sogar Menschen eine unfreiwillige Luftreise unternommen hätten. Ein solcher Fall ist aus Tirol überliefert. Um das Jahr 1770 soll sich das Unglaubliche in der *Wildschönau*, einem Seitental des Inns, zugetragen haben. Der Erzählung nach sei ein Kind von zu Hause ins Freie gelaufen. Da kam »das wild Gejaid herzu, fasste das Kind, hob es in die Höhe, wie ein Wirbelwind das leicht drehende Heu, und setzte es, nachdem das Kind schwebend und in Todesängsten über das Thal der Kundeler Ache hinübergeflogen war, jenseits des Thales auf einer Bergmatte über Thierbach, glücklicherweise ganz unversehrt, wieder auf den Boden nieder.«

Aus dem reichen Sagenschatz des Mittelalters bis hinein ins letzte Jahrhundert sind viele derartige Zwischenfälle überliefert. Waren seltene meteorologische Ereignisse dafür verantwortlich? Wenn es keine plausible Erklärung für das Geschehene gab, wurden anno dazumal gerne Dämonen, Wetterhexen und böse Mächte ins Spiel gebracht. Beim Sagenmotiv des »*Wilden Jägers*« oder des »*Wilden Heeres*«, das übers Firmament brausend beobachtet werden konnte, sei es häufig auch zu ungewöhnlichen Licht- und Geräuscherscheinungen gekommen. Menschen, die diesem Phänomen am Himmel begegneten, seien oft hunderte Kilometer weit »davongetragen« und an völlig fremden Orten wieder »freigelassen« worden, zuweilen mit körperlichen und seelischen Schäden. Wenn wir »Kidnapper aus dem All« ausschließen wollen, wären vielleicht *Tornados* der Versuch einer Erklärung. Kühe, die durch die Luft gewirbelt werden, Häuser, die der Sturm wie Spielzeug davonträgt – so etwas kennt man aus den Medienberichten der USA. Aber in Österreich? Die Gefahr von Tornados droht tatsächlich auch bei uns. Seit 1900 wurden in unseren Breiten mehr als 130 Turbostürme mit Windgeschwindigkeiten von 200 Stundenkilometern und mehr registriert. Tote, Verletzte und Millionenschäden waren die Folge.

Der schlimmste Tornado verwüstete am 10. Juli 1916 Teile von *Wiener Neustadt*. Ein ebenso gewaltiger Sturm bedrohte in den 1960er Jahren die niederösterreichische Stadt *Litschau*. Was weniger bekannt sein dürfte: Die Wetterkatastrophe vom Mai 2003, die mit einem Hagelsturm in *Wien* für große Verwüstungen sorgte, war ein echter Tornado. In den Annalen der heimischen Wetterforscher wird er als »Kaisermühlen-Tornado« geführt. Meteorologen befürchten, dass wir durch die fatalen Folgen des bereits weltweit spürbaren Klimawandels mit neuen Wetterextremen rechnen müssen. Bis zum Jahr 2050 erwarten Klimatologen eine globale Erwärmung um 3 Grad. Im Extremfall steigt das Meer um 70 Meter an.

Über Ursachen und Wirkung der Klimaerwärmung streiten Experten nach wie vor. Alles nur Panikmache, beschwichtigen die einen. Für den

Temperaturanstieg seien der Mensch und die Verpestung durch Treibhausgase verantwortlich, beschwören die anderen. Einig ist man sich immerhin dahingehend, dass mehr zum Klimaschutz unternommen werden muss als bisher, sofern der angeblich vernunftbegabte Homo sapiens nicht dem Schicksal der Dinosaurier folgen möchte. Wurden unter Ausschluss der Öffentlichkeit bereits Gegenmaßnahmen eingeleitet? Indizien für ein verdecktes Experiment gibt es, möglicherweise mit Nebenwirkungen, die nicht weniger beunruhigend sind als extreme Dürre, Turbostürme und Flutkatastrophen.

Wer den Himmel über Österreich genauer in Augenschein nimmt, dem wird in letzter Zeit etwas aufgefallen sein: *Kondensstreifen* von Flugzeugen, die sich nicht wie üblich nach Minuten auflösen, sondern manchmal stundenlang zu beobachten sind. Nach einiger Zeit verbreiten sie sich und bilden einen milchigen Grauschleier. Seit Ende der 1990er Jahre hat man dieses Phänomen in den USA wahrgenommen, in der Alpenregion seit Anfang 2003. *Chemtrails* werden diese auffälligen Erscheinungen genannt. Der Name wird von »Contrail«, dem englischen Begriff für Kondensstreifen, abgeleitet und »Chem« steht für chemische Substanzen. Anhänger der Chemtrail-Theorie sind davon überzeugt, dass ein globales Chemieverbrechen über unseren Köpfen stattfindet. Streng geheim versteht sich – eine gewaltige Verschwörung sei im Gange, versichern die Chemtrail-Anhänger.

Hierzulande nahmen die Medien bisher keine Notiz von diesem dubiosen Phänomen, obwohl seltsam anmutende Wolkenbildungen sehr häufig zu beobachten sind. Einer der wenigen heimischen Journalisten, die sich kritisch und engagiert mit dem umstrittenen Thema befassen, ist der Wiener *Chris Haderer*. Sein wichtigstes Projekt sind die CROPfm BIG BROTHER NEWS, die in Graz bei Radio Helsinki im Rahmen der Sendung CROPfm und in Wien bei Radio Orange 94.0 ausgestrahlt werden. Mit seinem Co-Autor *Peter Hiess* veröffentlichte er das erste Buch zum Chemtrail-Rätsel im deutschsprachigen Raum. Zuvor wurde die Erscheinung erstmals beschrieben von *Will Thomas* in seiner Publikation *»Chemtrails Confirmed«*. »Der Forscher geht davon aus«, erklärt mir Chris Haderer im Interview, »dass es sich um einen Versuch handelt, der drohenden Klimakatastrophe durch einen konzertierten Akt mehrerer Nationen gegenzusteuern. Gemäß dem so genannten »*Welsbach Patent*«, das sich im Besitz des Boeing-Konzerns befindet, sollen Aluminiumoxide und Bariumsalze in die Lufthülle versprüht werden, um die CO_2-Konzentration elektrochemisch abzubauen.«

Könnte die Erwärmung des Erdklimas tatsächlich mit technischen Mitteln gestoppt werden? Wären die dabei ausgebrachten Chemikalien für den Menschen und das Ökosystem ungefährlich? Und wer sollte für so eine utopisch anmutende Aktion verantwortlich zeichnen? Geheime Organisationen? Militärische Mächte? Die amerikanische Regierung? So genau wissen das die Verschwörungs-Theoretiker auch nicht. Unter ihnen findet die Chemtrail-Theorie besonders großen Zuspruch. Kritische Umweltbeobachter sind geteilter Meinung. Einige halten die Berichte für beunruhigend und glaubwürdig, andere verdammen sie ins Reich des totalen Unsinns.

Chris Haderer erinnert daran, dass »ein solches Projekt laut der Fachzeitschrift ›Technology Review‹ auch von *Edward Teller*, dem Erfinder der Wasserstoffbombe, unterstützt wurde. Dementsprechend reichen die im Internet zu findenden Erklärungsversuche für die Wolkenformationen von Tellers »Sun-shield«-Experimenten bis zur Illuminaten-Verschwörung, durch die zwei Drittel der Menschheit ausgelöscht werden sollen.«

Seit der Veröffentlichung des Buches »*Chemtrails – Verschwörung am Himmel?*« erhält das Autorenduo Haderer und Hiess vermehrt Fotos aus Österreich, die derartige Himmelserscheinungen zeigen. Haderer: »Österreich ist kein NATO-Land (angeblich eine Bedingung für eine internationale Aktion dieser Art), gehört aber dem ›Partnership for Peace‹-Programm an – und verwendet teilweise auch den militärischen Flugzeugtreibstoff JP-8. Dieser steht in Deutschland im Verdacht, krebserregend zu sein. All diese Indizien geben dem Phänomen eine Tiefe, die zumindest eine Diskussion wert sein sollte – wozu wir mit unserem Buch eine Grundlage liefern wollten.«

Chemtrails – ja oder nein? Die Diskussion zwischen Befürworter und Gegner dürfte noch sehr heiß werden. Für die Anhänger steht fest, dass ein Großteil schädlicher Chemtrails von Boeing-Transportflugzeugen der NATO stammen. Inzwischen seien auch zivile Flugzeuge involviert. Zweifler halten dagegen, dass der Wind Kondensstreifen so verschieben könne, dass an Flugrouten parallele oder gitterförmige Muster entstehen. Die Beobachtung, dass zwei Flugzeuge kurz nacheinander auf derselben Route nur einen Kondensstreifen produzieren, wird ebenso nüchtern erklärt: sie fliegen auf verschiedener Höhe. Die Chemtrail-Gläubigen lassen sich dennoch nicht beirren und suchen weiter nach stichhaltigen Belegen für die geheime Sprühaktion. Verdächtige Wolkenformen werden fotografiert, ins Internet gestellt und in Foren wird online darüber gestritten. Über eine halbe Million Web-Seiten zum Thema können mittlerweile

Kondensstreifen mit eigenartiger Struktur. Chemtrail-Gläubige vermuten eine Verschwörung am Himmel durch Chemikalien. (Bild: Chris Haderer)

abgerufen werden. In Österreich noch fast unbemerkt, zeigt sich doch andernorts, dass die Menschen verunsichert sind, Ämter bombardiert, Umweltorganisationen und Medien mit Anfragen und Klagen überhäuft werden. Handfeste Beweise für die Chemie-Bomben in den Wolken fehlen ebenso wie der Nachweis, dass alles nur Einbildung sei.

Aufrichtig gesteht auch Chris Haderer ein: »Wir können nicht beweisen, dass es tatsächlich eine ›Verschwörung am Himmel‹ gibt, aber wir können auf viele Beobachtungen aufmerksam machen, auf Klimamodelle hinweisen, Studien, Berichte und Aussagen zitieren. Wenn es ein globales Sprühexperiment gibt, dann ist auch Österreich nicht davon ausgenommen – und wenn der Treibstoff schuld ist, dann haben wir auch hier ein

Problem, das die NATO noch verleugnet. Die Zahl der ›Himmelzeugen‹, die mit ihren Digitalkameras Indizienbeweise sammeln, wächst aber genauso in Österreich. Wir dürfen zwar nicht die ›Bodenhaftung‹ verlieren, aber auch niemals aufhören, Fragen zu stellen.«

Völlig aus der Luft gegriffen ist die Chemtrail-Geschichte tatsächlich nicht: Der Ausschuss der UNO für Klimafragen *Intergovernmental Panel on Climate Change*, kurz IPCC genannt, erwähnt in seinem Bericht aus dem Jahre 2001 das Ausbringen von Chemikalien als eine Möglichkeit, um der Klimaerwärmung entgegenzuwirken. Mit dem Nachsatz, dass die Folgen eines solchen Eingriffs für Mensch und Tier unvorhersehbar wären.

Schlaflose Nächte, Reizhusten, Alzheimer – schuld an allem sind die Chemtrails. Selbst über Panikattacken und sogar von Todesfällen nach dem Erblicken sonderbarer »Wolkenschlangen« wird berichtet. Ob man an eine Verschwörung am Himmel glauben will oder nicht, ein beklemmendes Gefühl bleibt auf jeden Fall. Ist es ratsam, künftig mehr seiner eigenen Wahrnehmung zu trauen? Ganz gewiss. Doch vor Verwechslungen ist deshalb trotzdem niemand gefeit: eigenwillige Wolkenformen wurden schon mehrmals zum »außerirdischen Raumschiff« umgedeutet. Leuchtende Nachtwolken, die wegen ihrer großen Flughöhe noch von Sonnenstrahlen beleuchtet werden, können bei fantasiebegabten Zeitgenossen diesen Eindruck ebenso hervorrufen wie die von Meteorologen als »Altocumulus lenticularis« bezeichneten linsenförmig auftretenden Wolkenmuster. Das globale UFO-Rätsel mit all seinen mysteriösen Facetten und gut dokumentierten Erlebnissen kann damit freilich nicht gelöst werden.

Ob Wunschdenken, atmosphärische Anomalien oder göttliches Zeichen, manchmal lohnt es, wie Hans-guck-in-die-Luft himmelwärts zu blicken. Unerwartetes zeigt sich häufiger, als man glaubt. Vor plötzlich auftauchenden »Eisbomben« und wirren »Kunstwolken« sei dennoch ausdrücklich gewarnt.

Bizarre Stromstöße

Lebende Blitzableiter und springende Lichter

Spannung liegt in der Luft. Über dem blauen Horizont schieben sich dunkelgraue Wolken. Der Himmel verfinstert sich. Die Luft drückt schwer gegen die Erde, bis plötzlich der Wind einbricht: ein heftiges Gewitter kündigt sich an. Springt dann blitzschnell der Funke zwischen Himmel und Erde über, heißt es: »Volle Deckung!«

In Österreich schlägt der Blitz besonders gerne ein. Bis zu 200.000 Mal jährlich. Einige Gebiete zählen zu den gewitterträchtigsten in ganz Europa. Vor allem das *Leibnitzer* und *Klagenfurter Becken* sowie die *Oststeiermark* haben als »Blitznester« einen gefährlichen Ruf. Seit 1992 erfasst das Blitzortungssystem ALDIS (*Austrian Lightning Detection & Information System*) die Gewitteraktivitäten im ganzen Bundesgebiet. Noch ehe die Bevölkerung das starke Donnergrollen vernehmen kann, ist der Blitz schon in einer elektronischen Landkarte verzeichnet.

Die Blitzforschung machte in den letzten Jahren Fortschritte und doch ist noch vieles ungeklärt. Bekannt ist zumindest Folgendes: Kältere Luft schiebt sich unter wärmere. Die wärmere Luft wird nach oben gedrängt und kühlt dort rasch ab. Der Wasserdampf kondensiert, bildet Tröpfchen, die sich aneinander reiben und elektrisch aufladen. Die Spannung steigt bis zu 40 Millionen Volt an und wird später in Form eines weißglühenden Plasmastrahls, dem sichtbaren Blitz, abgeleitet. Dabei werden innerhalb einer Zwanzigtausendstelsekunde brandgefährliche Energiemengen freigesetzt. Mit so gewaltigem Ausmaß, dass ein Donaukraftwerk erst in zehn Jahren an diese Leistung herankäme. Durch die explosionsartige Entladung heizt sich die Luft auf und dehnt sich schneller als der Schall aus. Wie bei einem Flugzeug, das die Schallmauer durchbricht, folgt ein lauter Knall, der Donner.

Die Naturgewalt lehrt uns immer noch das Fürchten. Und im Altertum? Wie mag der grollende Himmelsklang damals auf die Menschen gewirkt haben? Blitz und Donner waren eng mit der Vorstellung vom Himmelsgott verbunden. Die Germanen und auch andere Völker dachten sich den Donner durch den über das Firmament rollenden Götterwagen entstanden, so jedenfalls erklären es uns die Ethnologen. Und der Blitz selbst galt als mächtiges himmlisches Zeichen, Funke des Lebens und Spender der Fruchtbarkeit. Schlug ein Blitz in die Erde ein, wurde dies von unseren steinzeitlichen Ahnen als Symbol für den Geschlechtsakt der Erdmutter mit der kosmischen Urgewalt verstanden. Reste dieser Vorstellung sind noch heute in der Überlieferung des Volksglaubens verankert. Etwa in Gestalt der »*Blitzsteine*«, die vor allem in der Oststeiermark aufgefunden wurden. Der Journalist und Mythenforscher *Manfred Neuhold* bemerkt dazu: »Beim Pflügen fanden Bauern manchmal etwa faustgroße Steine mit einem kreisrunden Loch in der Mitte. Steinäxte, die vor Jahrtausenden bei der Arbeit verlorengingen oder unter Umständen als Opfer auf einem Acker vergraben wurden. Jedenfalls nimmt unser Volksglaube an, dass diese Steine entstehen, wenn der Blitz in die Erde einschlägt.«

Wer einen »Blitzstein« entdeckt, der ist mit Glück gesegnet und bleibt von Schadenzauber und dem bösen Blick verschont. Und wer gar von einer Hexe mit einem Fluch belegt wurde, konnte von ihm wieder loskommen, indem der »Blitzstein« unter der Türschwelle des Hexenhauses vergraben wurde. Steigt die Hexe darüber, fällt sie mausetot um und der Fluch ist aufgehoben.

Im Mittelalter war der Blitztod besonders gefürchtet. Als Mahnmale der Himmelsgewalt wurden verkohlte Baumleichen angesehen, in die der Blitz eingeschlagen hatte. Altes Brauchtum als Schutzmaßnahmen gegen Gewitter wird in ländlichen Regionen noch heute gepflegt: So verbietet es der Aberglaube, das Holz der »Blitzbäume« zum Bauen oder Heizen zu verwenden. Hufeisen, die man an die Schwelle nagelt und ein Stückchen Holz eines »Blitzbaumes«, welches man bei sich trägt, oder kleine Hühnereier, die man unters Dach legt, sind ebenso fast vergessene Rituale. In Tirol und Bayern empfiehlt es sich, ein Wetterkreuz auf Bergspitzen und Hausgiebeln aufzustellen. Gelegentlich soll man noch die Wetterglocken läuten hören, um den Donner zu vertreiben.

Allein auf den Wunderglauben müssen wir uns heute nicht mehr verlassen. Inzwischen existiert – gottlob! – der *Blitzableiter*. Der amerikanische Naturwissenschaftler *Benjamin Franklin* hat ihn 1752 erfunden – zumindest behauptet das die Lehrmeinung. In Wahrheit ist ihm der Pfarrer *Prokop Divis* aus einem tschechischen Dorf bei Znaim zwei Jahre zuvor auf die Spur gekommen! Dem verkannten Genie blieb die Anerkennung jedoch verwehrt. Das liegt daran, dass die Elektrizitäts-Experimente von Divis bei der damaligen Obrigkeit keine Beachtung fanden. Weder Kaiserin *Maria Theresia* noch ihr Sohn *Josef II.* interessierten sich sonderlich dafür. In *Primetice* erinnert der Nachbau des ersten Blitzableiters an den »Geistesblitz« von Prokop Divis. Aber welcher Besucher verirrt sich nach Primetice? Die Autoren von Lehrbüchern offenbar nicht.

Was fachkundige »Wetterfrösche« heute mit Gewissheit sagen können: Blitzentladungen haben ihren Ursprung in elektrisch geladenen Gewitterwolken. Doch der genaue Mechanismus, *wie* es zu diesen gigantischen Spannungen in den Wolken kommt, konnte bis heute nicht vollständig geklärt werden. Anderen Blitzphänomenen ist man zumindest auf der Spur. Ein Beispiel dafür sind eindrucksvolle Lichterscheinungen, die von Piloten, Flugpassagieren und der Besatzung des Spaceshuttels beobachtet wurden. Lange Zeit hielt man das farbenprächtige Spektakel am Himmel für UFOs. Sie wurden als »gigantische Blitze« an der Obergrenze eines Gewitters beschrieben, manchmal auch als »riesige, rote Lichter«, die aus blauen Lichtkegeln in 80 Kilometer Höhe nach oben schießen. Die Wissenschaft nennt diese Superblitze »*rote Kobolde*« und »*Blue Jets*«. Anfang der 1990er Jahre gelang es erstmals, das leuchtende Phänomen zu filmen. Inzwischen haben Forscher erkannt, dass die Entstehung dieser bizarren Leuchtfontänen mit »normalen, irdischen« Gewittern zusammenhängt, die auch in höheren Schichten Auswirkungen haben.

Für Flugzeuge und seine Insassen, so versichern Meteorologen, bestehe aber kaum ernste Gefahr, und wenn, dann nur äußerst selten. Ob das für einen in die Luft gehenden Passagier, der womöglich wie der Schreiber dieser Zeilen an Flugangst leidet, wirklich beruhigend ist, darf bezweifelt werden. Eines stimmt aber: Die Wahrscheinlichkeit, von einem Blitz getroffen zu werden, ist in der Tat auf der guten Mutter Erde um ein Vielfaches höher. Weltweit geschieht das etwa 2000 Mal im Jahr. Die Chance, dass man selbst ein Blitzopfer werden könnte, schätzen Experten dennoch auf nur eins zu einer Million ein. Und ihn unverletzt zu überleben, käme einem Lotto-Sechser gleich.

Die traurige Statistik beweist: in Österreich gehen durchschnittlich zwei Tote und zehn Verletzte pro Kalenderjahr auf das Konto von Blitzschlag. Ungeklärtes Detail: zwei Drittel der Opfer sind männlich. Die Rückblende auf jüngste spektakuläre Zwischenfälle, bei denen arglose Menschen vom Blitz getroffen wurden, sorgt für Entsetzen und Verblüffung:

Juni 2003; Ternitz, Niederösterreich:
Zwei Freundinnen, *Tina* und *Tanja*, 20 und 16 Jahre jung, waren Richtung Dunkelstein unterwegs, als sich der Himmel verfinsterte. Dann fing es zu hageln an. Die jungen Frauen blieben stehen, um sich Regenjacken anzuziehen. Plötzlich war der Himmel hell erleuchtet und die beiden stürzten zu Boden. Ein Blitzschlag hatte Tanja am Kopf getroffen und war bei den Beinen wieder ausgetreten! Beide Blitzopfer waren kurz gelähmt, konnten aber gerettet werden.

Juni 2004; Tschirgant, Tirol:
Der 20-jährige *Clemens Praxmarer* hatte sich mit Freunden aufgemacht, um die Bergfeuer für die Sonnwendfeier vorzubereiten. Doch dann braute sich heftiges Gewitter zusammen und die Männer beschlossen ihr Vorhaben abzubrechen. 300 Meter vor einer Berghütte züngelten zwei Blitze vom Himmel. Vom zweiten wurde Praxmarer getroffen. Mit schwarzen Striemen an der Hand, abgerissener Uhr und geknicktem Bergstock lag er geschockt auf dem Boden, konnte sich aber bald nach dem Vorfall wieder erholen.

Juli 2004; Schöder, Obersteiermark:
Unfassbares Glück hatte eine 48-jährige Pädagogin, die im Bezirk Murau mit dem Fahrrad unterwegs war, als der Blitz sie traf. Durch die Wucht wurde ihr Radhelm in mehrere Teile zerfetzt. Im Asphalt klaffte ein 20 mal 50 Zentimeter großes Loch. Von einer 10 Zentimeter langen Platzwunde am Hinterkopf abgesehen blieb die Frau unverletzt.

Juli 2004; Lessachtal, Salzburg:
Während der Zwischenfall in der Steiermark glimpflich ausging, ereignete sich fast zeitgleich in Salzburg ein Blitz-Drama. Der 41-jährige Lehrer *Anton Willinger* verbrachte mit seiner Frau *Susan* den Urlaub auf 1800 Meter im Lessachtal. Als ein Gewitter aufzog, eilten die beiden zur zwanzig Minuten entfernten Zeinerhütte. Ausgerechnet da schlug der Blitz in den Dachgiebel ein und erwischte den Körper des Mannes. Er war auf der Stelle tot. Seine Frau wurde durch den heftigen Druck zur Seite geschleudert und überlebte unverletzt.

Juli 2004; Seckauer Alpen, Obersteiermark:
Siegfried Mandl, seine Frau *Barbara* und die neunjährige Tochter *Susanne* gingen mit ihrem Hund Nelly am Abend spazieren. Ein Unwetter

überraschte sie, ein Blitz schlug ein und traf die ganze Familie. Donner sei keiner vernommen worden, heißt es, nur ein seltsames Surren. Der Hund wurde bei dem Blitzschlag tödlich verletzt. Barbara Mandl war bewusstlos, ihr Mann und Susanne konnten sich nicht bewegen. Befreundete Nachbarn verständigten den Notarzt. Die Blitzopfer leiden heute noch an den Spätfolgen.

Juli 2004; Salzburg:
14 Pferde wurden bei einem Blitzschlag auf einer Salzburger Alm getötet. Etwa zeitgleich starben vier Bergretter bei einer Übung am Graukogel, als sie vom Blitzstrahl erfasst wurden.

Juni 2005; Buch, Tiroler Unterland:
Robert Mitterer saß auf seiner Terrasse, als ein Gewitter aufzog. Zuerst zersplitterte die Fernsehantenne, dann spürte der Mann einen heftigen Schlag. Der Blitz hatte ihn erwischt. Abgesehen von einer Brandwunde an der Schulter hatte Mitterer den Blitzstreifer ohne Verletzungen überstanden.

September 2005; Köflach, Weststeiermark:
Beim Nordic Walking wurde ein Mann in der Nähe des Lipizzaner-Gestüts Piber von einem Blitz tödlich getroffen. Auch der ihn begleitende Hund wurde vom Blitz erschlagen. Der Mann stürzte nach dem Blitzschlag blutüberströmt auf die Straße. Ein von Passanten herbeigerufener Notarzt leitete sofort Wiederbelebungsversuche ein – vergeblich.

Was tun bei unberechenbaren Kurzschlüssen aus den Wolken? Wetterexperten raten zum Ausharren im Auto oder in einem Gebäude. Dort sei man bei Blitz und Donner absolut sicher. Wie die Fallbeispiele in Fischbach und Lessachtal zeigten, weiß das der Blitz leider nicht immer. Bei Gewitter mit dem Rad durch die Gegend zu strampeln ist – da sind sich alle Fachleute einig – lebensgefährlich. Wenn sich Blitz-Lichter ankündigen, sollte man sich deshalb mindestens zehn Meter von seinem Drahtesel entfernt auf den Boden legen. Bergwanderern hingegen wird empfohlen, sich in Mulden zu begeben und niemals Schutz unter freistehenden Bäumen zu suchen. Das alte Sprichwort »Suche die Buche, weiche die Eiche« darf man ungerührt ins Reich der Ammenmärchen verweisen.

Wer einen guten Magen hat und mehr über die Folgen von Stromfallen, Schutzmaßnahmen und alles Wissenswerte um den Blitz erfahren möchte, kann am Stadtrand von Wien Gruseliges entdecken. Unterhalb des *Schlosses Wilhelminenberg* gelegen, inmitten der Monotonie grauer Wohnblöcke in einem Gemeindebau versteckt, liegt hier ein kaum bekanntes Kuriosum: das »*Elektropathologische Museum*«. Nach telefonischer Voranmeldung wird dem Besucher die Wirkung des Stroms und dessen Gefährlichkeit anhand bizarrer Schaustücke drastisch vor Augen geführt. Makaber anmutende Objekte, Wachsmodelle von Arm- und Beinklumpen sowie Feuchtpräparate von Stromopfern können furchtsame Gemüter in Schrecken versetzen. Grafische Darstellungen zeigen die Stromein- und -austrittsstellen am menschlichen Körper und dokumentieren die verschiedenen Stadien der Heilung. Die Palette reicht von der verkohlten Gesichtshälfte, der das Auge entnommen werden musste, bis hin zur Gesäßverbrennung. Bereits bei einem Elektroschlag ab 500 Volt treten schwere Gewebszerstörungen auf, die zu Herzrhythmusstörungen, Bewusstlosigkeit und Atemstillstand führen können.

Angesichts fataler Elektrounfälle wird deutlich, dass Menschen, die einen Blitzschlag mit 10 Millionen Volt nahezu unversehrt überlebten, ein ganzes Heer von Schutzengeln bei sich gehabt haben müssen. Und wie groß ist die Wahrscheinlichkeit, mehrmals im Leben von niederfahrenden Blitzen beleidigt zu werden? Gleich null! Dennoch sind solche unglaublichen Geschehnisse bezeugt. Es betrifft Menschen, die scheinbar »elektrisch aufgeladen« sind, Blitze anziehen können oder elektrische Phänomene wie leuchtende Entladungen hervorbringen. Die Medizin hat bereits einen Namen dafür: »Hochspannungs-Syndrom«.

In Wien wohnt einer dieser »lebenden Blitzableiter«, den die Gewittergewalten seit Jahrzehnten immer wieder heimsuchen. Sein Name: *Johannes Steinhäuser*, »Juppi« gerufen, Jahrgang 1958, von Beruf Versicherungsangestellter und seit Kindheitstagen fasziniert von der Urkraft der Naturgewalten. Schon in jungen Jahren führte er genau Buch über Wetterwerte. Das Thema hat Juppi bis heute nicht losgelassen, beschäftigt ihn mehr denn je: Meteorologie, Geophysik, Fotografie und die Grenzgebiete des Wissens sind seine erklärten Steckenpferde. Letzteres wohl beeinflusst durch seinen Vater, den 1989 verstorbenen Zeitforscher und Schriftsteller *Gerhard R. Steinhäuser*, der sich mit populären Sachbüchern wie »*Unsere Heimat im All*« und »*Die Zukunft, die gestern war*« einen Namen gemacht hatte.

Im Alter von 19 Jahren nahm Juppis Leidenschaft für zuckende Blitze und Donnergrollen spannungsgeladen zu. Damals leistete der junge Mann seinen Militärdienst in der Heereskaserne Leobendorf in Nieder-

Der Wiener Johannes »Juppi« Steinhäuser führt ein riskantes Dasein als »lebender Blitzableiter«. (Bild: Johannes Steinhäuser)

österreich. Juppi freute sich bereits aufs Abrüsten, als er am eigenen Leib die gewaltige Kraft eines Blitzes erleben musste. Was war passiert? Juppi erinnert sich: »Es war ein Samstag im April 1977. Das erste Frühjahrsgewitter zog heran und es goss in Strömen. Ein fürchterliches Unwetter zog auf. Ich war gerade auf Wachrundgang am Kasernengelände und näherte mich dem Militärsportplatz. Blitz auf Blitz, Donnerschlag auf Donnerschlag wechselten einander ab. Zur Wachstube waren es höchstens ein paar hundert Meter, als ein blendend weißes Licht kurz aufblitzte und von oben herab auf mich zuschoss und dann ...«

Dann nahm der Soldat noch eine grell leuchtende Wand vor seinen Augen wahr und stürzte unvermittelt in ein nachtschwarzes Loch. Johannes Steinhäuser lag regungslos am Boden. Der strömende Regen prasselte auf ihn nieder. Etwa zwanzig Minuten lang war Juppi bewusstlos, ehe ihn seine Kameraden fanden. »Ich konnte mich aber dann immer noch nicht bewegen«, versichert Juppi. »Ich sah alles nur im weißen Licht, konnte nichts hören und glaubte, ich sei tot.« Erst langsam kehrten die Lebenskräfte zurück: »Es dauerte fast eine quälende Stunde lang, bis ich schemenhaft wieder meine Umwelt wahrnehmen konnte.«

Wie eine spätere Untersuchung des Vorfalls ergab, muss der Blitz zunächst bei einem nur wenige Meter entfernten Fahnenmast eingeschlagen haben und dann auf Juppi Steinhäuser übergesprungen sein. Die Uniform und die Schuhsohlen des Präsenzdieners waren an mehreren Stellen verbrannt. Der Betroffene selbst war – von der Ohnmacht abgesehen – völlig unverletzt geblieben. Johannes Steinhäuser hatte unwahrscheinliches Glück.

Vielleicht hätte Juppi die Bedrohung aus den Wolken abwenden können. Zwei Wochen vor dem Zwischenfall hatte er eine unheimliche Vorahnung: »Ich wurde aus meinem Schlaf gerissen, genau mit den gleichen Eindrücken, die ich später beim Blitzstrahl empfand, grell weißes Licht, das von oben herabfiel. Ich dachte, es hätte jemand das Licht im Zimmer eingeschaltet, und war verwundert, mich im stockdunklen Zimmer zu befinden.« In der Parapsychologie kennt man das Phänomen unter dem Begriff *Präkognition*, eine Art Voraus-Wissen künftiger Ereignisse. Aber was nützen die besten Vorahnungen, wenn man sie nicht zu deuten weiß? Über eines war sich Juppi Steinhäuser nach dem überstandenen Blitzabenteuer aber gewiss: »So etwas passiert einem höchstens einmal im Leben.«

Mitnichten. Es kam ganz anders. Ein zweiter Volltreffer blieb ihm zwar erspart, Steinhäuser scheint aber seit damals »elektrisch aufgeladen« zu sein. In den letzten 25 Jahren machte »Mister 100.000 Volt« rund zehnmal unfreiwillige Bekanntschaft mit Blitzen, die bedrohlich nahe im Umkreis von maximal 50 Metern bei ihm einschlugen.

Ein riskanter Blitzkontakt im Juni 1990 ist Juppi noch gut in Erinnerung: »Ich stand auf dem überdachten Balkon meiner damaligen Wiener Wohnung in Penzing, als sich ein Gewitter ankündigte. Von Blitzentladungen und Niederschlag war noch nichts erkennbar. Ich streckte eine Hand über das Geländer um zu prüfen, ob nicht doch schon ein paar Regentropfen fielen. Im nächsten Augenblick zischte ein Blitz an mir vorbei, höchstens einen halben Meter entfernt, beschädigte das Vordach des Balkons und zog seine Bahn in die Fassade unseres Wohnhauses. Gleichzeitig folgten eine kleine Druckwelle und ein lauter Knall.«

Juppi Steinhäuser war gewarnt, wusste seither nur zu gut, dass man das Schicksal nicht herausfordern darf. Aber was tun, wenn Blitze magisch von einem Menschen angezogen werden? Bei Juppi vorläufig das letzte Mal am 9. Juni 2004. Er hatte sich auf das Dach seines Wohnhauses in Wien Rudolfsheim-Fünfhaus begeben, wollte eine gewaltige Gewitterfront auf Bild festhalten, als sein Körper eine »Fangladung« erzeugte und einen Blitz 20 Meter an ihn heranführte. Der blitzanfällige »Mister Elektro« konstatiert: »Das Metallgeländer der Dachterrasse knisterte stark. Einer der Blitzableiter am Dach des Hauses sog den Blitz schließlich auf. Sollte je ein Mensch einmal das Vergnügen haben, Fangladungen [das sind die dem Gewitter vom Boden aus entgegenlaufenden kleinen Spannungsfelder, welche dem Blitz sozusagen den Weg bereiten] zu entsenden, bleibt das nicht unbemerkt und hoffentlich ohne Folgen. Man hat das Gefühl als würde eine große, wärmende Energieblase den eigenen Körper durchströmen und ihn über den Kopf nach oben verlassen. Danach vergehen meist nur ein paar Sekunden, bis ein Blitz in der Nähe einschlägt.«

Eine spannende Erfahrung, auf die man gut und gerne verzichten kann. Blitz ist aber nicht gleich Blitz. Meteorologen kennen unterschiedliche Arten: Wolke-Wolke-Blitze, seltene Perlschnurblitze, Flächenblitze, Linienblitze, Plasmafäden oder Wetterleuchten. Der wohl bekannteste und zugleich sagenumwobenste Blitz ist der *Kugelblitz*. Ein orangeroter Feuerball kommt durch den Kamin, rollt wie ein Wirbelwind über den Küchenboden und verschwindet geräuschlos oder explodiert mit einem lauten Knall so schnell, wie er gekommen ist, ohne Spuren zu hinterlassen. Geschichten wie diese gibt es jede Menge. »Des Teufels leuchtende Kugel« nannte man das gespenstische Licht im Mittelalter. Seit jeher zählt der Kugelblitz zu den rätselhaftesten Naturphänomenen. Noch heute sorgt sein Auftreten gelegentlich für Angst und Schrecken. Doch keine Panik: Der Kugelblitz ist gutmütiger als sein Ruf im Volksmund. Schäden, die ihm zugeschrieben werden, sind meist die Folgen eines »normalen« Blitzschlags. Aus hunderten ausgewerteten österreichischen Berichten ist nur einer bekannt, bei dem ein Beobachter einen elektrischen Schlag zu spüren bekam. Mit einem Kugelblitz auf Tuchfühlung zu gehen ist dennoch nicht ratsam. Die Wissenschaft weiß noch zu wenig über seine Energien und die Wirkung seiner Eigenschaften. Das seltene, unerwartete Auftreten umgibt das Phänomen, ähnlich wie die UFOs, mit einer Aura des Mysteriösen. Skeptische Blitzforscher verweisen die springenden Lichter deshalb nach wie vor ins Reich der Sinnestäuschung.

Bei der amerikanischen Luftwaffe wurden Kugelblitze früher gerne als Erklärung für UFO-Beobachtungen genannt. Vergleicht man die Charakteristika beider Erscheinungen, lassen sich einige Gemeinsamkeiten erkennen: die Unsicherheit über die physikalischen Ursachen, die eher

Nur selten gelingt es, einen mysteriösen Kugelblitz vor die Linse zu bekommen. Diese Aufnahme glückte 1978 während eines Gewitters im Vorarlberger Montafon. (Bild: Werner Burger, mit freundlicher Genehmigung)

ungeordnete Erforschung, der Nimbus der Lächerlichkeit, dem Beobachter ausgesetzt sind. Ebenso markant sind jedoch die Unterschiede: Kugelblitze haben immer einen Durchmesser unter einem Meter, ihre Beobachtungsdauer ist nie länger als ein paar Sekunden und sie sind an Gewitter gebunden. Die kurze Sichtungszeit der Kugelblitze erschwert ihre gründliche Untersuchung. Im Gegensatz zu den UFOs, wo massenweise Bildmaterial vorliegt, wenn auch größtenteils höchst umstrittenes, existieren kaum Fotos der »leuchtenden Bälle«. Durchaus einleuchtend. Denn wer hat schon eine Kamera im Anschlag, wenn bei ihm ein Kugelblitz durchs Zimmer rollt?

Es gibt Ausnahmefälle: Der Vorarlberger *Werner Burger* hat nicht nur einen Kugelblitz gesehen, sondern im Sommer 1978 auch vor die Linse bekommen. Der damals 21-jährige Hobbyknipser war gerade dabei, im *Montafon* ein Gewitter zu fotografierten. Das Stativ war positioniert, der Verschluss der Kamera geöffnet und in der Hand lag der Zeitauslöser, bereit, im richtigen Moment aktiv zu werden. Plötzlich hörte der junge Mann ein seltsames Geräusch, das an das Prasseln einer Wunderkerze erinnerte. Werner Burger hatte keine Zeit, darüber nachzudenken. Ein

Feuerball raste im freien Fall über ihn hinweg und verschwand hinter dem Nachbarhaus. Vor Schreck hatte der Fotograf den Fernauslöser losgelassen. Zum Glück: »Da der Kameraverschluss offen stand, gelangen etliche Fotos, von denen einige durchaus brauchbar waren«, freute sich Burger über sein dennoch gelungenes Vorhaben. Neben imposanten Linienblitzen war auch der Kugelblitz in die Kamerafalle getappt.

13 Jahre lang wusste Werner Burger nicht, welch außergewöhnlicher Schuss ihm gelungen war. Möglicherweise wäre das Foto in irgendeiner Schublade längst vergessen worden, wäre da nicht der Aufruf in einer Lokalzeitung gewesen. Darin wurden Augenzeugen gebeten, ihre Erfahrungen, Erlebnisse und Aufnahmen von Kugelblitzen zu melden. Erst jetzt dämmerte es unserem Nachtschwärmer: Was er damals gesehen und fotografiert hatte – war offenbar eines dieser geheimnisvollen Naturphänomene, über die sich die Wissenschaft noch nicht schlüssig geworden ist. Inzwischen wurde das seltene Bild von Blitzexperten in aller Welt untersucht und für authentisch befunden.

Der emsigste Forscher, der sich seit über dreißig Jahren mit der Kugelblitz-Frage beschäftigt, ist der Salzburger Universitätsprofessor *Alexander Keul*. Sein damaliger Aufruf über die Medien, man möge ihm Kugelblitz-Beobachtungen mitteilen, hat nicht nur Werner Burger ermutigt. Berichte über die »UFOs der Gewitterforschung« landen alle bei ihm, »und zwar deshalb, weil sich niemand sonst zuständig fühlt«. Über 500 Erfahrungsberichte vom Kugelblitz Betroffener hat Keul bis heute persönlich untersucht und ausgewertet. Vorläufige Erkenntnis: »Die Begegnung mit Kugelblitzen ist keine Modeerscheinung. Schilderungen aus der Zeit um 1900 decken sich mit jenen von heute, was für die *physikalische Realität* des Beobachteten spricht, denn immer wieder berichten Leute mit ganz unterschiedlichem Bildungsgrad im Grunde dasselbe.«

Und was ist das? Allgemein akzeptiert ist inzwischen die These, wonach es sich bei den Kugelblitzen um heiße *Plasmakugeln* handle. Doch wie entsteht dieses hochenergetische Gasgemisch? Darüber sind sich die Wissenschaftler noch uneins. Eine Erklärung haben kürzlich Forscher aus Neuseeland präsentiert. Sie vermuten, dass Kugelblitze durch den Einschlag eines normalen Blitzes in den Erdboden entstehen. Durch die hohen Temperaturen soll dabei Silizium aus dem Boden gelöst und zu mikroskopisch kleinen Partikeln zerstäubt werden. In diesem Zustand könne sich die Materie zu ballförmigen Gebilden formieren. An der Oberfläche des Balles, so mutmaßen die Forscher weiter, käme das Silizium dann in Kontakt mit dem Sauerstoff der Atmosphäre und würde dabei oxidieren. Ergebnis: die Kugel brennt. So weit die Theorie. Ob damit wirklich das Rätsel der springenden Lichter gelöst werden kann? Der Beweis im Labor steht noch aus. Was Augenzeugen mehr beschäftigt: Gibt es eine Verhaltensregel, wenn plötzlich ein »leuchtender Ball« in unmittelbarer Nähe erscheint? Wie soll man reagieren? Unser Kugelblitz-Detektiv Alexander Keul ist um eine Antwort nicht verlegen: »Tun Sie am besten gar nichts, Herr Habeck! In fünf Sekunden können Sie nicht einmal richtig wegrennen. Bleiben Sie ganz ruhig und beobachten Sie genau, was geschieht, damit Sie später einen präzisen Bericht geben können.«

Der Gedanke macht mich nervös. Ich habe Zweifel. Wäre es im Ernstfall nicht doch besser, meine Kugelblitz-Erfahrung zu verschweigen? Der traurige Grund: Man glaubt gar nicht, wie schnell man für irr gehalten wird, wenn von wundersamen Erscheinungen die Rede ist. Keul winkt schmunzelnd ab: »Wer künftig einen Kugelblitz sieht, wird ernst genommen!«

UFO-Alarm!

Ungebetene »Gäste« im österreichischen Luftraum

Unidentifizierte Flugobjekte, kurz UFOs genannt, sorgen weltweit für Panik und Verwirrung, irritieren die Geheimdienste, liefern Anlass für militärische Manöver, beflügeln die Fantasie der Erdenmenschen, verhelfen den Filmproduzenten zu unglaublichen Kassenrekorden und teilen eine große Anzahl von Menschen in UFO-Befürworter und -Gegner – auch in Österreich. Wer selbst Augenzeuge einer mysteriösen Himmelserscheinung geworden ist, fängt an zu grübeln.

Und Sie, liebe Leserin, lieber Leser? Hatten Sie schon einmal UFO-Kontakt? Eine Frage, die seit der ersten spektakulären Sichtung solcher mysteriöser Himmelsfahrzeuge immer populärer geworden ist und heute nicht mehr so ausgefallen erscheint wie Ende der 1940er Jahre. Damals, am 24. Juni 1947, begann das moderne UFO-Zeitalter. Der amerikanische Privatpilot *Kenneth Arnold* war mit seinem einmotorigen Flugzeug im Bundesstaat Washington unterwegs, als er über dem *Mount Rainier* plötzlich neun unbekannte, riesige, bumerangähnliche Flugobjekte erblickte, die so flogen »wie eine über eine Wasseroberfläche hüpfende *Untertasse*«. Ein leider vielfach irreführender Begriff war geboren. Eindrücke seiner ungewöhnlichen Beobachtung hatte Arnold einem Lokalreporter leichtsinnigerweise in den Notizblock diktiert. Dieser schickte dann die berühmt-berüchtigten, oft geschmähten »fliegenden Untertassen« kurzerhand in die Umlaufbahn, wo sie heute medienwirksamer denn je für heftige Kontroversen sorgen.

In der Berichterstattung heimischer Medien kommt der Himmelsspuk allerdings nicht gut weg. UFOs sind für viele Zeitgenossen vor allem deshalb ein Reizwort, weil diese rätselhaften Flugobjekte gerne automatisch mit Luftschiffen außerirdischer Besucher gleichgesetzt werden. Manche Indizien mögen dafür sprechen, zumindest für einen intelligenten Ursprung hinter dem Phänomen. Wirklich greifbare Beweise für die Richtigkeit solcher und ähnlich klingender Behauptungen gibt es gegenwärtig jedoch nicht. UFO-Skeptiker verweisen daher gerne auf *Verwechslungen* mit Naturphänomenen, sprechen von *Geschäftemacherei* oder *Hysterie*. UFOs gäbe es nicht, entsprächen nur unserem Wunschdenken und ließen sich als eine Art *Ersatzreligion* erklären, behaupten sie. Wenn man sich die aufsehenerregendsten UFO-Schlagzeilen des letzten Jahrzehnts zu Gemüte führt, darf eine kritische Einschätzung zum Thema nicht verwundern.

Besonderes Medieninteresse löste im Juni 1996 ein Alarm im Waldviertel aus. Wie jede Nacht saß in der Ortschaft *Drosendorf* der Pensionist *Rudolf Slama* vor dem Fernseher. Um 0.30 Uhr vernahm er plötzlich ein lautes Rauschen und sah einen hellen Lichtstrahl: Slama blickte aus dem Fenster, traute seinen Augen kaum. Auf einer Lichtung unweit des Hauses stand ein heller Lichtkegel. Schemenhaft waren Gestalten zu erkennen. Am Tag danach: Gendarmerie und Feuerwehr rückten aus, untersuchten den vermeintlichen Landeplatz. »*UFO-Alarm im Waldviertel!*« lautete der Aufmacher der größten österreichischen Tageszeitung. In der Folge wurde Drosendorf eine Woche lang zur Pilgerstätte für UFOlogen, Wünschelrutengänger und Geisterbeschwörer. Die ansässige Wirtschaft reagierte sofort: Kapperln mit UFO-Motiven wurden ebenso zum Verkauf angeboten wie »UFO-Krapfen« in der örtlichen Bäckerei. Und in Lokalen hatte der »UFO-G'spritzte« kurzfristig Saison. Dann die Ernüchterung: Es waren so genannte »Schweizer Kracher«, ergab die Untersuchung der Kriminaltechnischen Zentralstelle des Innenministeriums. Lausbuben trugen Taschenlampen, als sie mit den Knallkörpern große Lichtblitze erzeugten und damit unabsichtlich ein UFO vortäuschten.

Wer Derartiges hört oder liest, wird zwangsläufig zu dem Schluss kommen müssen, dass die UFO-Manie nur aus Hirngespinsten besteht und Menschen, die von ihren unheimlichen Begegnungen berichten oder sich damit befassen, nicht alle Untertassen im Schrank haben können. »Fast alle UFO-Meldungen lassen sich auf natürliche Erscheinungen zurückführen«, fühlt sich *Gerhard Polnitzky* bestätigt. Der langjährige Leiter der Meteorforschung am *Institut für Astronomie* an der Wiener Universitätssternwarte gibt zu bedenken, dass es sehr häufig zu Täuschungen durch die *Venus* kommen kann, wenn sie in günstigem Winkel zur Sonne steht und hell leuchtet wie der Mond. »Die meisten UFO-Sichtungen«, so glaubt Polnitzky weiter, »können als Fehleinschätzung, Wetterballone, Disco-Strahler, Modell-UFOs, Leuchtraketen, elektrisch-atmosphärische Störungen, Sternschnuppen, Satelliten, Weltraummüll, Halluzinationen, Wichtigtuerei und Betrug entlarvt werden.« Der Uni-Astronom kopfschüttelnd: »Leider sind die meisten UFO-Anhänger so von der außerirdischen Existenz überzeugt, dass sie eine natürliche Erklärung völlig ignorieren.«

Sein Kollege, der 2002 verstorbene deutsche Astronom *Heinz Kaminski*, ehemaliger Leiter der Bochumer Universitätssternwarte, sah die Sachlage noch drastischer: »Für mich ist die ganze UFO-Hysterie nichts anderes als ein galoppierender Schwachsinn! Ich halte UFOs für Opium oder Drogen, die das reale Denken des Menschen blockieren oder blockieren wollen«, erklärte mir der Weltraumforscher in einem Briefwechsel. Kaminskis beweiskräftiger Grund: »Aus meiner vieljährigen praktischen Erfahrung ist mir kein Vorgang bekannt, der auch nur in weitgehendster Annäherung den Verdacht auf UFOs aufkommen ließe. In der Astronomie und in der Weltraumforschung werden seit etwa hundert Jahren Himmelsaufnahmen gemacht, auf denen bis heute kein unbekanntes Flugobjekt gefunden werden konnte.«

Ein weitverbreiteter Irrtum. Es gibt eine Reihe renommierter Astronomen und Weltraumexperten, die ungeklärt gebliebene UFO-Sichtungen bezeugen können. Ein Bericht bei »FOCUS TV« vom 26. Januar 1997 hatte einen Besucherabend in der Sternwarte *Salzburg* zum Inhalt. Der Astronom *Gerhard Grau* erwähnte dabei eine mysteriöse Wahrnehmung: »Besucher entdeckten auf einmal ein helles Objekt. Kollegen schauten hin und sahen plötzlich vor einem Objekt elf andere, wesentlich schwächere, sternförmige Punkte, die aufgereiht auf einer Linie in Flugrichtung mit dem hellen Objekt flogen. So etwas hatten wir zuvor noch nie gesehen. Das ist natürlich ein Fall, der nicht alle Tage vorkommt, und wir waren auch etwas überrascht, zumal hier eine Reihe von Besuchern war, die uns fragte, was das sei. Eine gesicherte Antwort zu geben war uns in der Küze nicht möglich.«

Kein Wetterballon, kein Flugzeug, kein Meteorit. Ein Fall für Spezialisten. Eine natürliche oder meteorologische Erklärung fehlt bereits beim wohl ältesten UFO-Kontakt, der uns aus Vorarlberg vorliegt. In der historischen Aufzeichnung aus dem 14. Jahrhundert heißt es wörtlich:

»Gedruckt zu Feldkirch ben Johann Baptista Hummel.
M. DC. LXXXV.
Nächstfolgendes Jahr als 1344 ist zu Feldkirch vor Ostern an dem Dienstag in der Charwoche bei angehender Nacht zwischen 7 und 8 Uhr erschrecklich feuriger Klotz, in Gestalt, Form und Größe eines Kübels oder so groß als ein Metzen, mit welchem das liebe Getreid gemessen wird, auf die sogenannte Marktgasse aus den Wolken herabgefallen, welches Wunder das zulaufende Volk mit großer Bestürzung gesehen, mithin dieses eines zukünftigen gro-

ßen Übels Zeichen zu sein besorget hat; aber dieser feuriger Klotz nachdem er ziemlich lang also brennend gelegen, ist im Angesichts aller von dannen wiederum von sich selbst in die Luft und Wolken gefahren, auch alldort verschwunden; worüber doch unterschiedliche Meinungen geführt wurden.« Eine plausible meteorologische Deutung fällt hier schwer. Mir ist kein natürlicher Vorgang bekannt, wonach etwa ein auf der Erde aufgeschlagener Meteoritenbrocken danach wieder »sich selbst in die Luft« erhob, um die Heimreise zurück zu den Sternen anzutreten. Das Beispiel zeigt, dass sich die Beobachtung mysteriöser Himmelserscheinungen durchaus nicht auf das letzte Jahrhundert beschränkt. UFOs sind *kein* neuartiges Phänomen. Mit *moderner Psychose*, die mit den Gefahren unseres hochtechnisierten Zeitalters zu tun haben könnten, lässt sich das Phänomen nicht erklären. So gut wie aus allen Epochen der Menschheitsgeschichte liegen einschlägige Erlebnisse und Überlieferungen vor. Das sollte für die Forschung Grund genug sein, sich um eine Aufklärung dieses Welträtsels zu bemühen. Doch renommierten Wissenschaftlern fällt es offenbar schwer, mysteriöse Erscheinungen und neuartige Theorien vorurteilsfrei einer näheren Prüfung zu unterziehen. Was man nicht begreift, wird ins Lächerliche gezogen oder einfach ignoriert.

Dazu passt auch das Umfrageergebnis unter Mitgliedern der *Amerikanischen Astronomischen Gesellschaft*. Von 1356 zurückgeschickten und beantworteten Fragebögen drückten 80 Prozent der Wissenschaftler ihr Interesse dafür aus, dass das UFO-Phänomen weiter untersucht werden sollte. 62 Astronomen gaben zu, selbst bereits Zeuge einer unbekannten Erscheinung gewesen zu sein. Doch kein einziger Wissenschaftler wollte sein Erlebnis einem astronomischen Fachblatt melden, offenbar aus Furcht, dadurch dem Spott der Kollegen ausgesetzt zu sein. Nicht ganz unberechtigte Bedenken, wenn man den Worten des Wiener Meteorforschers Polnitzky lauscht: »Ich rate dringend, nicht jede abnorme Erscheinung außerirdischen Mächten in die Schuhe zu schieben, und empfehle zusätzlich, bei der Untersuchung solcher Phänomene stets einen Psychiater beizuziehen.«

Wenn jeder Versuch versagt, eine rätselhafte Erscheinung als irdisch zu entlarven, wird gerne mit »*Halluzination*« argumentiert. Besonders dann, wenn bei einem UFO-Zwischenfall keine physikalischen Einflüsse in der Umgebung messbar sind und man direkt auf die Überprüfung der Zeugenaussagen angewiesen ist. Gibt es ernsthafte Gründe, an der Zuverlässigkeit oder gar am geistigen Zustand von UFO-Beobachtern zu zweifeln?

Ein Psychotherapeut, der den Charakter von UFO-Beobachtern näher untersuchte, ist *Peter Gathmann*. Der Mediziner ist leitender Oberarzt der psychologischen Abteilung des *Allgemeinen Krankenhauses Wien*. Gathmann versicherte mir in einer Stellungnahme, dass er keinesfalls von der Mutmaßung ausginge, »alle UFO- oder paranormalen Erscheinungen hätten einen psychologischen« Ursprung. Er betont ausdrücklich: »Die Tatsache allein, dass sich ein Erlebnis technisch und naturwissenschaftlich nicht *verifizieren* lässt, genügt sicher nicht, um daraus eine Projektion aus dem Unterbewusstsein ableiten zu können.«

Dies gilt vor allem für den ärgerlichen Rest von etwa fünf Prozent der Beobachtungen und Erlebnisse, die nach Abzug aller erklärbaren oder betrügerischen Fälle sich bisher jeder vernünftigen Deutung trotzig entziehen konnten. Selbst der UFO-Skeptiker Polnitzky gesteht ein, dass es solche vereinzelte Erscheinungen gibt, meint aber, dass diese wenigen nicht aufgeklärten Vorfälle eine zu vernachlässigende Größe seien. Etwa jede zwanzigste Meldung ist ein solches »UFO im *engeren* Sinn«. Erst hier beginnt die eigentliche Kontroverse. Besonders interessant sind jene Fälle, wo mehrere Augenzeugen den Vorfall bestätigen können, Foto- und Bildmaterial vorhanden sind oder messbare Spuren, die überprüft werden können. Nachfolgend einige ungelöste Fallbeispiele aus dem Alpenraum:

3. August 1954; Reichenstein, Obersteiermark

In den Ennstaler Alpen, südöstlich von Admont, liegt der 2251 Meter hohe *Reichenstein*. Hier verbrachte der Bergsteiger und Fotograf *Erich Kaiser* seinen Urlaub und unternahm eine Klettertour. Mit dabei waren sein Bruder und zwei Wiener Bekannte. Gegen Mittag begann das Wetter umzuschlagen. Die Bergwanderer versuchten deshalb so schnell wie möglich die vier Kilometer nördlich von Gaishorn im Nordosten von Trieben gelegene Schutzhütte zu erreichen. Erich Kaiser blieb etwas zurück, um noch ein letztes Foto vom Admonter Kalbing (2196 m) zu schießen. Etwa 100 Meter unterhalb des Reichensteingipfels blitzte es kurz vor 13 Uhr einige Male in der Luft auf. Im selben Augenblick sah Kaiser drei seltsame scheibenförmige Objekte, die rasch und geräuschlos von Ost nach Nordwesten in waagrechter Formation vorbeiflogen. Geistesgegenwärtig erfasste er die Flugkörper im Sucher seiner Kamera und drückte ab. Als er wieder aufschaute, waren die seltsamen Dinger verschwunden. Nach dem Entwickeln der Aufnahme war der UFO-Zeuge erstaunt: es kamen vier Objekte zum Vorschein, obwohl Kaiser nur drei in Erinnerung hatte. Am 16. Oktober 1954 wurde das einzigartige Bild in der Grazer Zeitung

»*Neue Zeit*« erstmals veröffentlicht. Erich Kaiser verstarb 1968. Was er gesehen und fotografiert hatte, bleibt bis heute ungeklärt.

2. März 1960; St. Veit am Vogau, Südsteiermark
Der Techniker und Reporter *Edgar Schedelbauer* besuchte am Vortag seinen Vater in *Wildon* am Südende des Grazer Felds. Erst nach Mitternacht trat er mit seinem Motorrad wieder die Heimreise an. Kurz nach *St. Veit am Vogau*, es war um 1.30 Uhr, tauchte aus östlicher Richtung plötzlich ein weißglühendes Gebilde über dem Waldrand auf, das langsam rotierte, eine Lichtung überflog, die Straße überquerte und über dem abfallenden Gelände eine Schleife zog. Das fremde Objekt kam schließlich näher und verharrte einige Sekunden unbeweglich neben der Straße in etwa 15 Metern Höhe. Schedelbauer, der vor Schreck sein Motorrad in den Straßengraben hatte fallen lassen, verspürte deutlich die Hitzeausstrahlung der unbekannten Lichterscheinung. Vom Graben aus beobachtend gelang es ihm dennoch, seine Kamera in Schussposition zu bringen und den bedrohlichen Augenblick im Bild festzuhalten. Unmittelbar danach verdunkelte sich das Objekt und raste mit heulendem Geräusch in östliche Richtung davon. Später meldeten sich zwei andere Zeugen, die das Leuchtobjekt ebenfalls wahrgenommen hatten. Nach einer gründlichen Untersuchung des Vorfalls brachte am 7. März 1960 der »*Wiener Montag*« (bis Ende der 1960er Jahre im Handel) die abenteuerliche Geschichte samt Bild an die Öffentlichkeit. Schedelbauers Foto, bekannt unter dem Namen »*die glühende Spinne von Leibnitz*« gilt seitdem als eine der ungewöhnlichsten aller UFO-Aufnahmen.

21. Mai 1971; St. Lorenzen, Steiermark
Der Musiker *Rudi Nagora*, ein Feriengast aus München, beobachtete mit seiner Frau in der Nähe von *Deutschlandsberg*, etwa 50 Kilometer südwestlich von Graz, eine silbrige Scheibe, die sich zwischen den Wolken bewegte. Nagora: »Ich wollte gerade ein Erinnerungsfoto aufnehmen. Die Sonne stand hoch, es war kurz nach Mittag, als ich ein summendes Geräusch aus Richtung der Sonne vernahm. Ich schaute nach oben und sah ein rundes, diskusförmiges Flugobjekt nach links von der Sonne weg schweben. Ich machte hintereinander 12 Aufnahmen des teils so schnell wie ein Düsenjäger fliegenden, teils nahezu stillstehenden und wie ein fallendes Blatt schwebenden Diskus, der auch in größerer Winkelhöhe in verschiedenen Richtungen und Höhen herumflog und manchmal hinter oder in den Wolken fast verschwand.«

Eine UFO-Aufnahme von insgesamt 12 Bildern, die dem Münchner Rudi Nagora 1971 in der Steiermark gelang. (Bild: Rudi Nagora/MUFON-CES)

Nagora verleugnet nicht, dass er angesichts der ungewöhnlichen Erscheinung eine gewisse Angst verspürte. Der Münchner und seine Gattin haben eine eidesstattliche Erklärung abgegeben, in der jede Art von Manipulation oder Täuschungsabsicht ausdrücklich verneint wird. Neben dem Ehepaar haben auch Spaziergänger und Feldarbeiter die sonderbare Erscheinung bestätigt. Amerikanische und deutsche Computertechniker überprüften die Aufnahmen und fanden keinen Hinweis auf eine Fälschung. Trotzdem glauben UFO-Gegner, dass bloß eine Radkappe in die Luft geworfen wurde. Dagegen spricht jedoch der analysierte Bewegungsablauf des fotografierten Flugobjekts. Bei einem hochgeworfenen Modell würde dieser anders verlaufen, versichern Fotoexperten. Ebenso konnte mit einem Bild-Erkennungsprogramm der NASA die genaue Form ermittelt werden: das Objekt war demnach keine runde Scheibe, sondern ein

Dreieck mit abgerundeten Ecken, was wiederum der »Radkappen-These« widerspricht. Besondere Bedeutung wird der Untersuchung durch den Psychologen *Richard Haines* beigemessen. Nach eingehender Befragung und Überprüfung hält er den UFO-Sichter Rudi Nagora für einen aufrichtigen Zeugen.

18. März 1972; Luftraum über Oberösterreich

Der AUA-Chefpilot *Alexander Raab* flog in den Abendstunden eine DC-9 Richtung Frankfurt. Ungefähr über Linz, in etwa 6000 Metern Höhe, geschah es dann: Raabs Maschine wurde links von einem großen hellen Flugobjekt überholt. Der feurige Körper hatte die Form eines Trichters, mit einer nach unten gerichteten Spitze, die ein rotglühendes Licht ausstrahlte. Flugkapitän Raab: »Die Erscheinung zog mit unglaublicher Geschwindigkeit in einer flachen Bahn dahin.« Der AUA-Pilot schrieb die Beobachtung ins Bordbuch und fertigte eine Skizze an. Kopilot *Otto Herold* aus Baden schrieb daneben: »Das ist kein Schmäh!« Nachdem Raab den Vorfall der Flugsicherung in Wien und München gemeldet hatte, bestätigten Piloten einer Lufthansa-Maschine ebenfalls die Sichtung. Derselbe Flugkörper löste ebenso in der Schweiz und in Frankreich UFO-Alarm aus.

Meteorologen äußerten später die Vermutung, dass es sich aller Wahrscheinlichkeit nach um einen *Meteor* oder um *Satellitentrümmer* gehandelt haben dürfte. Raab widersprach: »Am Anfang dachte ich, es könnte ein Meteorit sein, aber der Eintrittswinkel war viel zu steil. Auch die Trichterform war für mich sehr ungewöhnlich. Gleichzeitig spielten im Cockpit die Instrumente verrückt. Die Kompassnadeln wichen um sieben Grad ab und die Warnanlagen leuchteten auf.« Und zur »Weltraummüll-These«: »Ich habe während meiner langen Pilotenlaufbahn schon mehrmals Meteoriten, Satelliten und Reste einer Raketenstufe beobachten können, aber das Gesehene war etwas völlig anderes.«

Noch etwas mutet an diesem Fall merkwürdig an. Der Chefpilot erwähnte in einem 1977 geführten Interview nebenbei einen mysteriösen Anruf, den er 1972 vier Tage nach dem dramatischen Luftzwischenfall erhalten hatte: »Der mir Unbekannte meldete sich mit deutlich amerikanischem Akzent und sagte: ›We are investigating your case!‹ (Wir untersuchen Ihren Fall! Anm. d. Verf.) Er erklärte, dass er von einer Stelle sei, die solche Fälle prüfe. Ich wurde gebeten über meine Beobachtung keine weiteren Auskünfte zu geben.« Was Alexander Raab bei der Angelegenheit besonders verwunderte: »Woher hatte der fremde Anrufer meine

Geheimnummer? Die erfährt man weder über die AUA-Pressestelle noch von der Zentrale.«

7. Mai 1980; Dachstein, Luftraum über Salzburg, Oberösterreich und der Steiermark

Eine turbulente UFO-Jagd über dem *Dachstein*, ohne dass der unbekannte Eindringling eingeholt oder gar zur Landung gezwungen werden konnte, sorgte für Schlagzeilen in der Presse: Um 15.50 Uhr war eine Verkehrsmaschine der KLM in etwa 10.000 Metern Höhe in der Weststeiermark unterwegs. Plötzlich hatte die Besatzung Sichtkontakt mit einem unbekannten Objekt, das die Piloten übereinstimmend als »rund und schwarz« beschrieben. Die Flugsicherung Wien-Schwechat alarmierte die Militäreinsatzzentrale. Zwei Aufklärungsflugzeuge vom Typ Saab 105 OE wurden in das betreffende Gebiet entsandt. Der Versuch, das unbekannte Objekt zu stellen, scheiterte kläglich. Mit den schnellen UFO-Manövern konnten die Militärjets nicht mithalten, die Verfolgung wurde deshalb abgeblasen. Doch kaum zwei Stunden später gab es neuerlich UFO-Alarm. Diesmal war es die Besatzung einer Lufthansa, die den seltsamen schwarzen Flugkörper über dem Dachstein sichtete. Wieder wurden »Abfangjäger« losgeschickt, ausgerüstet mit einem so genannten »Fotoaufklärer«, der das UFO bildlich festhalten sollte. Nach Aussagen der Piloten flog das rätselhafte Objekt »mindestens dreitausend Meter höher als unsere Maschinen.« Verwundert war man auch über die mit dem »Fotoaufklärer« gemachten Filmaufnahmen. Sie erwiesen sich nach der Entwicklung als völlig unbrauchbar.

Bei der Militärbehörde in Österreich hatte man inzwischen auf »Alarmstufe rot« geschaltet. Verteidigungsbereitschaft wurde angeordnet. Der Bundeskanzler als Regierungschef sowie Verteidigungs-, Außen- und Innenminister waren informiert – ebenso das damalige österreichische Staatsoberhaupt, Bundespräsident *Rudolf Kirchschläger*. Die Angelegenheit sollte geheim gehalten werden. Dass die Sache dennoch publik wurde, war dem aufmerksamen Autor und damaligen »Kurier«-Journalisten *Peter Krassa* zu verdanken, der seine guten Kontakte zu amtlichen Stellen der Luftfahrt zu nutzen wusste. Offiziell versuchte man den Vorfall freilich herunterzuspielen. Ein von Krassa verfasster Artikel wurde sofort dementiert. Ministerialrat *Johann Ellinger* zum »Kurier«: »Ihretwegen hat es bei uns jetzt an die 120 Telefonate gegeben.« Ellinger und die Militäreinsatzzentrale behaupteten jedenfalls, bei dem »runden schwarzen Ding« habe es sich lediglich um einen *Wetterballon* gehandelt.

Der UFO-Alarm über dem Dachstein machte Zeitungsschlagzeilen. (Bild: Archiv Habeck)

Eine Erklärung, die jedoch dem ungewöhnlichen Flugverhalten des Phänomens widersprach. Außerdem mutet es seltsam an, dass Österreichs Luftverteidigung damals nicht imstande gewesen sein sollte, einen Wetterballon zu fotografieren. Seither existieren berechtigte Zweifel an der offiziellen Ballon-Version. Welche Identität der schwarze Fremdkörper über dem Dachstein wirklich hatte, wurde niemals aufgeklärt.

16. August 1990; Satzendorf, Ossiacher See, Kärnten

Ein Urlaubsvideo aus Kärnten, das der pensionierte Offizier *Günther Penaz* aufgenommen hatte, gibt Rätsel auf: nach Filmszenen am Ossiacher See flimmerten die von der *Gerlitzen* startenden Hängegleiter über den Bildschirm. Plötzlich, quer zur Bahn der Flugsportler, sauste eine kleine weiße Halbkugel über den Himmel und verschwand nach einem rasanten Steigflug in den Wolken. Günther Penaz ließ die Aufnahme keine Ruhe. Schließlich präsentierte er sein UFO-Video im *Bundesamt für Zivilluftfahrt* in Wien-Landstraße. Für den damaligen Chefflugloten *Hans Bauer* war die Sache nach einem Blick auf das Video klar: »Ganz sicher eine Boeing im Steigflug!« Sehr ärgerlich: nach gründlicher Prüfung von Zeit, Ort, Richtung und sämtlich verfügbarer Radaraufzeichnungen sah die Sache anders aus. Kein einziges ziviles Flugzeug hatte sich dort am 16. August zur fraglichen Zeit zwischen 14 und 14.30 Uhr bewegt. Die Kollegen vom Bundesheer kamen nicht besser weg: »Wir waren es nicht!« Wer dann? Weder zivilen noch militärischen Luftfahrtexperten gelang es, das UFO zu enttarnen.

Entgegen allen Beteuerungen der Skeptiker zeigen die bisherigen Studien, dass hinter jenen bisher nicht aufgeklärten UFO-Begegnungen *reale* physikalische Objekte stecken. Eine Schlussfolgerung, zu der nach langjähriger Analyse tausender UFO-Fälle auch rund 70 Wissenschaftler, Ingenieure, Ärzte und Psychologen der deutschen *Gesellschaft zur Untersuchung von anormalen atmosphärischen und Radar-Erscheinungen* (Mutal UFO Network – Central European Society, kurz MUFON-CES e.V. genannt) gelangten. In einer Presseaussendung heißt es: »Die beobachteten Flugeigenschaften einiger Objekte, die registrierte enorme Beschleunigung sowie das generelle Verhalten lässt auf eine *Intelligenz* schließen. Zum Beispiel stören UFOs militärische Manöver oder spielen Katz und Maus mit Beobachtern. Dass es sich bei einigen UFOs um *reale, physikalische* Geräte handelt, wissen wir aus deren physikalischen Wechselwirkungen mit ihrer Umgebung.«

Im Jahre 1993 wurde in einem Ausschuss im *Europäischen Parlament* der Vorschlag gemacht, die französische Raumfahrtagentur CNES innerhalb Europas mit einem erweiterten UFO-Forschungsauftrag auszustatten. Auslöser waren damals die Luftraumverletzungen durch große dreieckige Flugkörper, die ab 1989 vor allem über Belgien gesichtet wurden. Der Stabchef der belgischen Luftwaffe, General *de Brouwer*, gab 1990 offen zu, dass »das Verteidigungssystem der NATO gegen diese Maschinen machtlos« sei.

Die militärische Luftraumüberwachung scheint mit den »ungebetenen Eindringlingen« schon lange überfordert. Am 5. August 1996 beobachteten sechs Schweizer Fluglotsen des Militärs einen großen silbernen Teller in der Luft rotieren. Unabhängig voneinander bestätigten drei Radarsysteme die fremdartige Erscheinung. Zwischenfälle wie dieser sind kein Einzelfall. Der oberste Chef der Schweizer Luftwaffe bestätigte am 24. Oktober 1994 gegenüber der ARD: »Es gibt diese Phänomene!« Wenn dem so ist, weshalb unternimmt niemand etwas zur Aufklärung? »Da es aus militärischer Sicht keine Bedrohung gäbe, ist auch keine wissenschaftliche Auswertung notwendig«, heißt es dazu lakonisch. Und ergänzend erklärte der Luftwaffen-Informationschef *Jörg Nussbaum*: »Die Luftwaffe sah in der angeblichen Existenz von UFOs nie eine Gefahr. Für eine Untersuchung fehlten uns aber die politischen, finanziellen und personellen Mittel.«

Zum gleichen Thema befragt, beteuerte man in einer Stellungnahme des österreichischen *Bundesministeriums für Bildung, Wissenschaft und Kultur*, dass das Hauptproblem des UFO-Phänomens darin bestünde, aus der »großen Anzahl von Berichten die tatsächlich identifizierbaren Objekte von den wenigen nicht identifizierbaren Fällen auszusondern«. Wäre eine ernst gemeinte wissenschaftliche Untersuchung der UFO-Erscheinungen nicht gerade deshalb sinnvoll und notwendig? Oder weiß man offiziell ohnedies mehr, als zugegeben wird? Geistern womöglich geheime »Untertassen«-Berichte durch die Ministerien?

Dokumentiert ist, dass dem verstorbenen österreichischen Innenminister *Oskar Helmer* (1887–1963) die UFO-Berichte ein Anliegen waren: Nach einer Welle von UFO-Sichtungen über dem Bundesgebiet ging 1954 ein Erlass (Aktenzahl 118.920-2/54) betreffend Beobachtung angeblicher »fliegender Untertassen« an die Sicherheitsdirektionen. Darin ersuchte der Innenminister die Exekutive »Zeugenberichte« direkt an das Ministerium zu liefern. Und heute?

Das *Bundesministerium für Landesverteidigung* in Wien hat offenbar nach wie vor großes Interesse an der Aufklärung rätselhafter Luftphänomene. Major *Pucher*, der Chef des Generalstabes, erklärte schon 1983 in einem Schreiben an den Wiener Astrophysiker *Karl Grün*: »Soweit es die geografische Enge des österreichischen Territoriums zulässt, dürften wir mit Abfangjägern in der Lage sein, auch Neutralitätsverletzungen durch extraterrestrische Fahrzeuge zu identifizieren und geeignet erscheinende Maßnahmen zu setzen.« Dazu passt, dass sich während der ORF-Pressestunde »*Betrifft*« am 17. Februar 2002 der damalige Heeresminister *Herbert Scheibner* verplauderte: »Seit 2001 sind etwa ein Dutzend Mal die Abfangjäger aufgestiegen um unidentifizierte Flugobjekte über Österreich zu erfassen«, erklärte der Politiker den verblüfften anwesenden Journalisten. Leider fragte keiner meiner Kollegen nach den Hintergründen der UFO-Manöver. Was waren das für unerwünschte »Gäste« in unserem Luftraum, die gesichtet und verfolgt wurden? Und weshalb erfährt die Öffentlichkeit nichts darüber?

Die Verletzung des österreichischen Luftraums kann manchmal ganz irdische Ursachen haben. Im Herbst 2005 sorgten illegale CIA-Flüge mit Gefangenen an Bord, angeblich Terroristen, für Empörung in der Bevölkerung. Der österreichische Verteidigungsminister *Günther Platter* erklärte beschwichtigend in einer »Zeit im Bild«-Sendung, dass die Rechtsgrundlage gefehlt habe, die verdächtigen Maschinen mit Kriegsgefangenen der Amerikaner zu Boden zu zwingen. Wozu leisten wir uns dann eigentlich teure Abfangjäger?

Doch egal, ob militärische Operationen der USA, neu entwickelte Geheimwaffen, unbekannte Naturphänomene oder außeridische Intelligenzen: eine gezielte, breit angelegte Untersuchung des UFO-Phänomens wäre wünschenswert und könnte neue Erkenntnisse liefern. Das sehen die Forscher vom »*Projekt zur wissenschaftlichen Untersuchung ungewöhnlicher atmosphärischer Leuchtprozesse im Raum Österreich*« ebenso. Der Begriff »UFO« wurde von Beginn an wegen seiner unterschwelligen Gleichsetzung mit einer »außerirdischen Herkunft« peinlichst vermieden. Geophysikalisches Institut, Sternwarte, Flugsicherung und Wissenschaftler sollten vorurteilsfrei eine geophysikalische Annäherung an das Phänomen erreichen. Seit Bekanntgabe der Projektidee im Jahre 1995 leider ohne dem erhofften Interesse. Nicht zuletzt durch fehlende finanzielle Mittel ist eine flächendeckende Studie nach wie vor problematisch. Der engagierte Projektkoordinator, Forscher und Techniker *Oliver Stummer* ist dennoch zuversichtlich, dass es eines Tages zu einer offiziellen Untersuchung der Phänomene kommen wird. Er begründet die Wichtigkeit einer solchen Studie im Raum Österreich: »Das Thema ist in den letzten Jahrzehnten zunehmend in den Brennpunkt des öffentlichen Interesses gerückt und somit als eine seriöse Auseinandersetzung auch im Sinne der Volksbildung durchaus zu begrüßen.« Menschen, die ein mysteriöses Lichtphänomen beobachtet haben, sollen wissen, an welche Stelle sie sich wenden können, ohne der Befürchtung, als UFO-Spinner abgestempelt zu werden. »Dies sei eine Voraussetzung für exakte Untersuchungen«, es müsse eine »zentrale Sammelstelle für ungewöhnliche Sichtungen« geben, erklärt Stummer und bringt die Sache auf den Punkt: »Schon aus Gründen des Datenschutzes ist es unerlässlich, eine *offizielle* Institution mit dieser Aufgabe zu betrauen, zumal Privatinitiativen für wissenschaftliche Analysen wertlos sind, da sie sich einer Objektivitätskontrolle entziehen.«

Werden mutige Wissenschaftler diese Anregung aufgreifen? Vorurteilsfrei? Wissbegierig? Und werden heimische Forschungsinstitute endlich erkennen, dass die Studie über unerklärliche Himmelserscheinungen eine große Herausforderung bedeutet? Die Entfaltung unseres Bewusstseins hat noch niemandem geschadet. Die österreichische Schriftstellerin *Ingeborg Bachmann* (1926–1973) brachte es auf den Punkt, wenn sie meinte: »*Im Widerspiel des Unmöglichen mit dem Möglichen erweitern wir unsere Möglichkeiten.*«

Wirbel um Getreidekreise

Schwindel oder Botschaft aus der Anderswelt?

Steht ein Kontakt mit einer unbekannten Intelligenz unmittelbar bevor? Wären wir heute reif für eine offizielle Begegnung mit Wesen anderer Planetensysteme? Wie würden wir auf fremde Geschöpfe reagieren, die sich, aus der Zukunft kommend, einer Parallelwelt oder dem Jenseits, in unserer Welt materialisieren könnten? Kühne Gedankenspiele, die nicht nur zum UFO-Rätsel gestellt werden: bei den geometrischen Mustern flachgedrückter Getreideähren, den so genannten *Kornkreisen* (englisch: »Crop Circles«), die immer wieder auf geheimnisvolle Weise entstehen, verhält es sich ähnlich.

Als vor etwa 25 Jahren in einer englischen Zeitung erstmals auf das Phänomen aufmerksam gemacht wurde, hielten die meisten diese Meldung für einen Lückenfüller in der »Sauren-Gurken-Zeit«. Seither »spukt« es in Englands Getreidefeldern alljährlich zur Sommerzeit. Bevorzugter Erscheinungsort: die sagenumwobene Grafschaft *Wiltshire* in Südengland. Wie von Geisterhand geschaffen, bilden sich über Nacht wundersame Kreisstrukturen, langgezogene Formationen, geometrische Piktogramme und in letzter Zeit vermehrt *dreidimensional* wirkende Glyphen und Bildmuster, die in ihrer gesamten Pracht am besten aus der Vogelperspektive wahrgenommen werden können.

Bislang sind – Zufall oder nicht – allein in der Region um das Steinzeit-Heiligtum *Stonehenge* über 4000 Kornkreise dokumentiert. Die Piktogramme erstrecken sich meist über eine Länge zwischen 30 und 100 Metern, gelegentlich auch bis zu 300 Metern. Auffallend: Ihre Formvielfalt und Komplexität steigert sich mit jeder Saison ins Unermessliche. Etwa zwei Drittel der jährlich erscheinenden Zeichen, darunter die größten und imposantesten, manifestieren sich in Südengland. Der Rest teilt sich weltweit von Amerika bis Australien auf. Selbst bei uns in Österreich werden sie vereinzelt wahrgenommen und machen die Bevölkerung nervös.

Botschaften aus dem Weltall? »Visitenkarten« aus anderen Dimensionen? Oder doch bloß Machwerke kreativer Scherzbolde? Skeptiker bevorzugen die irdisch-logische Erklärung, halten alles für einen Lausbubenstreich. Wie einige Vorfälle bewiesen, scheinen sie Recht zu haben. Schon 1991, bald nach dem ersten Kornkreisrummel, erklärten zwei rüstige Rentner namens *Doug Bower* und *Dave Chorley*, sie hätten sämtliche Getreidekreise aus Jux hergestellt. Bald darauf folgte ein medienwirksamer »Fälscherwettbewerb«, bei dem Studenten bizarre Formen ins Getreide trampeln durften. Noch im selben Jahr sorgten die ersten Kornkreise in Deutschland für Schlagzeilen in den Medien. In *Schleswig-Holstein* wurden sie sichtbar, kurz darauf entdeckte man sie auch in *Niedersachsen* und *Nordhessen*. Man wäre geneigt, die Mahnung des altgriechischen Mathematikgenies *Archimedes* (287–212 v. Chr.) zu modifizieren: »(Zer)störe meine Kreise nicht!« Alles vergeblich: die Freude diverser UFO-Enthusiasten, die massenhaft in die Felder pilgerten, währte nur eine Woche. Dann gestanden Jusstudenten aus Kiel den Kameraleuten des »Norddeutschen Rundfunks«, acht von zehn entdeckten Piktogrammen angefertigt zu haben. Mit einem Holzbalken als Walze hatten sie sich unbemerkt und auf Stelzen gehend in die Felder geschlichen. Dort waren sie dann systematisch vorgegangen. Als Zirkel diente eine Wäscheleine. Während einer der Studenten sie hochhielt, griffen sich die anderen Spaßvögel das andere Ende der Leine, um dann immer im Kreis herum das Korn niederzutreten. Das war alles.

Damit war das »Kornkreis-Rätsel« für die meisten aufgeklärten Zeitgenossen erledigt. Berichte über das Phänomen verstummten. Kaum ein Journalist, schon gar nicht namhafte Forscher, trauten sich öffentlich zu bekennen, dass hinter dem Erscheinen der Kornkreise doch mehr stecken könnte. Niemand wollte riskieren, von Kollegen nicht mehr ernst genommen zu werden. Als authentische Kornkreise wurden gerade noch kahle Stellen am Hinterkopf des »starken Geschlechts« akzeptiert.

Nur, ganz so einfach ist die Sache nicht. Die Kornkreise zeigen ein Problem auf, das so alt ist wie die Wissenschaft selbst und immer auf jenen lastet, die neue, ungewöhnliche Ideen vorlegen und zu beweisen versuchen. Gerade im Bereich der Grenzgebiete unseres Wissens ein oft schwieriges Unterfangen. Natürlich enden viele auf den ersten Blick »verrückt« anmutende Ideen letztendlich in einer Sackgasse. Manchmal können sie aber auch unser Weltbild verändern. Erbsenzähler waren es gewiss nicht, die erkannten, dass die Erde doch nicht der Mittelpunkt des Weltalls ist, dass Menschen sehr wohl in die für sie fremde Umgebung des Kosmos vorstoßen können und der Neandertaler kein direkter Vorfahre des vernunftbegabten Homo sapiens sein kann.

Und das Mysterium im Korn? Was ist *echt*, was ist *falsch*? Im Jahre 2002 wurden in Österreich gleich mehrere labyrinthartige Getreidemuster für harmlose irdische Werbezwecke angefertigt: in einem 1,5 Hektar großen Maisfeld bei *Schloss Rosegg* in Kärnten; am Zollfeld nahe dem *Magdalensberg*, ebenfalls Kärnten, und ein Irrgarten in Form eines »außerirdischen Männchens« am Stadtrand von *Wien*. Im Juli 2005 folgte ein praktisches Experiment, das testen sollte, wie lange es dauern kann, um einen attraktiven Kornkreis ins Feld zu zaubern. Tatort: *Aderklaa* bei Deutsch Wagram, wenige Kilometer nordöstlich von Wien. 12 (in Worten: zwölf) Personen beteiligten sich an dem Schauspiel und schufteten im Zeitraum von 19 Uhr abends bis 3 Uhr in der Früh. Insgesamt wurden demnach 96 Arbeitsstunden benötigt. Das bescheidene Ergebnis: eine simple rechteckige Form, parallel zur Straße gelegen, mit einem Knotenmuster im Innenbereich.

Solche absichtlich erzeugten Fälschungen im Korn, sei es nun als Scherz oder als Freude an »Graffiti-Kunst«, existieren natürlich jede Menge. Diese wird es trotz Strafanzeigen wegen Landfriedensbruch und Sachbeschädigung weiterhin geben. Kein Kornkreisforscher bestreitet das. Es sind auch gefälschte 100-Euro-Scheine im Umlauf. Dennoch käme niemand auf die Idee, deshalb alle Banknoten als Falsifikate abzulehnen. Was beim Kornkreis-Phänomen stutzig macht: Felduntersuchungen zeigen, dass es auffällige Unterschiede zwischen den bizarren Mustern gibt. Bei einer Mehrzahl offenbart sich im Detail, dass Linien und Ränder krumm und schief verlaufen. Die perfekte Symmetrie und Präzision fehlt. Es sind jene Formationen, die als Nachahmung entlarvt werden können. Nur etwa 20 Prozent der Strukturen seien hingegen »eindeutig echt«, erklären überzeugte Kornkreisforscher.

Wer die Spreu vom Weizen trennen will, sollte einen Blick durchs Mikroskop riskieren. Kornhalme, die wie von unsichtbarer Hand oder Wärmeeinwirkung gekrümmt sind, aber dennoch in unbeschädigtem Zustand; verschiedene komplizierte Verflechtungen des Korns, meist gegen den Uhrzeigersinn; fortgesetztes Wachstum sowie ein Weiterreifen der flach gedrückten Ähren in horizontaler Lage; zum Teil schnellere und kräftigere Kornentwicklung im Zentrum der Kreisstellen im Vergleich zum umliegenden Getreide; veränderte Molekularstruktur im Unterschied zu *normalen* Halmen oder erhöhte Strahlenwerte der natürlichen Radioaktivität innerhalb der Kreismuster. Solche Ungereimtheiten bereiten Botanikern und Physikern arges Kopfzerbrechen.

Wenn *nicht* von Menschenhand – von wem dann? Steckt hinter all dem doch eine fremde Intelligenz, die darauf aus ist, uns irgendetwas mitzuteilen? Eine »Gretchenfrage«, die sich immer dann stellt, wenn die Zeichen im Korn in nächster Umgebung auftauchen. Der erste Kornkreis erschien in Österreich bereits 1992 in *Königsbrunn*, nahe dem Bisamberg im südlichen Weinviertel. Der Durchmesser betrug 20 Meter mit einem angrenzenden kleinen Pfad in Form eines Kammes. Ein anonymer Zeuge will damals einen »hellen, grünen Lichtball« beobachtet haben, der sich in der Nacht über das Feld fortbewegte. Im Alpenraum hat die breite Öffentlichkeit von den mysteriösen Bodenmustern erst drei Jahre später Wind bekommen. Bestenfalls zwei Dutzend Zeichen wurden im letzten Jahrzehnt entdeckt. Anschließend, erstmals dokumentiert, die Chronologie der bedeutendsten Erscheinungsorte und ihre Kornfeldmuster. Im Vergleich zu den südenglischen Kunstwerken blieben die Strukturen hierzulande aber eher klein und bescheiden. Einige davon sorgten dennoch für Wirbel in den Medien.

Juni 1995, Ernstbrunn, Bezirk Korneuburg, Niederösterreich

Beim ersten in Österreich über die Presse bekannt gewordenen Kornkreis ist der Standort auffallend: in der Nähe zum archäologischen Freilichtmuseum *Oberleiserberg*, einer oval angelegten prähistorischen Kultstätte mit Wallbefestigung. Der kreisförmig angelegte Grundriss ist dem eines Kornkreises nicht unähnlich. Die ältesten Ausgrabungsstücke reichen 6000 Jahre in die mittlere Jungsteinzeit zurück. Die Skepsis über die Echtheit des Getreidespuks überwog dennoch: Eine Luftbildaufnahme machte deutlich, dass die Grundstruktur, von wem auch immer ins Feld gesetzt, sehr schlampig ausgeführt worden war. Das Muster entsprach einem Kreis mit ovalem Außenring. Ein Aussehen, das verblüffende Ähnlichkeit mit dem früheren »ORF-Logo« aufwies. Der ORF sah sich deshalb in der »Zeit im Bild« vom 19. Juli 1995 zu einer Klarstellung veranlasst: »Wir haben damit nichts zu tun!« beteuerte Moderator Robert Hochner.

Juli 1996, Flandorf, Bezirk Korneuburg, Niederösterreich

Erneut im Weinviertel, etwa 20 Kilometer nördlich von Wien auf einem Weizenfeld, unmittelbar neben der Landstraße gelegen, wurden mysteriöse Spuren gefunden. Inmitten der reifen Ähren war eine riesige Ellipse erkennbar mit »Neumondsicheln« am Rand des Innenkreises. Die Halme waren erst ab einer Höhe von 8 Zentimetern gebogen. Und in einem weit gezogenen Ring um das 30 Meter große Zentrum, fand man sechs kleine symmetrisch angeordnete Kreise. Die Kornkreis-Achse zeigte zudem präzise die Nord-Süd-Richtung an. Der in der Folge ausgelöste »UFO-Alarm« lockte tausende Schaulustige in die Region. Das ganze Tun und Treiben hatte wallfahrtsähnliche Formen angenommen. Die Gendarmerie rückte mit Geigerzählern aus, um den Urhebern des »Mähdrescher-Vandalismus« auf die Schliche zu kommen. Erfolglos. Zumindest aber konnten gemeldete UFO-Sichtungen in der Nähe des Weizenfeldes als »irdisch« entlarvt werden: sie entpuppten sich als Scheinwerfer eines Stadtfestes und als »Solar-UFO«, einem beliebten Kinderspielzeug. Mitte September sorgte das Kornkreismuster aufs Neue für eine Meldung in den Medien: Auf dem mittlerweile gemähten Feld war Gras gewachsen – allerdings wieder in jener Ellipsenform und mit sechs symmetrischen Kreisen!

Juli 1997, Weidenegg, Waldviertel, Niederösterreich

Ein einfacher, ziemlich wild gewachsener Kornkreis mit Außenring tauchte in einem Roggenfeld mitten im Waldviertel auf, etwa drei Kilometer von *Traunstein* entfernt. Augenzeugen erzählten, dass sie zuvor eine Lichtkugel beobachtet hätten, die zu Boden ging und rasend schnelle Flugmanöver vollzogen habe. Ein Phänomen, das ebenso aus England bekannt ist und sogar gefilmt werden konnte. In der Gegend um Traunstein sind solche Sichtungen keine Seltenheit. Seit den 1970er Jahren wurden hier vermehrt unheimliche Leuchtphänomene registriert. Wetterforscher vermuten einen Zusammenhang mit örtlichen geologischen, meteorologischen und seismischen Faktoren. In nahe gelegen Moorböden und sumpfigen Wiesen kommen vorzugsweise *Irrlichter* zum Vorschein. Einzeln oder in Gruppen leuchten sie meist als Flämmchen. Sie bewegen sich hüpfend und unruhig, verschwinden lautlos. Schon die alten Volkssagen über Irrwische, Wiesenelfen und Sumpfnixen erzählen davon. Als Ursache für solche Irrlichter wird die Selbstentzündung von Gasen wie *Methan* angenommen, die sich durch Fäulnis und Zersetzung organischer Substanzen bilden können.

August 1997, Nikolsdorf, Bezirk Lienz, Osttirol

Am südöstlichen Rand des Lienzer Talbodens in 671 Meter Seehöhe tauchte ein schlichter Kornkreis mit zwei großen Außenringen auf. Mehrere Wochen sorgte er für wilde Gerüchte um seine Herkunft. Die Region zählt zu den sonnigsten und wetterbeständigsten der Alpen. Der in der Nähe befindliche Flugplatz ist seit über 50 Jahren ein Paradies für Fliegerfreunde und gilt als Geheimtipp unter den Segelfliegern. Das Panorama im Nahbereich des Flugplatzes gehört zu den eindruckvollsten in den Alpen.

August 1997, Oberdrautal, Kärnten

In der Grenzregion zwischen Kärnten und Osttirol tauchte ein *Piktogramm* auf. Während bis dahin in Österreich nur einfache Kornkreise bekannt waren, zeigte sich hier erstmals ein komplexeres Gebilde: ein Kreis mit Außenring, von dem zwei Pfade weiterführten. Der eine endete in der Struktur eines Kammes. Der andere leitete, in entgegengesetzter Richtung, zu einem zweiten, kleineren Kreis. Von diesem wiesen zwei kurze Pfade weiter, einer mit rechtwinkeligem Abschluss, der andere wiederum in der Form eines dreizackigen Kamms.

August 1997, Tressdorf im Gailtal, Kärnten

In der Region der Gailtaler Alpen wurde ein Kornkreis eines *Sonnenrades* entdeckt: ein achtstrahliger Stern im Zentrum eines Kreises, umringt von zwei großen Kreisen. Diese geometrische Symbolik findet sich häufig als Motiv prähistorischer Felszeichnungen und lässt ebenso einen Zusammenhang mit dem »Erdstall-Rätsel« erkennen. Das »Zwergenloch« von *Röschitz* im niederösterreichischen Weinviertel zeigt an der Wand eine Gravur, die dem exakten Abbild des Tressdorfer Kornkreises entspricht.

Juli 1999, Karnabrunn, Bezirk Korneuburg, Niederösterreich

Im südlichen Weinviertel, nahe dem Wallfahrtsort *Karnabrunn*, entstand das bisher schönste Kornkreismuster mit einem Durchmesser von 80 Metern: Das Zentrum bestand aus einem Kreis, der durch eine geschwungene Linie halbiert war und an das kosmische *Yin-Yang-Symbol* der chinesischen Philosophie erinnerte. Den Innenkreis berührte eine Ellipse und diese wiederum einen großen Außenring. Abschließend markierten sechs kleine symmetrisch angeordnete Kreise das Bodenmuster. Landwirte klagten über enorme Flurschäden, da die Getreidehalme zu einem Zeitpunkt schadhaft wurden, als die Ausbildung der Körner noch nicht abgeschlossen war. Der Wiener UFO-Forscher *André Eichner* machte bei der Felduntersuchung eine seltsame Erfahrung: »Als ich mich dem Kornkreis näherte, gab zuerst der Nickelmetall-Akku meiner Digitalkamera innerhalb weniger Sekunden den Geist auf. Ich hatte ihn am selben Tag in der Früh frisch aufgeladen. Dann nahm ich die Akkus aus dem GPS-Empfänger [Global Positioning by Satellite, R. H.] heraus. Sie zeigten ›volle Leistung‹ an, also steckte ich sie in die Kamera. Das gleiche Ergebnis: leer! Nun bat ich meinen Kollegen Oliver, ein paar Aufnahmen zu machen. Als er mit seiner Kleinbildkamera den Auslöser drückte, wiederholte sich das Phänomen: auch seine Batterie zeigte das Symbol ›leer‹ an. Fotografieren war nicht möglich. Ein dritter Mitarbeiter hatte ebenfalls mit seiner Kamera Batterieprobleme. Erst als ich aus unserem Auto Ersatz-Akkus holte, glückten zumindest einige Aufnahmen.«

Juni 2000, Traunfeld, Bezirk Mistelbach, Niederösterreich

Von der Medienpräsenz verschont erschien im nördlichen Weinviertel ein Kornkreis in Formation eines *Sonnenrades*, ähnlich jenem in Tressdorf 1997. Durchmesser: 50 Meter. Das Projekt Z.E.U.S. (Zentrale Erfassung ungewöhnlicher Sichtungen) wurde auf ihn aufmerksam gemacht. In der Mitte des Musters war eine

Konnte sich dem großen Medienrummel entziehen: ein kaum bekannter Kornkreis, der im Sommer 2000 in Traunfeld (NÖ) zum Vorschein kam. (Bild: Oliver Stummer)

aufrechte, verknotete Wirbelstruktur vorhanden. Die Halme zeigten die üblichen Biegungen mit geschwollenen Knoten, ohne gebrochen zu sein. Vom Zentralkreis führten sechs geschwungene Viertelkreisbögen zu einem Außenring. Die Breite der Pfade lag generell bei 2 Metern. Jenseits des Außenringes fanden sich noch sechs kleine Kreise in regelmäßigem Abstand von je 3 Metern im Durchmesser. Sie hatten ein besonders präzises Wirbelmuster im Zentrum. Augenzeugen berichteten von einem blinkenden Leuchtobjekt, das über der nahe gelegen Bundesstraße Ende Juni beobachtet worden war.

Juli 2003, Karnabrunn, Bezirk Korneuburg, Niederösterreich

Ebenfalls von den Medien unbeachtet kam bei Karnabrunn ein Kornkreis zum Vorschein, nur ein simpler Kreis, ergänzt mit einer Gruppe kleinerer »Satelliten«. Das Besondere: nur getrennt durch die Bundesstraße lag der neue Kornkreis genau gegenüber jenem Weizenfeld, wo bereits im Juli 1999 ein Muster erschienen war.

Juli 2004, Krumberg, Graz Umgebung, Steiermark

Der vorläufig letzte bekannt geworden Kornkreis war zugleich der erste in der Steiermark. Er wurde nordwestlich von *Graz* entdeckt. Die Struktur war einfach: ein Ring, der an der Innenseite von einem kleinen Kreis berührt wurde. Senkrecht zum Ring führte ein Pfad zu einem zweiten kleinen verwirbelten Kornkreis.

Was bei den Kornkreisen der Alpenrepublik ins Auge springt: die Anhäufung in Niederösterreich, insbesondere in der Region des uralten Kulturlandes *Weinviertel*. Ist es wirklich nur Zufall, dass gerade diese Gegend die prähistorische Heimat der geheimnisvollen *Kreisgräben* ist? Genauso wie bei den Kornkreisen liegt hier die größte Dichte dieser ehemaligen Monumentalbauten, die bereits vor 7000 Jahren existierten und weit älter als Stonehenge sind. Rund 40 solcher jungsteinzeitlichen Anlagen, die teilweise drei Ringe und einen Durchmesser von bis zu 180 Metern aufweisen, wurden bisher in Niederösterreich gefunden. Archäologen nehmen an, dass die Bodenringe von mächtigen Holzpalisaden behütet waren. Grundrisse solcher Bauten sind ebenso aus Deutschland, Tschechien, der Slowakei und Ungarn bekannt. Die meisten konnten erst in den letzten Jahrzehnten mittels Luftbildarchäologie ausfindig gemacht werden. Fest steht: Es sind die wahrscheinlich wertvollsten Bodendenkmäler unserer Ahnen. Und sie geben wie die Kornkreise Rätsel auf. Zu welchem Volk gehörten die früheren Architekten der Kreisgräben? Welche Funktion hatten die Anlagen? Die Wissenschaft hat darauf noch keine gesicherten Antworten gefunden. Waren es geheime Zufluchtsburgen? Dorfzentren? Dagegen spricht, dass die Bauten auf strategisch ungünstigen Plätzen liegen. Vielleicht Sonnentempel? Astronomische Observatorien? Wurden Menschen geopfert? Hatte man Fruchtbarkeitsrituale praktiziert? Waren es Orte, an denen Frauen der Jungsteinzeit ihre Kinder zur Welt brachten? »Wahrscheinlich dienten sie kultischen Zwecken«, orakeln Urgeschichtler.

Der Fantasie sind keine Grenzen gesetzt. Wiederum eine Gemeinsamkeit mit den vielfältigen Spekulationen zum Kornkreis-Rätsel. Einen Unterschied gibt es aber doch: die bis zu sechs Meter tiefen Gräben, die die Holzanlagen umschlossen, sind selbst nach Jahrtausenden noch an der Oberfläche sichtbar: durch andere Bodenfarben und anderes Pflanzenwachstum. Die Kornkreise hingegen haben ein Verfallsdatum: im September, wenn die Mähdrescher kommen, verschwinden sie. Zumindest bis zum nächsten Sommer.

Mich würde dennoch eine alte Verbindung zu den jungsteinzeitlichen Rundbauten nicht verwundern. Noch ist dieser Zusammenhang Spekulation. Dass Kornkreise aber bevorzugt im Umfeld prähistorischer Stätten in Erscheinung treten, ist zumindest sehr augenfällig. Unabhängig davon kann das Argument mancher Kritiker, die Kornkreise seien ein *modernes* Phänomen, klar widerlegt werden. Beispiele aus der Vergangenheit gibt es etliche. In dem alten Volksmärchen »*Die zwölf Schwäne*«, von *Ernst Wisser* 1948 aufgezeichnet, heißt es:

»*Jeden Morgen ging der Bauer hin zu dem Acker und weidete seine Augen an dem goldgelben Korn. Da war eines Morgens etwas davon niedergetreten, eine kreisrunde Fläche. [...] Als er näher zusah, da war er noch mehr verwundert. Denn der Weizen war niedergetreten und auch doch nicht niedergetreten, als wäre es nur von ganz leichten Füßen gewesen, und was bedeutete die kreisrunde Fläche?*«

Manche Sagen aus dem alten Europa erzählen von mythischen Wesen, die sich als *Fruchtbarkeitsgeister* in Feldern und Beeten aufhielten. Es heißt, dass diese Getreidedämonen durch *Windwirbel* im Korn sichtbar werden konnten. Sie sollen den Ähren nicht geschadet haben. Im Gegenteil, durch kreisrunde Bewegungen in Feldern »nicken die Ähren einander zu, werden befruchtet und sind dadurch freundlich gesinnt und gedeihen prächtiger«.

»Die geheimnisvollen Kreise in Getreidefeldern haben eine gewisse Ähnlichkeit mit der Tätigkeit des *Bimes-Schneiders*«, machte mich die Leserin *Elisabeth Kellermann* aus Deutschland aufmerksam. In einem Brief aus dem Jahre 1994 schrieb sie mir: »Der Bimes in Gestalt eines Mähers oder Schnitters spielte noch vor 100 Jahren eine große Rolle im Leben unserer ländlichen Bevölkerung. Von meiner Großmutter, deren Vorfahren alten oberpfälzischen Bauerngeschlechtern entstammten, erfuhren wir Kinder vom Bimes. Man hatte den Eindruck, dass sie sich eher scheute, von ihm zu erzählen.«

Frau Kellermanns Oma hatte mit der Landwirtschaft nichts mehr zu tun, aber von ihren Eltern und Großeltern waren ihr die Geschichten vom unheimlichen Korndämon in Erinnerung geblieben, ebenso Bemerkungen wie »Da hat der Bimes wieder gehaust«, wenn in den Feldern Ungewöhnliches zum Vorschein kam. Diese Vorfälle gab es, denn »die Großmutter sprach von seltsamen *Kreisen im Korn*, die der Bimes hinterlassen hatte«. Elisabeth Kellermann nachdenklich: »Irgendetwas muss doch dran sein an diesen alten Geschichten, da meine Großmutter ja Eindrücke beschrieb, die ihre Vorfahren selbst erlebt hatten. Von Getreidekreisen in England oder UFOs hatte sie mit Sicherheit nichts gewusst, hielt die Geschehnisse im Korn für Geisterspuk und Teufelswerk.«

Diese Überlegung deckt sich mit einer der ersten bekannten Überlieferungen eines Kornkreises aus dem Jahre 1678. Damals machte man den *Teufel* für den runden Abdruck in einem Haferfeld in England verantwortlich, »die zu vollbringen einen Menschen ein ganzes Menschenleben gekostet hätte, indes er nur eine Nacht brauchte«. Eine historische Flugschrift zeigt das Bild dieses »mähenden Teufels«. Viel hat sich seither an dem Phänomen nicht geändert. Nur Mephisto wurde inzwischen durch UFOs und Außerirdische ersetzt.

Sind hinter den Umtrieben in Getreidefeldern Kontaktversuche aus anderen Dimensionen oder einer Parallelwelt zu vermuten? Weshalb sollte es keine intelligenten Wesen geben, die sich aus mehr als vier Dimensionen zusammensetzen? Und warum sollten diese »Überdimensionalen« nicht imstande sein, sich mittels hochentwickelter paraphysikalischer Projektionstechniken in unsere dreidimensionale Welt zu projizieren, so wie wir dies, als *drei*dimensionale Wesen – hypothetisch – bei einer *zwei*dimensionalen Flächenwelt tun könnten?

»Intelligente Fallwinde«, elektrisch aufgeladene Plasmakugeln oder verborgene Kräfte aus dem Erdinneren werden ebenso als mögliche Erklärung für das Unerklärliche genannt wie neuartige Strahlenexperimente der Militärs, höhere Geistwesen und das kollektive Unterbewusstsein der Menschheit. Denkbar wäre auch, dass wir es mit einer noch unerforschten geistigen Ebene zu tun haben, die unabhängig von uns Menschen agiert. Vorerst bleiben all diese Überlegungen aber nur unbewiesene Hypothesen.

Die emsigsten österreichischen Kornkreisexperten, *Günther Schermann* aus Wien und *Jay Goldner* aus dem Salzkammergut, sind dem Kornkreis-Rätsel seit vielen Jahren vor Ort in Südengland auf der Spur. Sie halten publikumswirksame Symposien ab und initiierten im Jahre 2005 die erste große Kornkreis-Ausstellung in der Schweiz in *Interlaken*. Beide Forscher sind zur Überzeugung gelangt, dass nur »eine höhere Intelligenz für das Phänomen verantwortlich gemacht werden kann«. Das Forscherduo spekuliert: »Die enorme Vielfalt der auftretenden Formen kann vielleicht gar nicht mit dem rationellen, analytischen Verstand gedeutet werden, sondern wirkt bereits allein durch ihre universale Bildsprache, also direkt auf das Unterbewusstsein des Betrachters ein.« Goldner hält es darüber hinaus für möglich, auf *telepathischem* Weg mit dieser fremden Intelligenz in Kontakt zu treten. Dazu müssten wir allerdings erst erkennen und entschlüsseln, was jene unbekannten Lebensformen mit ihren Botschaften (so es solche sind) im Schilde führen.

Dienen wir womöglich nur als Spielball eines gewaltigen kosmischen Experiments? Werden wir als »Versuchskaninchen« benützt? Erlauben sich die genialen Kornkreismacher einen spaßigen Intelligenztest mit uns? Wurden uns die Wunder im Korn womöglich gleich Mohrrüben vor die Nase gesetzt? Sollte es so sein, können sich die Experimenteure freuen, denn – wir haben »angebissen«.

Wer sind nun diese anonymen Superintelligenzler? Vermutung meinerseits: Es sind Studenten der Technischen Universität Wien, die ganz im Sinne der Skeptiker die Kreismuster ins Korn bannen: *Jahrgang 2500!*

Plötzlich erschien die Jungfrau Maria

Sinnestäuschung, Gottesbeweis oder Außerirdische?

Offenbarungen der Heiligen Jungfrau *Maria* sind ein weit verbreitetes Phänomen. Die letzte kirchliche Anerkennung erfolgte für die 1933 belegten Erscheinungen in dem kleinen belgischen Dorf *Banneux*. Das himmlische Wunder hat sich seither hunderte Male an den verschiedensten Orten der Welt wiederholt. Dennoch fanden diese bezeugten Visionen entweder nur lokale Anerkennung, wurden in der Prüfung verzögert oder erst gar nicht begonnen und als »Privatoffenbarungen« abgelehnt. Weshalb das so ist, will mir nicht recht einleuchten – denn: die »unheimliche Begegnung der göttlichen Art« lief immer nach dem *gleichen* Muster ab. Halbwüchsige oder naiv veranlagte fromme Frauen und Männer – anscheinend für mediale Kontakte besonders empfänglich – begegneten einer Lichtgestalt. Aus zwei Jahrtausenden liegen über 900 gut dokumentierte Berichte vor. Zwei Dutzend davon sind aus Österreich bekannt.

Die älteste Muttergottesvision, die ich aufstöbern konnte, führt nach *Mühllacken*, einem Teil von Feldkirchen an der Donau in Oberösterreich. Hier soll sich Maria dem aussätzigen Knappen *Bruno* anno 1300 offenbart haben. Während sein Herr, der Ritter *Hans von Schaumburg*, in Gefangenschaft der Sarazenen geriet, kehrte Bruno alleine und geschwächt in seine Heimat zurück. Die Madonna gab ihm Anweisungen, wie er wieder gesund werden könnte: »Längs dem Persenbach wirst du eine Quelle finden, die aus einem Felsen sprudelt, bade im Wasser dieser Quelle im Namen Jesu und du wirst geheilt!« Der Knappe folgte dem Rat der Erscheinung und wurde gesund. Die Heilung wurde bekannt, den Persenbach gibt es immer noch und so entstand Bad Mühllacken, heute ein beliebter Kneipp-Kurort im Mostviertel.

Ist die Geschichte zur Ortsgründung bloß erfunden? Vielleicht ein voreiliger Schluss. Ungeklärte Geschehnisse, wie jene in den berühmten Erscheinungsorten *Guadalupe* in Mexiko (1531), *Lourdes* in Südfrankreich (1858) und in jüngerer Zeit *Medjugorje* in Bosnien-Herzegowina (1981 bis 1985), machen selbst Skeptiker stutzig. Ein Fall ragt besonders hervor: *Fátima* in Portugal, das sich zum bedeutendsten Marienheiligtum des katholischen Christentums entwickelte. 1915 wollten die Hirtenkinder *Lucia*, *Jacinta* und *Francisco* »über den Bäumen des Tales schwebend eine Wolke, weißer als Schnee, durchsichtig und von menschlicher Gestalt« erblickt haben: Ihr Erlebnis wiederholte sich den Angaben der drei zufolge im darauffolgenden Jahr. Sie bemerkten »vom Osten her über den Wald hinweg ein glänzend weißes Licht«. Es habe »die Gestalt eines durchsichtigen Jünglings« angenommen, der »strahlte wie ein Kristall«. In den folgenden Sommermonaten soll sich das geheimnisvolle Lichtwesen den Kindern mehrmals gezeigt haben.

Am 13. Mai 1917 begann dann die eigentliche Serie der Marienerscheinungen. Die Kinder waren auf der Weide und hüteten Schafe. »Ein Blitz bei hellem Sonnenschein« sei plötzlich aufgeleuchtet, was zunächst an ein aufkommendes Gewitter denken ließ. Dann aber folgte »ein zweiter Blitzstrahl, noch mächtiger als der erste«. Eine wunderschöne Frau trat hervor. Sie schien über einer Steineiche zu schweben, umstrahlt von hellem Lichtglanz. Die fremde Dame versicherte, sie käme aus dem Himmel, und forderte die Kinder auf, jeden 13. der folgenden Monate an den Erscheinungsort zu kommen. Im Oktober würde dann ein sichtbares Wunder geschehen, »damit es jeder glaube«.

Die Visionen hielten in den Folgemonaten an. Es dauerte nicht lange, bis sich die ungewöhnlichen Vorgänge in ganz Portugal herumgesprochen hatten. Die Zuschauermassen nahmen beständig zu, bis sich vor den Toren Fátimas am 13. Oktober 1917 an die 70.000 Menschen versammelt hatten. Strömender Regen hielt die Menge nicht davon ab, selbst Zeuge des angekündigten göttlichen Schauspiels zu werden. Niemand wusste, in welcher Form es sich darstellen würde, und keiner der Anwesenden – von Lucia, Jacinta und Francisco abgesehen – bemerkte »die Dame in einer Lichtwolke«. Doch dann geschah das Unglaubliche, das später als »Sonnenwunder« oder »Sonnentanz« auslegt wurde. Alle Berichte stimmen in den wichtigsten Punkten überein. Am Zenit erschien die Sonne in Gestalt einer silberglänzenden Scheibe, die ähnlich einem Feuerrad immer schneller zu rotieren begann und in allen Farben des Regenbogens leuchtete. Plötzlich löste sich die Sonne vom Firmament und stürzte in zickzackförmigen Flugbewegungen blutrot zur Erde herab, blieb kurz über der Menschenmenge stehen, stieg wieder empor und verschwand schließlich jenseits der Wolkendecke. Etwa 10 Minuten dauerte das Spektakel. Danach sanken die Siebzigtausend in die Knie, weinten, beteten und riefen: »Mein Gott, das Wunder! Das Wunder!« Bis zu einer Entfernung von etwa 40 Kilometern konnte der Himmelsspuk beobachtet werden.

Eine plausible Erklärung fehlt bis zum heutigen Tage. Darf deshalb hinter den Ereignissen von Fátima tatsächlich ein *göttliches Wunder* vermutet werden? Das leuchtet mir wiederum nicht ein. Warum sollte die Mutter des *allmächtigen* Himmelvaters mit einem Sonnenwunder*trick* versucht haben, die Menschenmenge von ihrer Realität zu überzeugen? Hinzu kommt, dass kein Observatorium auf der Welt während der Massenvision eine Abweichung im Verhalten der Sonne bemerkt hatte. Ist es denkbar, dass hunderte, ja tausende Menschen bloß das Opfer ihrer überhitzten Fantasie geworden sind? Und zwar am gleichen Ort, zur gleichen Zeit und mit jeweils dem gleichen Bild in allen seinen Einzelheiten? Das leuchtet mir noch weniger ein. Wenn keine Sinnestäuschung – was war es aber dann? Hat etwa die psychische Energie, die von der Menschenmenge ausging, das »Sonnenwunder« entstehen lassen? Oder existiert doch eine *über*irdische Macht, die mit Menschen auf diesem Planeten Kontakt aufnehmen will? Lenkte womöglich eine *außer*irdische Intelligenz das »religiöse Wunder« von Fátima? Das muss für strenggläubige Katholiken als Gotteslästerung verstanden werden.

Faktum ist, dass Marienerscheinungen vieles mit dem modernen UFO-Mythos gemeinsam haben: Es treten merkwürdige Lichterscheinungen auf, die von einer oder mehreren Personen gesehen werden. Es erscheinen Maria, Engel oder eben außerirdische Wesen. Manchmal werden kryptisch anmutende Botschaften übermittelt und Anweisungen gegeben, auffallend oft für den Bau einer Kapelle an bestimmten Plätzen. Weshalb? Könnte es sein, dass Kapellen und Kirchen an Erscheinungsorten womöglich »Sendeanlagen« ins All sind? Das Phänomen ist vielfältig. Betroffene schildern Wahrnehmungen, die man auch aus der parapsychologischen Forschung kennt: Spontane Heilung, Sprechen in unbekannter Sprache, anormales Zeitempfinden, Bewegungsstarre, Levitation oder Hellsehen. Eines aber vereint alle Erscheinungen: Sie verhalten sich wie eine *Lichtprojektion*, die ebenso blitzartig verschwindet, wie sie gekommen ist.

Egal ob nun frommer Pilger, kunstinteressierter »Adabei« oder neugieriger »Sonntagsforscher«: in unserer Heimat lassen sich viele wundertätige Spuren der Gottesmutter finden. Beginnen wir unseren Streifzug im westlichsten Bundesland. Zwischen Bregenz und Dornbirn liegt – vom Massentourismus weitgehend verschont – der schönste Aussichtspunkt Vorarlbergs: die 700-Seelen-Gemeinde Bildstein. Die Entstehung des Ortes wird auf das Jahr 1390 datiert. In früheren Jahrhunderten soll auf einem Felsvorsprung die Darstellung der Jungfrau Maria sichtbar gewesen sein. Von »*Bild auf dem Stein*« kam es allmählich zum Ortsnamen Bildstein. Den alten »Kultstein«, der mit rätselhaften Gravuren versehen ist, gibt es noch immer. Er liegt etwa einen Kilometer unterhalb der barocken Wallfahrtskirche, die 1692 an Stelle einer hölzernen Kapelle errichtet wurde. Unweit davon befindet sich die Erscheinungskapelle. Hier soll sich den halbwüchsigen Brüdern *Martin* und *Johannes Höfle* im Jahre 1629 eine Frau »ganz weiß und glänzend wie die Sonn« offenbart haben.

Weiter östlich, im heiligen Land Tirol mit seiner idyllischen Bergwelt, sind mehrere Erscheinungsorte bezeugt. Ein beliebter Wallfahrtsort ist *Heiligwasser*. Er liegt bei Igls in der Nähe von Innsbruck. Hier suchten im Jahre 1606 die Bauernburschen *Johann* und *Paul Mayr* nach ihrem verlorenen Vieh. Bei einer Quelle, die früher *Butterbrünnlein* genannt wurde, erschien den Knaben die Muttergottes. So erzählt es die alte Legende. Die Madonna zeigte ihnen, wo die verlorenen Tiere zu finden seien, und äußerte gleichzeitig den Wunsch, dass man genau an der Stelle ihrer Erscheinung auf 1240 Meter Seehöhe ein Heiligtum errichten solle. Eine Holzkirche wurde gebaut, die später jedoch abbrannte. 1665 hat man sie durch das gemauerte barocke Kirchlein »*Maria-Schnee am Patscherkofel*« ersetzt. Bis dahin kann man die Geschichte glauben oder eben nicht. Als 1989 Renovierungen am brüchig gewordenen Fundament des Gotteshauses vorgenommen wurden, war die Verblüffung groß: Bauarbeiter entdeckten im Bereich des Hochaltars einen Felsen mit einer Wasserrinne. Genau hier lag der ursprüngliche Platz der Erscheinung, von dem die Legende erzählt, und exakt darüber wurde die Kirche gebaut!

Nur 25 Kilometer östlich von Igls entfernt liegt Schwaz. Von dort ist es dann nur mehr ein Katzensprung zum nächsten Erscheinungsort: *Maria Tax* in Stans. 1667 soll Maria dem Besitzer des Pichlergutes erschienen sein und die Weisung zur Errichtung einer Kapelle gegeben haben. Diese steht nun als einsames Wallfahrtskirchlein mitten im Wald. In früheren Zeiten wurde die Kapelle häufig von Pilgern und Wanderern besucht, um Nöte und Anliegen der himmlischen Mutter vorzubringen. Heute ist der Erscheinungsort nahezu vergessen.

In Kärnten sind die göttlichen Eingriffe beinahe ebenso vom Zahn der Zeit zerstört. Ein seltsamer Vorfall ist aus Kötschach-Mauthen im Bezirk Hermagor, nahe dem Plöckenpass, überliefert. Kötschach und Mauthen sind erst seit 1958 eine Gemeinde, südlich der Gail liegt Mauthen, nördlich *Kötschach*. Dort soll 1707 dem Mesnergehilfen in der Pfarr- und Wallfahrtskirche die Jungfrau Maria begegnet sein. Sie gab den Auftrag, ihr Gnadenbild 12 Stunden lang kniend zu verehren. Außerdem ermahnte das Lichtwesen den jungen Mann, weiterhin im Kirchendienst zu bleiben, und versprach dafür dem Ort, seinen Einwohnern und den Pilgern ihren Schutz. Am 29. April desselben Jahres geschah etwas Unbegreifliches: Mitten in der Nacht läuteten wie von Geisterhand geführt die Kirchenglocken. Niemand wusste warum. Als die Einwohner dem Spuk auf die Schliche kommen wollten, fanden sie die Kirche strahlend hell erleuchtet, ohne dass sie sich erklären konnten, wie dies geschehen war. Sie beteten ergriffen, als gegen ein Uhr morgens das Lichtphänomen plötzlich von selbst wieder erlosch.

Verweilen wir noch in Kärnten. Wer mit seinen vier Rädern östlich von Klagenfurt unterwegs ist und vor der Autobahnabfahrt nach Poggersdorf das Schild mit dem Hinweis »*Autobahnkirche Dolina – Maria im Walde*« bemerkt hat, ist dem Erscheinungsort greifbar nahe. Am Platz der heutigen Kirche soll dem historischen Bericht zufolge Maria drei Hirtinnen erschienen sein. Als Datum wird der 17., 18. und 19. Juni anno 1849 genannt. Bald nach den Muttergottesvisionen setzte eine Wallfahrt ein. Einige Jahre später wurde am Ort der Offenbarung mitten im Wald eine Holzkapelle errichtet, die durch eine gemauerte Kirche ersetzt werden sollte. Sollte, denn sie wurde nie fertig gebaut. 1861 hatte man damit begonnen, zwei Jahre später wurden Gebäudebereiche eingeweiht. Erst 1887 machte man sich an dem Bau eines Turmes heran, der 1889 einstürzte und das Kirchenschiff zerstörte. Danach begnügte man sich mit dem Altarraum, bis man 1957 ein schlichtes Kirchenschiff an den mächtigen Chorraum anfügte. Ein altes Gnadenbild, das ein einheimischer Künstler nach den Berichten der drei Mädchen anfertigte, erinnert noch an den in Vergessenheit geratenen »Fingerzeig Gottes«.

Es gibt Erscheinungsorte, die mit angeblich wunderwirksamen Heilquellen im Zusammenhang stehen. Neben dem bereits erwähnten Mühllacken finden wir im Südosten Oberösterreichs ein solch verschwiegenes Plätzchen, dort wo die Natur noch aus dem Vollen schöpft. *Rosenau* heißt die romantische Ortschaft, nicht zu verwechseln mit dem Namensvetter aus dem Waldviertel, die für ihre starke natürliche Energie mit außergewöhnlichem Quellwasser bekannt ist.

Im 19. Jahrhundert sollen hier vom Vatikan abgesegnete Wunder geschehen sein. Eine Legende erzählt davon, dass 1859 der dreijährige *Johann Brunnsteiner* erblindete. Nach etlichen Monaten soll er von seinen Eltern zur Rot-Kreuz-Kapelle am Hengstpass gebracht worden sein. Dort sei dann die gekrönte Gottesmutter mit dem Jesuskind erschienen und habe ihn von seiner Blindheit geheilt, indem seine Augen mit dem altbekannten Heilwasser benetzt wurden. Neben der kleinen Kapelle in fast 1000 Metern Seehöhe sprudelt das »Wunderwasser« unverändert in alter Frische.

Der bedeutendste Erscheinungsort Niederösterreichs befindet sich am Tor zur Wachau: die Wallfahrtsstätte *Maria Taferl* bei Marbach an der Donau. Im Jahre 1642 erwarb hier der Gemütskranke *Alexander Schinagel* bei einem Holzschnitzer ein kleines Gnadenbild und nahm es mit nach Hause. In der Nacht vernahm er eine Stimme: »Alexander, willst du gesund werden, dann nimm das Marienbild und trage es auf den *Taferlberg* zur großen Eiche.« Gesagt, getan. Bald darauf war der Trübsinnige gesund. Ab 1658 kam es laut Historien drei Jahre lang zu zahlreichen Erscheinungen weiß gekleideter Gestalten, die sowohl am hellen Tag wie in der Nacht vom Waldrand schwebend zur Eiche zogen. Die Lichtphänomene wurden von vielen Menschen beobachtet und sind durch Eid amtlich bestätigt. Um die »Baumreliquie« wurde 1660 der Grundstein zur heutigen Wallfahrtsbasilika gelegt. Danach hörten die Erscheinungen allmählich auf. Wegen eines Brandes wurde die Eiche an der Stelle des heutigen Hochaltars durch eine Nachbildung ersetzt. Was den Ort weiters so anziehend macht: eine rätselhafte Platte aus Granit, »Taferlstein« genannt, die neben der Kirche steht. Kulturhistoriker glauben in ihm einen »Keltischen Opfertisch« erkannt zu haben. Bewiesen ist das nicht. Nur so viel: die Stelle beim »Taferlstein« muss bereits in der Vorzeit ein heiliger Platz gewesen sein.

Der für mich ungewöhnlichste Fall einer Marienerscheinung führt in die kleine Gemeinde *Eisenberg* in der Nähe von St. Martin im Burgenland, mitten im Dreiländereck von Österreich, Ungarn und Slowenien. Als ich den Erscheinungsort aufsuchte, hatte ich Gelegenheit, mit der heute 58-jährigen Seherin *Anne Marie Lex* zu sprechen. Ihre Begegnung mit einer seltsamen Lichtgestalt ist bis zum heutigen Tag nicht ihrem Gedächtnis entschwunden. Die geistig rege Frau und Mutter zweier Kinder erinnert sich noch genau daran, was damals am 8. September 1954 geschah, um sich in diesem Zusammenhang sofort von jeglichem religiösen Humbug zu distanzieren, der später um die ganze Geschichte gemacht worden ist.

Die damals sechsjährige Anne Marie Lex war nach eigenen Worten hinter das Haus gegangen, um auf dem Misthaufen ihre Notdurft zu verrichten. Zu jener Zeit gab es in diesem weltabgeschiedenen Ort noch keine Toiletten und Kanalisation. »Plötzlich aber«, so erzählt sie mir, »ist ein Wind aufgekommen, der immer heftiger wurde, wie ein starker Sturm. Die Hühner im Hof waren ungewohnt aufgereiht, flatterten hin und her – und konnten sich auf einmal nicht mehr bewegen: Aufgereiht standen sie nun da und wirkten wie gelähmt. Zuerst dachte ich an einen über uns kreisenden Hühnergeier und blickte ängstlich nach oben. Aber da war kein Vogel, sondern etwas, das aussah wie eine *helle Kugel*. Ganz klein schien sie am Himmel zu schweben, aber bald wurde sie größer und größer, kam immer näher. Meine Angst wuchs. Ich versuchte davonzulaufen, doch es ging nicht. Ich war außerstande, mich von meinem Platz zu bewegen, war plötzlich ebenso gelähmt wie die vor mir stocksteif dastehenden Hühner.«

Die Kugel aus blendendem Licht sei inzwischen fast ganz heruntergekommen, erfuhr ich weiter. Sie sei dicht über ihr geschwebt und jetzt habe sie darin auch eine helle leuchtende Gestalt wahrgenommen: »Ganz schneeweiß ist sie gewesen, mit einem Rosenkranz und einem Kreuz. Ich war in dem Augenblick davon überzeugt, den *Himmelvater* über mir zu sehen.« Nach einiger Zeit – Frau Lex vermag sich nicht mehr zu erinnern, wie lange das gedauert hatte – sei die weiße Gestalt ebenso verschwunden gewesen wie die Lichtkugel selbst. »Ich konnte mich plötzlich wieder bewegen und auch die Hühner rannten, aufgeregt gackernd, über den Hof.«

Die kleine Anne Marie lief sofort ins Haus, wo sie ihrer Mutter in der Küche von dem unheimlichen Vorfall erzählte. »Die wollte mir zunächst nicht glauben, und es dauerte eine geraume Zeit, bis ich sie von dem für mich unfassbaren Geschehnis überzeugt hatte«, erinnert sich die Augenzeugin. Erst später habe ihr die Mutter einzureden versucht, eine Erscheinung der Heiligen Jungfrau Maria gehabt zu haben. Sie selbst scheint diese Ansicht auch jetzt, nach so vielen Jahren, nicht unbedingt zu teilen.

Noch etwas macht Eisenberg zu etwas Besonderem: das so genannte »*Rasenkreuz*«. Seit 1956 ist es genau an der Stelle des Eisenberger Erscheinungsortes wie von Geisterhand geschaffen im Boden eingeprägt, praktisch über Nacht entstanden. Es blieb bis heute in seiner Struktur erhalten und ist zur Wallfahrtsstätte geworden. Die *Hochschule für Bodenkultur* in *Wien* machte auf Veranlassung der Gendarmerie Bodenproben und konnte durch Vergleiche innerhalb und außerhalb des Kreuzes sowie durch Analysen der Pflanzen im Kreuz keinerlei Anzeichen dafür finden,

Ungeklärt ist die Herkunft des geheimnisvollen Rasenkreuzes in der burgenländischen Gemeinde Eisenberg. (Bild: Familie Lex, mit freundlicher Genehmigung)

dass der Boden irgendwie manipuliert worden wäre. Bemühungen, das Rasenkreuz mit Hilfe von Unkrautvertilgungsmitteln »nachzumachen«, scheiterten kläglich: Es gelang weder, die scharfen Linien zu »kopieren«, noch den Welkprozess über längere Zeit hin zu erhalten. Ebenso führten Strahlenmessungen zu keinem plausiblen Ergebnis.

Es konnte nicht ausbleiben, dass sich die Kirche für das mysteriöse Rasenkreuz zu interessieren begann. Beim Klerus nahm man allerdings das »göttliche Zeichen« nur spöttisch zur Kenntnis. Jedenfalls ist die Episode verbürgt, wonach der Ortspfarrer am 26. Februar 1968 – einem Faschingssonntag – bei der Bäuerin *Aloisia Lex*, der Mutter von Anna Marie, vorstellig wurde und die Frau mit einem etwas seltsamen Vorschlag überraschte. Sie solle doch das Kreuz in ihrem Garten umgraben lassen, danach zwei Jahre warten und die Stelle dann zubetonieren. Sollte dann trotz allem das Kreuzgebilde wieder zum Vorschein kommen, wäre auch er willens, hierbei an ein göttliches Wunder zu glauben, und die Kirche in der Lage, das Rasenkreuz als Zeichen des Himmels anzuerkennen.

Mehr Verständnis zeigt ein alter Dorfbewohner aus Eisenberg. Zum Rasenkreuz befragt meint er nachdenklich: »Irgendwas muss scho' dran sei' mit'm Kreuz, sonst hätt' der Vater Lex nicht sei' g'liebtes Kart'nspiel in der Wirtschaft auf'ghört, von dem Tag an, wo's Kreuz in sei'm Gart'n g'word'n is' ...«

Wie im Fall Fátima ist es schwer vorstellbar, dass hier der Schöpfer des Universums oder die Mutter von Jesus Christus ihre Hände im Spiel gehabt hätten. Die Vorfälle in Eisenberg lassen klar eine Übereinstimmung mit ähnlichen Erlebnissen erkennen, wo unbekannte Flugkörper niedergingen und darauf nicht vorbereitete Personen mit deren Insassen in Berührung kamen. UFOs? Außerirdische? Wenn dem so wäre, weshalb tarnt sich dann diese unbekannte Intelligenz als Engelwesen oder Gottesmutter und zeigt nicht ihr wahres Gesicht?

Streitbare Fragen, die dem inzwischen verstorbenen Naturwissenschaftler und UFO-Experten *Johannes Fiebag* schlaflose Nächte bereiteten. Seine Studien führten zu einer neuen Bewertung der UFO-Phänomene und der Marienerscheinungen. Demnach wären sie das Produkt »außerirdischer Intelligenzen«, die fähig sind, uns zu besuchen, und einen technologisch so hohen Standard besitzen, dass sie ihr Erscheinen dem jeweiligen intellektuellen Niveau der Menschen unterschiedlicher Zeiten und Kulturen anpassen können. Fiebag bezeichnete dieses Verhalten, entlehnt aus der Biologie, als *Mimikry*, wonach es Tieren gelingt, durch »Anpassung« und »Tarnung« etwas vorzugeben, was sie in Wirklichkeit gar nicht sind. Übertragen bedeutet dies, außerirdische Intelligenzen passen sich unseren Vorstellungen, unseren Fantasien, Ängsten und Hoffnungen an. Doch was wäre das Motiv für eine solche Vorgangsweise mittels »Tarnkappe«? Johannes Fiebag vermutete religiöse Motive, die den Fremden ein Optimum an Operationsmöglichkeiten schafft. Und einen Vorteil hätte die Alien-Aktion auf jeden Fall: göttlichen Erscheinungen widerspricht man nicht!

Ein himmlisches Rätsel harrt der Lösung.

TEIL III

Übersinnliche Phänomene

»*Wo's dunkel wird, beginnt das Okkulte.*«

Anton Kuh (1890–1941),
österreichischer Erzähler

Na, so ein Zufall!

Kuriose Koinzidenzen und das verloren geglaubte Buch

Man könnte sich in das Drehbuch zu einem Horrorfilm versetzt fühlen: in der Rokitanskygasse im 17. Wiener Gemeindebezirk steht ein unheimliches Todeshaus, in dem alle zehn Jahre eine verwesende Leiche gefunden wird. Die Todesserie begann im Jahre 1979 im 3. Stock des Hauses, wo ein 40-jähriger Mann wohnte. Er saß drei Wochen lang tot auf dem Gangklo, ehe er entdeckt wurde. Ein Wetterumschwung machte die Nachbarn misstrauisch. Die Gerüche aus der Toilette waren ungewöhnlich streng.

1989 schlug die Todesserie im 2. Stock zu: Damals verstarb eine ältere Dame. Sie hatte den Nachbarn erzählt, sie wolle Verwandte besuchen. Daher war niemand beunruhigt, als man die Frau einige Wochen nicht sah. Als man sie fand, saß sie im Fernsehsessel und war bereits drei Wochen tot.

Im September 1999 stieg den Nachbarn wieder einmal Verwesungsgeruch in die Nase. Diesmal roch es verdächtig aus der Wohnung eines 36-jährigen Mieters im 1. Stock. Die Polizei ließ die Türe öffnen und fand den Mann tot in der Wohnung. Er war zwei Wochen zuvor verstorben. Einen Hinweis auf Fremdverschulden konnten die Polizeibeamten nicht finden.

Es ist anzunehmen, dass sich die Parterrewohnungen in dem Gebäude nicht besonderer Beliebtheit erfreuen. Denn wenn man der schaurigen Serie an Gesetzmäßigkeiten folgt, wäre es im Jahre 2009 wieder so weit.

Schicksal, Fügung, makabre Zufälle? Täglich erfahren wir aus den Medien von Dingen, die oft so verrückt, irrwitzig oder tragisch sind, dass wir sie kaum glauben können. Wie ist es möglich, dass ein Mensch, dessen Fallschirm versagt, aus 1700 Meter Höhe einen freien Fall überlebt? Welche vernünftige Erklärung hat man dafür anzubieten, dass ein blinder Mann wieder sehen konnte, nachdem er von einem Blitzschlag getroffen wurde? Oder, wie es bereits des Öfteren vorgekommen ist, ein verletzter Zwilling Schmerzen erdulden muss und der andere – ohne Verletzung – fast genauso darunter leidet? Glücklicher oder tragischer Synchronismus, den wir mit unserem Verstand scheinbar nicht beeinflussen, steuern und begreifen können? Jeder von uns erinnert sich gewiss an Begebenheiten, die einem selbst oder Bekannten zugestoßen sind. Bestimmte Vorahnungen oder Wahrträume, die sich später als begründet erwiesen hatten. Parapsychologen sprechen von *präkognitiver* Wahrnehmung, indem die Zukunft vorweggenommen wird. Es geht dabei um die überraschende »Erfüllung« eines Vorauswissens und nicht bloß um Erwartungen oder Kenntnisse, auf die schon im Voraus zu schließen war. Gibt es ihn wirklich, den sechsten Sinn? Und was sind die Ursachen von Hellsichtigkeit und rätselhafter, aber allgegenwärtiger »Zufallsgesetze«?

Das Wort *Zufall* ist ein hilfloser, inhaltsleerer Begriff für das Absurde. Seit 2000 Jahren sind Mathematiker und Bewusstseinsforscher bemüht, die Gründe für unglaubliche Zusammenhänge herauszufinden. Erst die moderne Wissenschaft entwickelte Thesen zum besseren Verständnis des Phänomens. Eine besagt, dass Personen, Dinge und Vorgänge durch *Ähnlichkeiten* miteinander »sinnverwoben« sind. Die Zufallsforschung spricht dann vom *Koinzidenz-* oder *Synchronizitäts-Prinzip*, das auch paranormale Geschehnisse mit einbezieht. Der bedeutende Schweizer Tiefenpsychologe *Carl Gustav Jung* (1875–1961) hat sich zeitlebens mit diesem Thema beschäftigt. Er gelangte zur Überzeugung, dass man die Erklärung jenseits dessen suchen müsse, was normalerweise als Ursache und Wirkung bezeichnet wird. Jung hielt es für möglich, dass noch andere Formen von Raum und Zeit existieren. Nach diesem Modell könnten unerklärliche Zusammenhänge auf unbekannte Weise in Beziehung zueinander stehen.

Wer oder was zieht die Fäden des Schicksals? Stimmt der Eindruck, dass »irgendetwas mit uns spielt«, wie der amerikanische Chronist *Charles Hoy Fort* (1874–1932) launig vermutet hatte? Manche »Zufälle« sind so grotesk, dass man in der Tat annehmen könnte, ein »kosmischer Kobold« treibe im Hintergrund seine Späße mit uns Erdenbürgern. Geistert so ein überirdischer Witzbold durch Raum und Zeit? Ob man daran glauben mag oder nicht: seine Fingerabdrücke sind zahlreich zu finden! Am auffälligsten bei *Schriftstellern*. Das mag möglicherweise damit zusammenhängen, dass Dichter als besonders »wahnsinns-nah« gefährdet sind. Studien zeigen, dass bei dieser Spezies die Gratwanderung zwischen Genie und Wahnsinn sehr eng gefasst ist. Das hat der englische Psychiater *Felix Post* in den 1990er Jahren herausgefunden. Er präsentierte damals seine brisanten Forschungsergebnisse im »*British Journal of Psychiatry*«. Demnach werden kreative Künstler häufiger als die »Normalbevölkerung« von Depressionen, Alkohol- und Drogensucht, Verfolgungswahn, Selbstmordabsichten und Aggressionen geplagt. Bei der Befragung von 100 schreibenden Zeitgenossen zeigten sich deutliche Abstufungen: Am gefährlichsten leben Dramatiker und Romanciers. Relativ wenig gefährdet sind Poeten. Seltsam, dass Sachbuchautoren in dieser Statistik nicht genannt werden. Kann das als gutes oder als schlechtes Omen gewertet werden?

Ob es an den Autoren liegt oder nicht: Die Welt der Bücher hat ihre eigenen Gesetze. Wie kann man erklären, dass Romane nach Jahrzehnten Wirklichkeit werden, ohne dass ein kausaler Bezug zwischen Romaninhalt und wirklichen Geschehen besteht? Bei Science-Fiction-Autoren ist dieses geradezu prophetische Vorausdenken besonders stark ausgeprägt. Nun könnte man einwerfen, die Autoren des Fantastischen hätten lediglich aufgrund ihrer scharfsinnigen Einschätzung zukünftige technologische Entwicklungen vorweg dargestellt. Die »Literaturpropheten« hätten demzufolge mittels logischer Kombination die Zukunft »erraten«.

Berühmtestes Beispiel: *Jules Verne* (1828–1905). Der »Vater der Science Fiction« hat Erfindungen wie das U-Boot, den Zeppelin, Flugzeuge, Fernsehen und Raumschiffe lange vor ihrer Entwicklung beschrieben. In seiner Version von der Mondlandung ging Verne weit über die Möglichkeiten logischer Kombinationsfähigkeit hinaus. Hier reicht die Floskel »Zufall« nicht mehr. Im Jahre 1865 erschien sein Buch »*Von der Erde zum Mond*«. Die Schilderungen entsprechen erstaunlich genau den tatsächlichen Ereignissen des Apollo-11-Fluges, der ein Jahrhundert später stattfinden sollte. Bis zur abschließenden Landung im Pazifik sind die entscheidenden Details des ersten Fluges, bei dem ein Mensch auf dem Mond landete, in vielen Details präzise genannt: die Form der Trägerrakete, der Schutzschild der Kapsel und auch der Start »von Florida aus«.

Wenn unglaubliche Zusammentreffen von Literatur und Wirklichkeit lediglich blinder Zufall wären, dann dürften solche Vorkommnisse nur sehr selten auftreten. Aber es geschieht immer wieder. Auch der Amerikaner *Edgar Allan Poe* (1809–1849), bekannt für seine makabren Geschichten, zählt zu den Schriftstellern, deren Werk synchrone Bezüge zur Wirklichkeit aufweist: die im Jahre 1838 veröffentlichte Kurzgeschichte »*The Narrative of Arthur Gordon Pym of Nantucket*« (zu Deutsch: »Die Geschichte des Arthur Gordon Pym aus Nantucket«) ist nicht jedermanns Geschmack. Poe beschrieb darin, wie drei schiffbrüchige Seeleute, lange Tage auf einem Floß treibend, einen vierten Matrosen töteten und anschließend verspeisten – und zwar einen Schiffsjungen namens

Richard Parker. Fast 50 Jahre später, nämlich 1884, berichtete die Londoner »Times« ausführlich über den Prozess gegen drei Schiffbrüchige, die sich mit einem Floß retten konnten. Vor Hunger fast wahnsinnig, hatten sie den vierten Mann auf ihrem Floß – nachdem sie lange Zeit auf dem Ozean getrieben waren – getötet und verspeist. Der Name des Opfers: Richard Parker!

Ähnlich mysteriös ist eine Erzählung von Poes Kollegen *Morgan Robertson,* der in »*Das Wrack der Titan*« genau 14 Jahre vorher die Jungfernfahrt der »Titanic« und ihren Untergang im Jahre 1912 beschreibt. Auch der Fall von Sir *Conan Doyle* (1859–1930), dem Schöpfer von »Sherlock Holmes«, mutet sonderbar an. Er fand eine Novelle des französischen Schriftstellers *Guy de Maupassant* (1850–1893), die nahezu identisch mit seinem Buch war, das er gerade in Arbeit hatte. Selbst der Ort der Handlung stimmte mit seiner Geschichte überein: dieselbe Herberge am Gemmipass in der Schweiz.

Der britische Autor *Arthur Koestler* (1905–1983), der sein Leben lang wissenschaftliche Beweise für »*Die Wurzeln des Zufalls*« suchte, prägte für die Zufälle mit Büchern den Begriff »*Bibliotheksengel*«. Die englische Reiseschriftstellerin *Rebecca West* (1892–1983) erzählte ihm, wie sie im »Royal Institute of International Affairs« ratlos vor den langen Regalen mit Arbeiten über die Nürnberger Prozesse gestanden hatte. Das Buch, das sie suchte, fand sie nicht und beschwerte sich bei einem Bibliothekar. Um ihm zu verdeutlichen, wie mühsam die Suche sei, griff sie zur Veranschaulichung wahllos ein Buch aus einem Regal heraus. Es war nicht nur das gesuchte Werk, sie hatte es auf genau der Seite aufgeschlagen, die sie brauchte.

Dem Hollywood-Schauspieler *Anthony Hopkins,* Hauptdarsteller in dem Kannibalen-Thriller »*Das Schweigen der Lämmer*«, ist eine noch groteskere Situation passiert. Er sollte die Hauptrolle in dem Film »*Das Mädchen aus Petrowka*« spielen, die nach einem Roman von *George Feifer* verfilmt werden sollte. Um sich vorzubereiten, suchte er das Buch tagelang vergebens in Londons Buchgeschäften und in Bibliotheken. Als er enttäuscht am Leicester Square auf die U-Bahn wartete, fiel ihm ein Buch ins Auge, das auf einer Bank lag. Offensichtlich hatte es jemand liegen gelassen. Es war der gesuchte Roman. Aber nicht nur das: Es enthielt zusätzlich handgeschriebene Randnotizen zum Inhalt. Später stellte sich heraus, dass Hopkins das persönliche Exemplar des Autors Feifer gefunden hatte, das zuvor einem Freund Feifers abhanden kam.

Ich kenne den »Bibliotheksengel« ebenfalls. Er ist bei mir oft zu Gast.

Frankfurter Buchmesse 1982: Peter Krassa, Walter Garn und Reinhard Habeck präsentieren ihr Buch »Licht für den Pharao«. Im selben Jahr verschwand ein besonderes Exemplar und wurde 17 Jahre später durch »Zufall« vom Autor wieder gefunden. (Bild: Habeck)

Seine Hilfe kommt mir immer dann zugute, wenn ich etwas suche. Und irgendetwas suche ich immer. Was habe ich nicht alles schon mit Büchern und Zettelwerk erleben dürfen. Unglaubliche Geschichten! Eine wird mir und meinen Freunden immer im Gedächtnis bleiben. Die Vorgeschichte: 1979 war ich das erste Mal in Ägypten. 1980 nochmals, gemeinsam mit dem Wiener Schriftsteller *Peter Krassa* (1938–2005). Wir gingen damals der kühnen Frage nach, ob die pharaonischen Priester – Wissenschaftler ihrer Zeit – bereits von der Nutzung der Elektrizität Kenntnis besaßen. Indizien für unsere freche Behauptung fanden wir im Hathor-Tempel von *Dendera*, etwa 60 Kilometer nördlich von Luxor. Hier wird der Besucher mit Reliefdarstellungen konfrontiert, die an überdimensionale Leuchtkörper erinnern und in vielen Details tatsächlich elektrotechnische Informationen enthalten. Die Abbilder sind so exakt wiedergegeben, dass sie nur schwer als »Zufälligkeiten« abgetan werden können. Mehr noch: Der Wiener Elektroexperte *Walter Garn* rekonstruierte – getreu den ägyptischen Vorlagen – ein funktionstüchtiges Modell der antiken »Wunderlampe«.

Auf der Frankfurter Buchmesse 1982 präsentierten wir unsere Studien in dem Sachbuch »*Licht für den Pharao*«. Es war meine erste Buchpublikation, erschienen in einem kleinen Luxemburger Verlag. Peter Krassa und ich hatten die folgenden Jahre zu dem Thema »Elektrizität im Altertum« weiter recherchiert. Zehn Jahre später erschien ein neues Werk, nun in einem renommierten Münchner Verlag mit aktuellen Studien zum »*Licht der Pharaonen*«. Der provokante Inhalt sorgt seither für heftige Kontroversen bei Lesern und Experten. Der unglaubliche Zufall betrifft das erste Buch. Kurz nach dessen Erscheinen verteilte ich eine Hand voll Freiexemplare mit persönlicher Widmung an engste Freunde. So auch an *Uschi* und *Karl Kovalcik*.

Die Lektüre sorgte im Freundeskreis der Kovalciks offenbar für Zündstoff. Einige Male wurde das Exemplar ausgeliehen, zuletzt Anfang 1983 an einen gewissen »Hansi«, damals einer der besten Kameraden des Filmemachers Karl Kovalcik. Und dann kam es so, wie das bei ausgeliehenen Sachen immer der Fall ist: sie werden nicht mehr retourniert, verschwinden spurlos oder wechseln still und heimlich den Besitzer. Karl blickt nachdenklich zurück: »Private Schicksalsschläge und die Arbeitsüberlastung durch neue Filmprojekte bewirkten, dass ich dem ausgeliehenen Buch keine Beachtung mehr schenkte. Hinzu kam, dass ich mich mit meinem Freund Hansi inzwischen zerstritten hatte. Unsere Wege trennten sich für immer. Die Rückgabe des Buches wurde vergessen. Das fiel mir erst etwa ein Jahr später wieder auf und ich gestand Reinhard diesen peinlichen Umstand. Der Gute war gekränkt, aber nicht wirklich böse und schenkte mir und Uschi ein anderes Exemplar.«

1999 ging ich wieder einmal meiner Bücher-Sammelwut nach und besuchte die »Bücherbörse« in der Wiener Stadthalle. Abertausende Schriften warten dort alljährlich an einem Wochenende in hunderten Kartons und Schachteln auf interessierte Literaturfreunde und nimmermüde Sammler. Als ich wahllos in einer Truhe mit Bücherbergen stöberte, fand ich erstaunt eines meiner längst vergriffenen Werke. Es war ein gut erhaltenes Exemplar des Erstlings »Licht für den Pharao«, das 17 Jahre zuvor praktisch unter Ausschluss der Öffentlichkeit erschienen war. Nun wurde es vom Autor selbst wieder entdeckt. Ich freute mich über den überraschenden Zufallsfund wie ein kleines Kind. Dann aber, als ich das Buch aufschlug, traute ich meinen Augen nicht: es enthielt die persönliche Widmung an meine Freunde Uschi und Karl Kovalcik mit

> *Nochmals sehr herzlich gewidmet*
> *für Ursula & Karl; nachdem das*
> *Werk 17 Jahre verschollen war und*
> *erst 1999 auf der Bücherbörse in*
> *der Wr. Stadthalle "wiederentdeckt"*
> *wurde vom* Krassa/Habeck *Ein verdutzter*
> *Autor!!!* Licht für den Pharao *Autor*
> *Juli 99* *Reinhard*
>
> *Dir, lieber Karli*
> *und Deinem Filmteam,*
> *für die Mitarbeit*
> *zu diesem Buch*
> *herzlich gewidmet!*
> *Dein Freund*
>
> *Reinhard*
>
> *P.S. Ein mit Hochspannung geladenes Bussi für Ursula!*
>
> *Wien, 3. Oktober 1982*

Originaltext aus dem Jahre 1982, 17 Jahre später ergänzt mit neuer Widmung an die ehemaligen Besitzer. (Bild: Karl Kovalcik)

dem Vermerk »Oktober 1982«! Es war tatsächlich das verschwundene Original, das die beiden verliehen hatten und nicht mehr zurückerhielten. Da ich nach all den Jahren nicht mehr wusste, dass ich den Kovalciks damals wegen des Schadens ein zweites »Ersatzexemplar« verehrt hatte, befürchtete ich zunächst entsetzt: die haben mein Geschenk verhökert! Das wäre ein triftiger Grund gewesen, die Freundschaft aufzukündigen. Nun war ich neugierig zu erfahren, wie wohl meine Freunde darauf reagieren würden, wenn ich ihnen mein Buch – aufs Neue – überreiche. Die alte Widmung hatte ich mit einem aktuellen Hinweis auf die Wiederentdeckung ergänzt.

Lassen wir Karl Kovalcik noch einmal zu Wort kommen: »Im Juli 1999 besuchte mich Reinhard und überreichte mir und meiner Frau ein Geschenk – ein Buch. Es war wie üblich in Zeitungspapier eingepackt. Eine Marotte von ihm. Ich war etwas erstaunt, denn es gab zurzeit keinen Anlass für Geschenke. Verwundert packte ich es aus. Noch verdutzter erblickte ich das Cover von ›Licht für den Pharao‹. ›Aber das habe ich doch bereits‹, gab ich Reinhard zu verstehen. Der meinte nur gelassen: ›Dann lies einmal die Widmung!‹ Ich schlug das Buch auf und sah die persönliche Widmung an mich und Uschi. Mir stockte der Atem, ich war fassungslos. In den Händen hielt ich das alte Exemplar aus dem Erscheinungsjahr 1982, das ich damals meinem Freund Hansi geliehen hatte und nie mehr von ihm zurückbekam.«

Keine Wirkung ohne Ursache. Täusche ich mich oder kann es sein, dass ich soeben in der Ferne den »kosmischen Kobold« kichern gehört habe?

Kaiserin Sisi heißt jetzt Renate

Déjà-vu, Seelenreise und Wiedergeburt

»Wir alle haben wohl schon das Gefühl kennen gelernt, das uns gelegentlich überkommt, als wäre etwas schon lange, lange vorher gesagt und getan worden. Als hätten wir in altersgrauer Zeit dieselben Gesichter, Gegenstände und Verhältnisse erlebt und wüssten genau, was im nächsten Augenblick geschehen wird – ebenfalls aus alter Erinnerung.« So beschreibt der englische Schriftsteller *Charles Dickens* (1812–1870) in »*David Copperfield*« das Phänomen des völlig Neuen und trotzdem schon einmal Gesehenen. Es dauert zwar nur einen Sekundenbruchteil, hinterlässt aber ein irritierendes Gefühl. Die Zeiten verschmelzen, Zukunft und Vergangenheit fallen ineinander.

Der amerikanische Mediziner und Forscher *Raymond Moody* stellte schon vor vierzig Jahren Erstaunliches fest: Patienten, die kurze Zeit klinisch tot waren, konnten sich nach ihrer Reanimation daran erinnern, dass sie während dieses Zustandes nicht nur ihre Vergangenheit wie in einem Film gesehen hätten – sondern auch ihre *Zukunft*. Sie sagten Dinge voraus, die sich später tatsächlich ereigneten. Wie ist das möglich? Für Moody ist dieses Vorauswissen ein Beweis dafür, dass wir uns unsere Existenz selbst ausgesucht haben. Hier finden Déjà-vu-Erfahrungen ihre Erklärung: Es wären demnach Erinnerungen an die Zukunft, die wir bereits einmal gesehen haben.

Existiert überhaupt so etwas wie *Zeit*? Der englische Physiker *Geoffrey MacGregor* ist überzeugt davon, dass Zeit bloß eine *Illusion* ist. Wir hätten uns nur daran gewöhnt, Vergangenheit, Gegenwart und Zukunft als getrennte Perioden wahrzunehmen, weil wir uns nicht vorstellen können, dass alles gleichzeitig geschieht. Bei dieser These wären unsere Déjà-vus für Sekundenbruchteile ein Fenster zur Wahrheit der Zeitlosigkeit.

Es heißt, man solle mit der Zeit gehen, aber von Zeit zu Zeit wieder zurückkehren. Das gilt ganz besonders für jene Zeitgenossen, die eine

»Out-of-the-Body-Experience«, abgekürzt OBE, erlebt haben. Der Astralleib trennt sich bei dieser Erfahrung vom Körper und das Ich geht auf Wanderschaft. Im Idealfall kehrt die Seele später mit nachprüfbaren Beobachtungen zurück. Parapsychologen sprechen von der »*Silberschnur*«, die den Astralleib mit dem physischen Körper verbindet. Sie soll verhindern, dass sich die Seele in anderen Sphären verirrt. Wie bei einer dehnbaren Nabelschnur aus Licht sollen damit angeblich selbst universale Entfernungen überbrückt werden können. Auffallend ist, dass fast alle außerkörperlichen Wahrnehmungen gemeinsame Elemente aufweisen: die Anziehungskraft eines gleißend hellen Lichtes, das Durch-einen-Tunnel-Kommen, das Sehen des zurückgebliebenen Körpers.

Solche Nah-Tod-Erlebnisse müssen nicht immer mit dem Sterben verbunden sein. In den Schlaflabors der kalifornischen Berkely-Universität wurde festgestellt, dass dieses Phänomen jede Nacht, während wir schlafen, auftreten kann. Das bedeutet, unsere Seele löst sich beim Träumen vom Körper und macht Ferien. Haben wir etwa vor, demnächst eine Reise nach Ägypten zu machen, so ist es möglich, dass sich unser Überich dort bereits geistig »umschaut«, während wir mit unserem Körper noch schlafend in Österreich verweilen. Machen wir später dann wirklich im Land der Pharaonen Urlaub, erinnern wir uns auf einmal, dieses oder jenes bereits erlebt zu haben. Wäre das die Lösung für Déjà-vu-Erlebnisse? Beweisen lässt sich das freilich nicht. Das Gegenteil ebenso wenig. Was ist von der Behauptung der Skeptiker zu halten, die meinen, dass OBE-Berichte lediglich durch *Halluzinationen* oder der Einnahme von *Pharmazeutika* entstehen würden?

Moody führt in seinen Publikationen viele Gründe an, die gegen die »Drogen-These« sprechen: »Erstens sind die wenigen Personen, die mir derartige Drogenerfahrungen geschildert haben, weder mehr noch minder gefühlvolle, fantasiebegabte, intelligente oder stabile Persönlichkeiten als Leute, die mir von echten Todesnähe-Erlebnissen berichtet haben. Zweitens sind diese mittels Rauschgift herbeigeführten Erfahrungen äußerst verschwommen. Drittens weichen die Geschichten gegenseitig von einander ab und unterscheiden sich markant von ›echten‹ Todesnähe-Visionen.«

Wer schon einmal die aufregende Erfahrung einer Astralreise gemacht hat, sei es unfreiwillig, spontan oder bewusst herbeigeführt, sieht die Welt danach mit anderen Augen. Vor allem jene Menschen, die bereits öfters »aus der Haut« gefahren sind, leben mit weniger Angst vor dem Sterben. Betroffene berichten, dass beim ersten Erlebnis noch »große Angst«

überwog, beim zweiten »eher Freude« und danach »ein ungeheures Vergnügen«. Betroffene berichten davon, dass die Begegnung mit dem Unbekannten dann Angstgefühle erzeugt, wenn man sich dagegen wehrt. Lässt man hingegen los, entsteht daraus ein positives Erleben. Manchmal kann diese übersinnliche Erfahrung sogar den weiteren Werdegang eines Menschen bestimmen.

Dem Wiener Pädagogen und Musiker *Werner Eugen Lardy*, Schüler der Komponisten Gottfried von Einem, Francis Burt und Karl-Heinz Füssl, ist es so ergangen. Die metaphysische Komponente spielt in seinem Leben nicht die einzige, aber doch eine sehr wichtige Rolle. Seit mehr als 40 Jahren beschäftigt sich Lardy, Jahrgang 1941, mit dem UFO-Rätsel, Yoga, Parapsychologie und anderen esoterischen Themen. 1994 gründete er den Kulturverein »*Light Age Forum*«, der sich den Grenzgebieten unseres Wissens widmet. Derzeit ist Lardy als Medium für Lebensberatung tätig, veranstaltet Kurse über »Physik und Psychologie des Bewusstseins« und unterrichtet als Privatlehrer Musik.

An die vorübergehende Trennung des Ichs von seinem Astralleib kann sich Werner Eugen Lardy noch sehr gut erinnern. Die außerkörperliche Erfahrung geht zurück ins Jahr 1966. Lardy wohnte damals in Baden bei Wien. Als er eines Morgens erwachte, merkte er, dass etwas anders war – sein Bewusstsein befand sich in einem außergewöhnlichen Zustand. Er vernahm ein »merkwürdiges Brausen und Dröhnen« im Kopf. Gleichzeitig fühlte er, wie eine »Energiewelle« vom ganzen Körper Besitz ergriff. Das unheimliche Empfinden beschreibt Lardy so: »Diese Welle berührte zunächst meine Fußsohlen und begann nach und nach in und an meinem Körper hochzusteigen. Ich hatte entsetzliche Angst und dachte, ich müsste nun sterben. Mein ganzer Körper war wie gelähmt. Innerlich kämpfte ich dagegen an und konnte diese ›Energiewelle‹ wieder aus meinem Körper herausdrängen.«

Dies war für Lardy die Erkenntnis, dass er seinen eigenen Tod erkennen konnte. Und ihm wurde mit einem Mal bewusst, was der Tod in Wirklichkeit war, nämlich die Trennung von Körper und Geist. Doch dann kehrte das »Brausen« wieder zurück. Gleichzeitig hatte Lardy das Empfinden, dass er nicht alleine war: »Einige geistige Wesen schienen im Raum um mich herum zu schweben. Ich hatte den Eindruck, sie beobachten mich.« Was waren das für fremde Lichtgeschöpfe, die Lardy erblickt haben will? Halluzinationen? Lösten unerforschte Bereiche des Gehirns diese Wahrnehmung aus? Oder waren es tatsächlich feinstoffliche Wesen aus einer anderen Welt, die den Vorgang der Astral-Erfahrung steuerten? In den Grenzbereichen der Psychologie wird dieses Phänomen sehr häufig beschrieben. Über die Glaubwürdigkeit und mögliche Ursachen solcher Schilderungen ist sich die Wissenschaft allerdings uneins. Auch Werner Eugen Lardy fand für das Wahrgenommene keine Erklärung, bemerkte aber, dass sein Angstzustand langsam verschwand und die Neugierde größer wurde. Das »Brausen« habe sich erneut verstärkt und die unheimliche »Energiewelle« drang wieder in seinen Körper ein. Was immer nun passieren würde, Lardy willigte ein. Dann geschah etwas für ihn Unfassbares: »Plötzlich erfasste diese ›Energiewelle‹ meinen ganzen Körper und schoss in den Kopf zur Stirnmitte, sammelte sich an dem Punkt, den Esoteriker das geistige ›dritte Auge‹ nennen, und fokussierte sich darin. Ich war komplett mit Licht durchflutet und hatte das Gefühl, ich wäre eine Kugel aus Licht, die in alle Richtungen blicken konnte, nach oben, nach unten, nach rechts, nach links, nach innen, nach außen, nach vorne, nach hinten. Es war unbeschreiblich!«

Dann erkannte Lardy etwas, das seine ganze Aufmerksamkeit beanspruchte: »Ich verließ durch eine Pforte des ›spirituellen Auges‹ meinen physischen Körper und wurde magisch von einer wunderbaren Landschaft angezogen. Diese Welt präsentierte sich mir in fantastischen Farben, wie ich sie nie zuvor gesehen hatte. Mir fehlen die Worte, sie zu beschreiben. Wie ein Vogel flog ich jetzt über die Landschaft, sah einen großen Tempel und erkannte menschliche Gestalten in wallenden Gewändern mit vergeistigtem Gesichtsausdruck. Ich musste dabei unwillkürlich an griechische Götter und Göttinnen denken, welche mir ein anmutiges Lächeln schenkten.«

Lardys Astralreise war damit noch nicht zu Ende: »Ich flog in eine Tempelanlage hinein, sah Pflanzen und Blumen, die mir völlig fremd waren. Unter mir erblickte ich einen Boden aus Marmor mit geometrischen Mustern, die ich mittels Willens- und Vorstellungskraft verändern konnte. Ich war von einer unglaublich friedlichen, ekstatischen Freude erfüllt, fühlte mich frei und glücklich, nahm alles Gesehene auf, was ich um mich herum entdecken konnte. Mein Astralflug führte mich weiter durch alle Hallen des Tempels und wieder hinaus zu einem kleinen See, an dessen Ufer sich verschiedene Gebäude, offenbar aus Elfenbein geformt, befanden. Bäume und Gebüsch lagen dazwischen. Als ich über der Mitte des Sees schwebte und hinunterblickte, begannen sich abrupt die Wellen des Wassers zu kräuseln. Diese Energie zog mich hinunter, immer tiefer und tiefer. Dann war ich auf einmal wieder in meiner irdischen Wohnung, erkannte meinen Körper unter mir liegen und tauchte in ihn hinein.«

Diese übersinnliche Erfahrung hatte für Werner Eugen Lardy eine so tiefgreifende Wirkung, dass diese Ekstase noch einige Wochen danach anhielt: »Ich kam mir vor wie eine Glühbirne, die normalerweise für 40 Watt bestimmt war, nun aber mit 1000 Watt zu strahlen hatte. Meine Begegnung mit dem Jenseits war ein Schock, und doch war diese Erfahrung unglaublich schön, weil ich seither weiß, was es bedeutet, zu sterben und wieder geboren zu werden!«

Einbildung oder Realität? Da Mediziner über die menschliche Psyche immer noch viel zu wenig wissen, erscheint es nicht unwahrscheinlich, wenn Astralreisen durch noch unerforschte Bereiche unseres Bewusstseins ermöglicht werden. Für viele Menschen ist der Gedanke an *Seelenreise* und *Wiedergeburt* aber eine Frage des Glaubens. Die Begriffe werden im Allgemeinen für die Annahme verwendet, dass menschliches Leben nicht einmalig und erstmalig ist, sondern nach dem Tod mehrfach neu geboren wird. Danach hätte jeder Mensch schon mehrmals gelebt und würde vielleicht noch etliche Male wieder geboren.

Das berühmteste Beispiel dafür sind die tibetischen Buddhisten. Sie sind überzeugt davon, dass ihr Oberhaupt die Wiedergeburt seines Vorgängers ist. Als der 13. *Dalai-Lama* starb, hatten Mönche eine Vision, die sie in ein entlegenes Dorf führte. Dort entdeckten sie einen Bauernbuben, der – so sagten sie – nach genauer Prüfung die Wiedergeburt des Dalai-Lama verkörpere. Das Kind wurde in diesem Sinne erzogen und ist heute das geachtete Oberhaupt der Tibeter im Exil.

Immer mehr Menschen fasziniert der Gedanke an frühere Erdenleben. Mit Hilfe der Hypnosetherapie versuchen sie Rückschau zu halten. Patienten werden bei dieser Methode in einen tranceähnlichen Zustand gebracht und berichten von Situationen und Bildern aus früheren Leben. Therapeuten haben eine Erklärung dafür: jeder Mensch hat in seinem Unterbewusstsein alle jemals gemachten Erfahrungen »abgespeichert« – und zwar vom ersten Augenblick seines Daseins an. In der Trance können diese Erinnerungen wieder »abgerufen« und wieder »erlebt« werden. Der Patient erlebt eine geistige Reise zurückversetzt bis zur Geburt – und sogar in Zeiten davor.

Die Wienerin *Renate Hain-Zelenka* hatte fortlaufend Déjà-vu-Erlebnisse. 1998 entschloss sich die Frau zu einer Rückführung, die ein Hypnosetherapeut in München bei ihr vornahm. In Trance kamen Sinnbilder zum Vorschein, die mit einem Leben 100 Jahre *vor* ihrer Geburt im Zusammenhang stehen können. Szenen, die Renate als kleines Mädchen zeigen, das auf dem Schloss Possenhofen Ball spielte. Hier in der freien,

Renate Hain-Zelenka wurde in England geboren und lebt heute in Wien. Aufgrund auffälliger Gemeinsamkeiten mit Kaiserin Elisabeth ist die Frau überzeugt, Sisis »Zukunftsseele« zu sein. (Bild: Familie Hain-Zelenka)

ländlichen Gegend des Starnberger Sees verbrachte die spätere österreichische Kaiserin Elisabeth Amalia Eugenia, besser bekannt unter ihrem Kosenamen *Sisi*, mit ihren sieben Geschwistern die Sommertage.

Mit dieser Information erhielt Renate Hain-Zelenka eine Bestätigung für das, was sie insgeheim ohnedies geahnt hatte: die Gemeinsamkeiten mit Sisi sind so augenscheinlich, dass Renate nicht an Zufälle glauben will. Weilt die im Jahre 1898 am Genfer See ermordete Kaiserin wieder unter uns? Kaum zu glauben, aber Frau Hain-Zelenka ist davon überzeugt: »Ich bin Sisis Reinkarnation.« Die schönste Frau der k.u.k Monarchie ist heute freilich nicht mehr mit Kaiser Franz Joseph verheiratet, sondern mit dem

Musiker und Marsforscher *Walter Hain*, lebt nicht mehr in der Hofburg, sondern in der grauen Vorstadt, in Wien-Floridsdorf. Wie kommt Sisi-Verehrerin Hain-Zelenka auf die seltsame Idee der Reinkarnation? Der Grund sind die vielen Déjà-vu-Erfahrungen, die sie seit jungen Jahren mit ihrem Idol verbindet.

Es begann in England. Dort wurde Frau Hain-Zelenka als Tochter eines Österreichers und einer Deutschen geboren, ist dort aufgewachsen und besuchte die Grundschulen. Im Jahre 1964, Renate war gerade 13 Jahre alt, übersiedelte sie gemeinsam mit ihren Eltern nach Wien. »Sisi II.« erinnert sich an ein Schlüsselerlebnis: »Eines Tages hielt ich eine Postkarte in meinen Händen, auf der eine vornehme Dame in einem wunderschönen Gewand abgebildet war. Auf der Rückseite dieser Karte stand: *Kaiserin Elisabeth von Österreich*. Wer war diese Lady in dem bezaubernden Kleid? Ich wollte unbedingt mehr über sie herausfinden. Bald führte mich meine instinktive Neugier in die ehemaligen Residenzen des österreichischen Kaiserhauses, darunter das Schloss Schönbrunn, die Hofburg, die Hermesvilla und all die anderen kaiserlichen Domizile. Immer wieder faszinierten mich sämtliche Gemälde, wo diese für mich geheimnisvoll vertraute Dame abgebildet war. Ich kann es nicht erklären, aber Sisi ließ mich fortan nicht mehr los – bis zum heutigen Tage.«

Bei der Rückschau auf ihr bisheriges Leben stieß Renate Hain-Zelenka immer wieder auf Gleichklänge, die ihr höchst merkwürdig vorkamen. Wie von Geisterhand geführt, fühlte sie sich an Orte hingezogen, wo einst die Kaiserin verweilte. Zu einem Zeitpunkt, als die Sisi-Verehrerin noch wenig über ihr Vorbild wusste: »Ich wurde irgendwie intuitiv zu bestimmten Plätzen ›gerufen‹ und plötzlich war da eine Inschrift oder ein Denkmal der Kaiserin zu sehen.« Seither begann Renate Hain-Zelenka alles Wissenswerte über Sisi zusammenzutragen. Sie stöberte in alten Archiven, las Bücher über sie, besuchte Ausstellungen und erwarb sogar persönliche Andenken der Kaiserin. Dabei machte die Sisi-Verehrerin eine überraschende Entdeckung, die ihr bis dahin entgangen war:

»Mit jedem neuen Hinweis, den ich über ihr Wesen in Erfahrung bringen konnte, erkannte ich verwundert, dass die Beschreibungen ebenso auf meine eigene Persönlichkeit zutrafen: meine Ängste, meine Gefühle, meine Sehnsüchte, meine Gedanken und meine Neigungen glichen verblüffend jenen von Sisi. Ich musste wie sie in jungen Jahren meine Heimat verlassen; auch ich wurde in ein Leben gedrängt, das mir völlig fremd war, und musste wie sie zwei tragische Selbstmordfälle in meiner Familie erleiden. Die persönliche Beziehung zur Kaiserin von Österreich entwickelte sich ständig, wurde immer intensiver. Ich konnte mich nicht dagegen wehren, fühlte mich immer deutlicher mit ihr auf geschwisterliche Weise verbunden, so als würde sie ständig um mich herum anwesend sein. Inzwischen spüre ich sogar eine innige Seelenverwandtschaft mit ihr. Und, auch wenn es für Außenstehende nur schwer vorstellbar sein mag, ich bin mir heute sicher, dass meine Seele mit der ihren verbunden ist. Manchmal geht das sogar so weit, als wären Sisi und ich eine Person.«

Meinen Einwand, dass dies einfach auf Schwärmerei zurückgeführt werden könnte, lässt Renate nicht gelten:»Mag sein, dass dies am Anfang so war, doch mit den Jahren tauchten ständig neue Seltsamkeiten auf, die ich nicht anders erklären kann als durch ein früheres Leben als Sisi. Zuerst waren es nur gemeinsame Verhaltensweisen, doch dann entdeckte ich vermehrt Ähnlichkeiten bei Personen- und Ortsnamen aus meinem und Sisis Leben. Wenn ich in einer Art Rückschau auf meinen Lebenslauf bis hin zur Geburt blicke, stoße ich auf weitere erstaunliche Dinge, die sich bereits lange *vor* meiner Beschäftigung mit Sisi ereignet hatten.«

Ein kleiner Auszug genügt zum Verständnis, dass in diesem Fall mehr als »Zufälligkeiten« im Spiel sein müssen:
- Renate, mit Mädchennamen Zelenka, wurde in Leicester geboren. Sisi hatte einen starken Bezug zu England, sie sprach perfekt Englisch, hatte englische Erzieherinnen für ihre Kinder, trug englische Seidenstrümpfe und hatte nur wenige Kilometer von Renates Heimatort entfernt an Jagden teilgenommen.
- Nach der Heirat heißt Renate Zelenka nun »Frau Hain«. Sisi reiste manchmal unter dem Pseudonym »Frau Heine« – nach ihrem Lieblingsdichter Heinrich Heine. Mit dem toten Dichter stand sie angeblich bei spiritistischen Sitzungen in Verbindung.
- In Österreich trug Renate den richtigen Geburtsnamen ihres Vaters, nämlich »Zelenka«. In Wien gab es zu Sisis Zeiten um 1868 einen Bürgermeister namens Zelinka.
- Die Verlobung von Renate fiel 1969 – von den vielen Ähnlichkeiten mit Sisi noch nichts ahnend – auf den 24. April. Es ist der Hochzeitstag der Kaiserin.
- Der Sohn von Renate erblickte an einem 25. August das Licht der Welt. An diesem Tag wurde ebenso der Lieblingsvetter von Sisi, nämlich König Ludwig von Bayern, geboren.
- 1985 mieteten Renate und Walter Hain im bekannten Skiort Semmering für kurze Zeit eine Villa, die den Namen »Waldeck« trägt. Die

Herberge wurde spontan und zufällig ausgewählt. Die Vermieterin hieß »Lukesch« und deren Tochter »Kollars«. In einem Fotoalbum von Sisi gibt es eine »Prinzessin Helene von Waldeck«, in einem anderen eine Landsfrau namens »Collars«. Da darf es auch nicht verwundern, dass der Mädchenname von Renates Mutter »Lucke« hieß. Ohne danach zu suchen, entdeckte Frau Hain in der Nähe der gemieteten Villa ein Haus, das die Inschrift »Hier logierte Kaiserin Elisabeth« trägt.

• Renate besitzt wie Sisi von Kindheitsalter an ein Armband mit Glücksbringern. Von ihrer Mutter hatte sie eine dreireihige Perlenhalskette und ein Armband dazu geerbt. Sisi war ebenfalls im Besitz einer dreireihigen Perlenhalskette und eines dazu passenden Armbands.

• Ludovika, die Schwiegermutter von Franz Joseph, wurde von Sisi »Mimi« gerufen. Renates Schwiegermutter heißt »Mimi« entsprechend ihrem Vornamen Wilhelmine.

• Seit ihrer Kindheit liebt Renate Pferde, zeichnet mit Vorliebe Meeresbuchten und griechische Götter, liebt Ungarn, das Spazierengehen im Regen, die Einsamkeit und die Natur. Gerne trinkt sie dunkles Bier, leidet aber an Blutarmut und hält ihr Körpergewicht bei 50 Kilogramm. Alles Eigenschaften, die auch auf die ehemalige Kaiserin zutrafen.

• Ein Gobelinbild, getreu dem Gemälde »Raub der Töchter des Leukippos« von Rubens, hängt seit vielen Jahren im Schlafzimmer der Hains. Was Renate nicht wusste, erfuhr sie später bei einer Ausstellung: Sisi besaß eine Schlafzimmergarnitur, in deren Tisch genau dieses Bildmotiv eingefasst war.

Noch etwas ist merkwürdig: Kaiserin Elisabeth schrieb sich den Frust, unter dem sie in der Hofburg litt, in zahlreichen Gedichten von der Seele. In den Jahren 1885 bis 1888 verfasste Sisi etliche Verse *»An die Zukunfts-Seelen«*. Diese Gedichte verschloss sie 1890 in einer Schatulle mit dem Vermerk *»Liebe Zukunfts-Seele! Dir übergebe ich diese Schriften.«* Laut Testament durften die poetischen Ergüsse der unglücklichen Monarchin erst 60 Jahre später, also im Jahr 1950, veröffentlicht werden. Zufall oder nicht? Für Renate Zelenka ist es jedenfalls alles andere als ein Zufall, dass sie ausgerechnet im Jahr 1950 geboren wurde – wie Sisi an einem Sonntag. Und zwar nicht irgendwo, sondern in den Midlands von England, genau dort, wo sich die österreichische Kaiserin gerne zum Reiten aufgehalten hatte.

»Als sie 1887 mit dem Briten *Bay Middleton* ausgeritten war, dachte Sisi wohl ganz besonders an ihre Zukunftsseele«, glaubt Renate Hain-Zelenka. Für sie steht heute mehr denn je fest: »Ich bin Sisis Zukunfts-Seele! Wie sonst lassen sich all die vielen Übereinstimmungen erklären?«

Zurechtgelegte Zufälligkeiten? Erlaubt sich das Bewusstsein einen Streich? Oder sind es doch klare Erinnerungen an ein früheres Leben? Wer vermag es zu sagen? Die Eltern von Frau Hain haben jedenfalls bei der Namensgebung ihres Kindes intuitiv das Richtige getan: »Renate« leitet sich aus dem Lateinischen ab und bedeutet *»die Wiedergeborene«*.

Spurlos verschwunden im Überraum

Anhaltergespenst, Raum-Zeit-Fallen und das Zauberreich im Untersberg

Unruhige Geister können arglose Zeitgenossen ganz schön nervös machen. Aber Geist ist nicht gleich Geist. Meistens verstehen wir darunter Verstorbene. Vom okkultischen Standpunkt aus betrachtet sind es *selbständige* Geistwesen, die entweder noch gar nicht zur Erde geboren sein müssen oder überhaupt die Geisterwelt nie verlassen. Darüber hinaus werden auch mythische Wesen, etwa *Elementargeister* wie Elfen, Feen oder Kobolde, so genannt. Für Unbehagen sorgen Spukgestalten vor allem deshalb, weil sie gerne ungefragt erscheinen.

In den 1980er Jahren war das in Salzburg und im süddeutschen Raum häufig der Fall. Unabhängig voneinander berichteten zahlreiche Autofahrer, sie hätten eine unheimliche Begegnung mit einer seltsamen *»schwarz gekleideten Frau«* gehabt. Überwiegend in den Salzburger Bezirken *Pinzgau* und *Pongau* kam es des Öfteren zu unfreiwilligen Geisterkontakten. Wiederholt erschien eine fremde Gestalt nachts auf der Pinzgauer Bundesstraße und hielt Autos an. Ein aufgeregter Fahrer berichtete, die Autostopperin hätte nach einigen hundert Metern Fahrt gesagt: »*Wenn du nicht angehalten und mich mitgenommen hättest, hättest du einen Unfall gehabt.*« Kaum hatte sie den Satz ausgesprochen, löste sich die Person wortwörtlich in Luft auf.

Aufgrund der Beschreibungen glauben viele Bewohner der Umgebung, dass eine im Jahre 1980 auf der Pinzgauer Bundesstraße tödlich verunglückte Kellnerin aus St. Veit im Pongau in der geheimnisvollen Frau »wieder auferstanden« sei. Laut »*Schwäbischer Zeitung*« vom 3. 12. 1981 sei die damals 23-Jährige mit ihrem Auto auf die neben der Fahrbahn verlaufenden Gleise der Westbahnstrecke gerutscht. Dort habe sie ein im selben Augenblick durchfahrender Zug erfasst. Nach Schilderungen der Gendarmerie sei die Verunglückte nicht sofort tot gewesen, sondern habe »gellend geschrien«.

Kehrte tatsächlich der Geist einer Toten zurück? Wie will man einen echten Spuk beweisen? Alle logischen Argumente sprechen dagegen. Aller Glaube spricht dafür. Wenn die Totengeister sichtbar werden und plötzlich wieder verschwinden, ist das sicherlich unheimlich. Noch beunruhigender sind aber jene rätselhaften Vorfälle, bei denen noch *lebende* Personen auf ungeklärte Weise ins Nichts verschwinden. Derartiges ereignete sich am 16. Oktober 1994 in Salzburg: *Klaus Reif*, Jahrgang 1959, Maler, Musiker und Theatermann, sollte am nächsten Tag Bilder von einer Vernissage in Deutschland abholen. Der Bus dafür war bereits organisiert. Doch es kam nicht dazu, denn der vielseitige Künstler verschwand unbemerkt. Um drei Uhr Früh des nächsten Tages verabschiedete sich Reif von Freunden und verließ ein bekanntes Lokal. Seither wird er vermisst. Seine Eltern, seine Partnerin, seine beiden Söhne, die Freunde und Bekannten, sie alle haben nie mehr etwas von ihm gehört. Der Salzburger war beliebt und als Mensch mit hoher Sensibilität und außergewöhnlicher Wahrnehmungsfähigkeit bekannt. Als Bühnenbildner arbeitete er für verschiedene Projekte, war technischer Leiter der Internationalen Sommerakademie und promovierte als Kommunikationswissenschaftler. Was ist mit ihm geschehen?

Spekuliert wurde darüber, ob Reif am sagenumwobenen *Untersberg* den Freitod gewählt haben könnte. Motive dafür gab es aber nicht, auch ein Abschiedsbrief wurde nie gefunden. Hatte er sich von der Familie abgesetzt, ist irgendwo in der Ferne untergetaucht? War er Opfer einer Gewalttat geworden? Gab es einen tödlichen Unfall? Müsste aber dann nicht nach vielen Jahren der Ermittlungen irgendwo seine Leiche gefunden und identifiziert worden sein? Gebiete des Untersbergs, wo sich der Künstler gerne aufgehalten hatte, wurden mit Diensthunden durchforstet. Ebenso wurde jede elektronische Mitteilung im Fahndungssystem der europäischen »Schengen«-Staaten genau geprüft – aber nichts, kein einziger Hinweis.

Wenn Menschen auf diese mysteriöse Weise verschwinden, kann in den meisten Fällen ein Verbrechen nicht ausgeschlossen werden. Doch manche Begebenheiten sind so unfassbar, dass die »irdisch logische« Erklärung oder Befürchtung nicht ausreicht. Was geschah mit dem Multimillionär *Alfred Loewenstein*, der am 4. Juli 1928 vom britischen Flughafen Croydon mit einer dreimotorigen Fokker VII nach Brüssel unterwegs war? Über dem Ärmelkanal ging er zur Toilette. Er kam nie wieder heraus. Sein Butler schaute nach einiger Zeit nach ihm und fand die Kabinentür verschlossen. Die Türe wurde aufgebrochen, die Toilette war leer. Eine

Untersuchungskommission kam zu der Vermutung, der Millionär habe offenbar die Klotüre mit der Kabinentüre verwechselt. Eine absurde Vorstellung. Es hätte im Flug die Anstrengung mehrerer Männer gebraucht, um die Türe auch nur ein kleines Stück zu öffnen. Das Verschwinden wurde nie aufgeklärt.

Ein Mensch kann doch nicht einfach so von einem Augenblick zum nächsten spurlos verschwinden, oder? Und doch geschieht es, und zwar öfter, als wir denken. Etwa 3500 Personen werden in Österreich jährlich als abgängig gemeldet. Die Hälfte davon taucht später von selbst wieder auf. Rund 98 Prozent davon wollten verschwinden, etwa jugendliche Ausreißer, oder sie verunglückten tödlich. Ebenso könnten sie verschleppt worden sein, fielen skrupellosen Menschenhändlern zum Opfer oder – noch tragischer – sie wurden ermordet. Im Endeffekt bleiben pro Jahr etwa 20 Fälle übrig, die laut Bundeskriminalamt wirklich bedenklich sind. Darunter sind etwa mutmaßliche Selbstmörder oder mögliche Opfer von Unfällen, deren Leichen nie gefunden werden. Streng juristisch betrachtet leben diese Personen noch. Aber wo stecken sie?

Der Kuriositätensammler *Charles H. Fort* hatte zum plötzlichen Verschwinden von Menschen eine recht launische Betrachtungsweise. Vor etwa achtzig Jahren sinnierte er: »Ich glaube, man fischt uns. Vielleicht sind wir sehr geschätzte Leckerbissen für die Superfeinschmecker höherer Sphären. Der Gedanke, dass ich immerhin noch zu etwas nütze sein könnte, entzückt mich. Ich glaube, dass eine Menge Schleppnetze durch unsere Atmosphäre gezogen sind, wir aber haben sie für Windhosen und Orkane gehalten. Ja, ich glaube, man fischt uns.«

Nicht nur Einzelpersonen lösen sich auf Nimmerwiedersehen auf. Am 12. August 1915 verschwand ein ganzes Royal-Norfolk-Regiment bei *Gallipoli*, nahe des türkischen Suva Bay, im Nichts. Die Leichen von fast der Hälfte der rund 800 vermissten Soldaten wurden zwar später gefunden, aber das Schicksal der übrigen bleibt ein Geheimnis. Angehörige einer neuseeländischen Kompanie beobachteten, wie eine britische Einheit in mehrere seltsame Wolkengebilde hineinmarschierte. Keiner von ihnen kam lebend wieder heraus. Das Bataillon wurde als verschollen oder »ausgelöscht« geführt. Nach der türkischen Kapitulation im Jahre 1918 war die erste britische Forderung die Auslieferung des Regiments. Die Türkei zeigte sich jedoch verwundert, da sie die Kompanie nicht gefangen genommen und keine Berührung mit ihr gehabt hatte. Sie wussten überhaupt nicht, dass sie existierte.

Welche Kräfte waren da am Werk gewesen? Gab es eine Entführung in andere Dimensionen? Ist unser sichtbares »Universum«, das bekanntlich aus Raum und Zeit besteht, gar nicht so »festgefügt«, wie wir bisher angenommen haben? Entstehen in unserer vertrauten Wirklichkeit Risse oder Löcher, die Menschen und Gegenstände in unbekannte Dimensionen »hinübersaugen« können? Und ebenso umgekehrt? Existieren übergreifende Schnittstellen im Raum-Zeit-Gefüge, die man sich sogar zunutze machen könnte?

Was bisher fantasiebegabten Science-Fiction-Autoren und ihren Utopiewelten *Star Wars*, *Star Trek*, *Stargate* oder *Perry Rhodan* vorbehalten war, wird heute von zukunftsorientierten Wissenschaftlern ernsthaft diskutiert. Mit der modernen Quantenphysik scheinen selbst *Zeitreisen* und *Teleportationen* – also »beamen« à la »Raumschiff Enterprise« – möglich. Erstmals experimentell nachgewiesen wurde diese zukunftsweisende Form der Übertragung von Informationen von dem Wissenschaftler *Anton Zeilinger* am *Institut für Experimentalphysik* in Wien. Bis eines Tages tatsächlich Gegenstände oder gar Menschen ortsversetzt werden können, werden zwar noch Jahrzehnte vergehen, aber die Zukunft verspricht spannend und viel versprechend zu werden. »Quantenpapst« Anton Zeilinger: »Es würde mich sehr überraschen, wenn mich die Zukunft nicht überraschen würde.«

Wenn von ungelösten Fragen zwischen Raum und Zeit die Rede ist, dürfen die Studien des deutschen Zeittheoretikers *Burkhard Heim* (1925–2001) nicht unerwähnt bleiben. Sein neues »Weltbild« sieht einen »Hyperraum«, auch »Überraum« genannt, aus zwölf Dimensionen vor, der neben paranormalen Phänomenen und möglichen jenseitigen Existenzen auch *Projektionen* aus der Zukunft, also Zeitreisen, erklärt. Heims Kollege, der berühmte englische Physiker *Stephen Hawking* aus Cambridge, sieht das ähnlich. 1995 erklärte er der verblüfften Fachpresse: »Ausflüge in die Vergangenheit und Zukunft sind grundsätzlich möglich, ohne die Kausalität und ohne die gewohnte Weltordnung auf den Kopf zu stellen. Zeitreisende könnten sogar in die Vergangenheit eingreifen und ein Unglück verhindern.«

Suchen wir nach Orten, wo angeblich Zeitphänomene auftreten und Menschen scheinbar im Nirgendwo verschwunden sein sollen, dann üben mystische Berge und finstre Höhlen eine besondere Anziehungskraft aus. Berühmt ist die Sage vom *Rattenfänger von Hameln* aus Niedersachsen. Der Erzählung zufolge soll im Mittelalter ein Mann mittels Flötenspiel massenweise Ratten in die Weser gelockt haben, wo die Nager ertranken. Die versprochene Entlohnung für die Beseitigung der Stadtplage blieb aus. Darauf spielte der Fremde wieder eine Melodie, lockte diesmal aber 130 Kinder aus Hameln hinaus zu einem Hügel namens Koppen. Der Sage nach soll sich beim Näherkommen eine Türe geöffnet und hinter ihnen wieder verschlossen haben. Ein Knäblein sei zuvor umgekehrt, seinen Rock zu holen und so dem Unglück entgangen. Einer Version zufolge sollen die verschwundenen Kinder später aus einer anderen Höhle in Siebenbürgen wieder herausgekommen sein.

Nicht mehr als eine Sage? Dahinter kann durchaus historische Wahrheit stecken. Sage bedeutet, dass es sich ursprünglich um eine »gesagte«, das heißt *mündlich* überlieferte Erzählung handelt. In ihr wird von Ereignissen berichtet, die geschichtlich zwar nicht beglaubigt sind, aber trotzdem stattgefunden haben können. Denn im Gegensatz zum Märchen nimmt die Sage für sich in Anspruch, über *tatsächlich* stattgefundene Geschehen der Vergangenheit zu berichten, und sie beruft sich dabei als Beweis meist auf einen Gewährsmann. Als Beleg für einst wirklich Erlebtes werden außerdem auffallende Naturerscheinungen, markante Landstriche wie Felsformationen, Berge, Höhlen, Quellen, Burgen, Ruinen und Klöster genannt. Oder es erinnert eine historische Hausinschrift an das Geschehnis. Im Falle der Rattenfängersage ist der 26. Juni 1284 verbürgt.

Von besonderem Interesse sind Begebenheiten, die sich wiederholen, und Phänomene – damals wie heute –, die Unruhe stiften. Gegenden also wie das »Bermudadreieck«, wo unglaubliche Geschichten über Zeitanomalien, Ortsversetzungen und verschwundene Menschen immer wieder erzählt werden. Im Alpenraum gibt es ebenfalls viele solche Gegenden, der majestätische *Untersberg* an der bayerisch-österreichischen Grenze ist das sagenreichste Beispiel. Sein höchster Gipfel, »Hochthron« genannt, erreicht 1973 Meter. Neben Marmor- und Kalksteinbrüchen befinden sich unzählige Höhlen im Untersberg, die nur zum Teil erforscht sind. Bekannt sind vor allem die *Kolowratshöhle*, der *Eiskeller*, das *Drachenloch* und die *Schellenberg-Eishöhle*. Die anderen sind meist nur erfahrenen Höhlenprofis vorbehalten.

Um das »Innenleben« des Unterberges rankt sich seit jeher allerlei Wundersames. Die Bewohner der umliegenden Ortschaften wissen von seltsamen Vorfällen und fantastischen Geschehnissen zu berichten. Man erfährt von Leuten, die angeblich in das Innere des Untersbergs entführt worden sind und in ein Zauberreich gelangten, von dem sie später nach ihrer Rückkehr in die reale Welt zu berichteten wussten. Die Schilderungen muten meist recht märchenhaft an. Archäologische Funde in der Region belegen, dass der Berg schon in prähistorischen Zeiten von den Kelten als besondere Stätte verehrt wurde. In seinem Schutz, so wissen es die ältesten Überlieferungen, sollen Riesen, Zwerge, Holzmandln, Moosweiblein, Wildfrauen und andere mythische Wesen beheimatet sein.

Die bekannteste Sage erzählt von *Kaiser Karl*, der im Untersberg mit seinem Hofstaat in einem großen Saal schlummern soll. Einige sagen, *Karl der Große* sei es, andere nennen *Friedrich den Rotbart*, der sich in das Unterschloss auf dem Kyffhäuser in Thüringen verwünscht haben und dort noch sitzen soll. Wieder andere glauben, dass *Kaiser Karl V.* im Untersberg verzaubert schläft. Er soll einen langen weißen Bart tragen, der schon zweimal um den vor ihm stehenden Tisch herum gewachsen sei. Wenn der Bart dreimal um den Tisch ragt, soll das Ende der Welt hereinbrechen. Der Legende zufolge erwacht der Kaiser aus seinem Tiefschlaf alle hundert Jahre um zu erfahren, ob der Zeitpunkt gekommen ist, mit seinem Heer auf dem Walserfelde zum allerletzten Gefecht gegen den »Antichristen« ins Feld zu ziehen. Doch solange die Raben noch über dem Gipfel des Untersbergs kreisen, sei nichts zu befürchten.

In einer Nacht im Jahre 1713 soll ein Hirte aus *Gröding* seine Herde nach Hause getrieben haben. Plötzlich trat ein kleines Männlein aus dem Wunderberg hervor und winkte. Neugierig folgte ihm der Hirte in das Innere des Berges. Angekommen in einem erleuchteten Raum erblickte der junge Mann Kaiser Karl, der mit anderen Fürsten und Helden um einen Marmortisch schlief. Da erwachte der Kaiser und fragte: »Fliegen die Raben noch um den Berg?« – »Jawohl, und zwar sehr viele«, entgegnete der Hirte. Das entlockte dem Kaiser nur einen schweren Seufzer: »Dann müssen wir erneut hundert Jahre warten!« Augenblicke später hätte sich die Situation in Luft aufgelöst und der Bursche befand sich mit einem Male wieder außerhalb des Berges. Verwirrt machte er sich mit seiner Herde auf den Heimweg.

Was war mit dem Jüngling geschehen? Hatte er eine Vision? Erblickte er Phantombilder aus anderen Zeiten oder einer Parallelwelt? Heimatforscher sehen das freilich nüchterner und nehmen an, dass die Geschichte um Kaiser Karl auf einer mittelalterlichen Wandersage beruht, ergänzt mit Prophezeiungen und der Angst vor dem Weltende. Was jedoch stutzig macht: nicht nur eine, sondern auffällig viele Legenden beschreiben die Wirkung von Zeitverschiebungen und deren Begleitphänomene sehr genau.

In der Sage vom verschwundenen Hochzeitszug wird das deutlich: Als die Hochzeitsgäste am Untersberg feierten, öffnete sich auf einmal der Berg und ein graues Männlein mit weißem Haar erschien. Es zeigte zu einer Türe, die ins Innere des Berges führte. Das erstaunte Brautpaar und seine Gefolgschaft gingen voll Neugierde hinein. Sie kamen zu einem wundersamen Zimmer, wo eine gedeckte Tafel mit Speisen und Getränken für sie bereit stand. Sie speisten nach Herzenslust und schliefen bald darauf ein. Als sie erwachten, führte sie der Berggeist wieder hinaus. Die Verwunderung war groß, denn trotz Sonnenschein war ihnen die Gegend völlig fremd, und die Leute, die ihnen begegneten, verstanden ihre Sprache nicht. Sie hatten den Eindruck, sie seien in einem unbekannten Land mit fremden Leuten. Sie wanderten in ein nahe gelegenes Dorf und fragten nach dem Namen der Ortschaft. Das Erstaunen wurde noch größer, als sie erfuhren, dass es derselbe Ort war, aus dem sie am Hochzeitstage weggegangen waren. Doch ihre Häuser fanden sie nicht. Auf den alten Plätzen standen andere neue Gebäude. Sie gingen darauf zum Gemeindepfarrer und fragten ihn, wie denn das alles zu erklären sei. Der schlug die Bücher auf und fand eine alte Chronik, aus der zu entnehmen war, dass hundert Jahre zuvor ein junges Brautpaar samt einigen anderen Leuten am Untersberg spurlos verschwunden sei.

Existiert im Untersberg womöglich ein Tor in andere Zeiten und Realitäten? Spekuliert wird darüber schon lange. Einige Sagen erzählen von einer geheimnisvollen Türe an einer Felswand, die selten sichtbar wird, und wenn, dann sogleich wieder verschwindet. Einer, der das »Stargate« gesehen haben will, ist ein Holzknecht namens *Ellhammer Hiesl*. Als er einst den Untersberg bestieg, sei plötzlich vor ihm ein großes, eisernes Tor sichtbar geworden. Der Mann vermutete, dass es in einen unterirdischen Gang führte. Er versuchte es zu öffnen, besaß aber nicht die nötige Kraft dazu. Er beschloss seine Kameraden um Hilfe zu bitten, stieg vom Berg wieder ab und erzählte im Tal seinen Freunden von der Entdeckung. Ausgerüstet mit Äxten und Brechstangen kehrten sie gemeinsam zurück an jene Stelle, wo das Tor erschienen war. Doch solange sie auch suchten, die eiserne Türschwelle war nicht mehr zu finden.

Der Linzer Mythenforscher *Albert Depiny* hat zahlreiche Sagen unserer Heimat gesammelt. In vielen davon wird das Zeitphänomen übereinstimmend beschreiben: Menschen werden von kleinwüchsigen Wesen in das Innere von Bergen gelockt und verschwinden spurlos. Wenn sie dann wieder zum Vorschein kommen, behaupten sie, ihre altvertraute Umgebung völlig verändert vorgefunden zu haben. Während sie sich nämlich im Inneren des Berges aufgehalten hätten, sei in der »normalen«

Über den Salzburger Untersberg kursieren seit Jahrhunderten viele merkwürdige Geschichten über Zeitsprünge, verschwundene Menschen und mythische Wesen. Unweit des sagenhaften »Drachenloches« soll ein geheimer Eingang ins Innere des Berges führen. (Bild: Archiv Habeck)

Welt viel mehr Zeit vergangen, manchmal Jahre oder sogar mehrere Generationen. Die Betroffenen hingegen wollen sich bloß ganz kurze Zeit in den Berghöhlen aufgehalten haben.

Aberglaube aus früheren Zeiten? Ein aufgeklärter Mensch von heute kann doch solche Märchen nicht ernst nehmen – oder? Wie zum Trotz passieren rund um den Untersberg nach wie vor höchst merkwürdige Dinge, die jeder Logik widersprechen. Aus dem Jahre 1956 stammt der Erlebnisbericht von *Ingomar von Lex*, der im Kindergartenalter eine ungewöhnliche Begegnung am Untersberg gehabt haben will. Was dem kleinen Jungen dort an einem Tag im Mai widerfahren war, hat Ingo-

1956 war der kleine Ingomar von Lex für einige Stunden spurlos verschwunden. Später wusste er dem Vater von seiner Begegnung mit »durchsichtigen Zwergen« im Untersberg zu berichten. (Bild: Familie von Lex)

mars Vater dankenswerterweise aufgeschrieben und dadurch der Nachwelt erhalten. Zu dieser Zeit besaß Baron *Hjalmar von Lex* ein hübsches Anwesen an der Südseite des Untersbergs. Am Waldrand gelegen war es ringsum von Wiesen umsäumt. Ein ideales Terrain für seinen Sprössling, der als Kleinkind dort mit dem Wachhund *Jacky* gerne herumtollte. Einmal kurz unbeaufsichtigt und Sohnemann samt Vierbeiner waren verschwunden.

Die anschließende Suche blieb erfolglos. Als man nach fünf Stunden immer noch kein Lebenszeichen erhielt, befürchtete Familie Lex ein schlimmes Unglück. Doch dann vernahm Hjalmar von Lex mit großer Erleichterung die vertraute Stimme seines Sohnes und im fröhlichen Zweiklang auch das Bellen des Schäferrüden Jacky. Beide waren sich offenbar des langen Fernbleibens nicht bewusst. Der besorgte Vater wollte wissen, wo der Junge so lange gewesen war. »Ich war bei einem Freund«, lautete die überraschende Antwort. Neugierig geworden ließ sich der Baron den »Freund« genauer beschreiben. »Es war ein Zwergerl im Wald hinter dem Haus«, strahlte Ingomar. Das winzige Wesen bat Lex Junior ihm zum Untersberg zu folgen, wo die drei – er, der Hund und das Männchen – eine Höhle betraten. Durch einen schmalen Gang (»Da drinnen war es gar nicht finster«, erzählte der Kleine) gelangten sie in das Innere des Berges – bis zu einem See, wo sich viele Leute aufhielten. Vielleicht Höhlenforscher? Ingomar verneinte: »Das waren andere Leute – die waren alle *durchsichtig*, wirklich, Papa! Aber sie waren gar nicht böse. Sie haben gesagt, sie beschützen mich«, erfuhr der Baron, dem es damals die Sprache verschlagen hatte. Bald darauf habe das Männchen Ingomar und den Hund wieder zum Höhlenausgang geführt und dann zum Elternhaus zurückgebracht. Dort habe ihn »das Zwergerl« dann freundlich verabschiedet. »Weißt du eigentlich, wie lange du im Berg gewesen bist?«, wollte der Vater noch wissen. »Ach, nur kurz«, glaubte der Kleine. Doch »in Wirklichkeit war ein halber Tag vergangen«, notierte Baron Lex in seinen Aufzeichnungen.

Auf unbegreifliche Weise war Ingomar die Zeit »abhanden« gekommen. Minuten hatten sich zu Stunden gedehnt. Eine typische Zeitanomalie, wie sie am Untersberg offenbar immer Saison hat. Auch die von Ingomar erwähnte »Durchsichtigkeit« findet im reichen Sagenschatz des Untersbergs analoge Beispiele. Manche Geschichten erwähnen den Versuch, einen Gnom zu fangen. Vergeblich, denn: »Wenn man sie packen will, hat man nichts in den Händen, die Männlein können sich unsichtbar machen und verschwinden.«

Unsichtbarkeit war schon immer eine Eigenschaft aller übernatürlichen Wesen. Der Volksglaube weiß, dass das Verschwinden von Zwergen dem Besitz einer *Tarnkappe* zugeschrieben wird. Einzelne Menschen sollen aber die Gabe besitzen, diese Unsichtbaren sehen zu können, darunter *Kleinkinder*. Unter den Tieren gilt der *Hund* als geistersichtig. Ingomar und sein Begleiter haben diese Erfahrung gemacht. Wer glaubt, der Autor wolle hier das Kind mit dem Bade ausschütten, sprich die Angelegenheit übertreiben, dem möchte ich ein Zitat des englischen Biologen *Thomas Henry Huxley* (1825–1895) ins Stammbuch schreiben:

»*Setz dich hin vor die Tatsachen wie ein kleines Kind und sei bereit, alle vorgefassten Meinungen aufzugeben, folge demütig der Natur, wohin und zu welchen Abgründen sie dich auch führen mag, denn sonst erfährst du nichts.*«

Magischer Mozart

Schädelkrimi, Sensenmann und Himmelsklang

»Ich gehöre zu viel anderen Leuten und zu wenig mir selbst.« Scheint, als war er nicht nur ideenreicher Komponist, sondern auch begabter Hellseher – unser aller Wolferl Amadeus *Mozart*. Musikliebhaber verehren ihn als das größte Musikgenie aller Zeiten. Kunstbanausen werden in ihm vielleicht nur den mutmaßlichen Schöpfer der geliebten Mozartkugel erkennen. Am 27. Januar 2006 jährte sich zum 250. Mal der Geburtstag dieses berühmtesten aller *Österreicher*. Moment mal, stimmt das überhaupt? Vor einigen Jahren wurde in der ZDF-Fernsehshow »*Wer ist der größte Deutsche?*« rotzfrech behauptet, dass Mozart ein Deutscher gewesen sei. Eine Unverschämtheit! Blasphemie! Tumult! Historiker stellten klar: Als das Wunderkind 1756 in der heutigen Mozartstadt das Licht der Welt erblickte, war *Salzburg* als Folge des Westfälischen Friedens ein *eigenständiges* Erzbistum. Dieses wurde 1804 vorübergehend österreichisch, zu einem Zeitpunkt also, wo Mozart nicht mehr am Leben war. Einige Jahre danach war Salzburg noch bayerisch, ehe das heutige Bundesland und die Stadt an der Salzach durch den Wiener Kongress Österreich zufielen. Somit ist unwiderlegbar bewiesen: Mozart war nie und nimmer Deutscher! Dass er streng genommen auch kein Österreicher war, tut nichts zur Sache. Wer es wie wir versteht, aus Beethoven einen Österreicher und aus Hitler einen Deutschen zu machen, der lässt sich auch seinen Mozart nicht nehmen.

Wem Wolferl wirklich gehört, ist ohnedies hinlänglich bekannt: der rotweißroten Tourismus-Marketing-Maschinerie. Bunte Mozartporträts auf Aschenbechern, Bierkrügen, Golfbällen, Milchprodukten, Likören, Strampelanzügen, Schmuck und Uhren beweisen es in demselben Maße wie niedliche Mozart-Hampelmänner und andere Zwangsbeglückungen: Österreichs wertvollste Werbemarke heißt Wolfgang Amadeus Mozart. Dabei sind noch lange nicht alle Möglichkeiten der Vermarktung ausgeschöpft. Vermutlich nur deshalb, weil sie als solche noch nicht erkannt worden sind. Im Zentrum der Salzachstadt bilden drei besondere Plätze ein »magisches Dreieck«. Es geht um die Geburtsstätten dreier weltberühmter Musiker. Jeder von ihnen auf seine Weise ein Genie: Wolfgang Amadeus *Mozart*, Herbert von *Karajan* und Josef *Mohr*, der gemeinsam mit Franz Xaver Gruber das berühmteste Weihnachtslied aller Zeiten schuf – »Stille Nacht«.

Das Merkwürdige: Die Häuser, in denen die Musiker geboren wurden – Mozarts *Getreidegasse*, Karajans *Hummelstraße* und Mohrs *Steingasse* – lassen sich über die Salzach hinweg wie ein Dreieck mit drei gleich langen Seiten miteinander verbinden. Wir sind wieder einmal bei Freund Zufall angelangt. Oder gibt es einen magischen Gleichklang? Sind hier übergreifende Inspirationen im Spiel, die das musikalische Schicksal der drei genialen Männer – wenn auch zu ganz unterschiedlichen Zeiten – entscheidend beeinflusst haben? Dem Dreiecksrätsel auf die Spur zu kommen könnte sich für Tourismusexperten, Musikhistoriker und Esoteriker gleichermaßen lohnen.

Und wer keine historische Mozart-Sehenswürdigkeit besitzt, der erfindet sie. Eine kaum bekannte, dafür umso skurrilere Vermarktung führt ins niederösterreichische Weinviertel, genauer gesagt in die Ortschaft *Raschala* bei Hollabrunn. Im Januar 1787 war Wolferl mit seiner Kutsche unterwegs nach Prag. Reisebegleiter waren Ehefrau *Constanze* und *Franz de Paula Hofer*. In Raschala wurde die Fahrt angeblich unterbrochen, damit Mozart, Musikgenie und doch Mensch wie wir alle, seine Notdurft verrichten konnte. An jenem denkwürdigen Platz, wo heute ein Granitbrocken liegt, wurde eine Tafel angebracht. Die Inschrift lautet: *»Anno Domini MDCCLXXXVII ließ Wolfgang Amadeus Mozart auf seiner Reise nach Prag just an dieser Stelle seine Kutsche anhalten, seither heißt im Volksmund dieser Stein Pinkelstein. 29. 2. 1976«*

Armer Wolferl. Er kann sich nicht wehren. Der Kult um das Musikgenie sagt noch nichts darüber aus, wie Mozart wirklich war. Viele Geheimnisse, Anekdoten und Legenden ranken sich um seine Person. Wie hat er gelebt, wie hat er gearbeitet? Wurde er mit seiner Musik ein wohlhabender Mann? Weshalb wurde er dann in einem Massengrab beerdigt? Einerseits erfährt man, er sei humorvoll gewesen, anderseits wird er als depressiv beschrieben, soll ein treuer Ehemann gewesen sein und doch ein Frauenheld. Welche Rolle spielte er als eines der prominentesten Mitglieder des Freimaurerbundes? Bereits im Sterben liegend, zwei Monate vor seinem 36. Geburtstag, arbeitete Mozart am Requiem für einen unbekannten Auftraggeber. Es blieb unvollendet. Schon kurz nach seinem Tod am 5. Dezember 1791 kamen deshalb Gerüchte in Umlauf: Wurde das Genie ermordet?

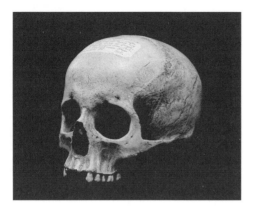

*Makabre Reliquie: der angebliche Totenschädel von Mozart, aufbewahrt in der Internationalen Stiftung Mozarteum in Salzburg.
(Bild: Franz Neumayr)*

Kunsthistoriker haben noch viele Nüsse zu knacken, die um die Aura des Meisters kreisen. Dies gilt besonders für das wohl skurrilste aller Relikte: Mozarts *Totenschädel*. Aufbewahrt wird die Reliquie in der *Internationalen Stiftung Mozarteum* in der Festspielstadt Salzburg. Im ersten Stock befindet sich die im Jugendstil errichtete Bibliotheca Mozartiana. Mit etwa 35.000 Titeln ist sie die umfangreichste Mozart-Bibliothek der Welt und eine Fundgrube für Wissenschaftler. Über den Besitz des angeblichen Mozart-Schädels wird nicht viel geredet. Erst im Zuge der Festlichkeiten zum Mozartjahr 2006 hat man sich der Reliquie wieder erinnert. Sie ist nicht komplett, Schädelbasis und Unterkiefer fehlen. Die bisherige Geschichte des Kopfes liest sich wie ein Krimi.

Am 6. Dezember 1791 fand Mozarts Beerdigung auf dem Sankt Marxer Friedhof in Wien statt. Nur wenige Trauergäste nahmen daran teil. In ein gewöhnliches, mit Ätzkalk bestrichenes Leichentuch gehüllt, wurde der Verstorbene in ein einfaches Schachtgrab gesenkt, in dem mehrere Personen beerdigt wurden. Das Grab blieb ohne Namensbezeichnung. Nicht einmal ein Kreuz sollte die letzte Ruhestätte des großen Komponisten schmücken. Obwohl die schlichte Beisetzung des berühmten Musikers aus unserer heutigen Sicht armselig und wenig angemessen erscheint, entsprach sie im Wien des 18. Jahrhunderts den Sitten – zumal Mozart vor seinem Tod hoch verschuldet und Stammgast beim Pfandleiher war.

Im Jahre 1801 wurde das aus vier Särgen bestehende Grab von der Stadt Wien geleert, was damals durchaus üblich war. Bei der Gelegenheit nahm der Totengräber *Joseph Rothmayer*, der zehn Jahre zuvor Mozart verscharrte, den Schädel an sich und übergab ihn später seinem Nachfolger *Josef Radschopf*. Klingt unglaublich und doch nicht unmöglich.

Der emsige Literaturdetektiv *Georg Markus* weiß mehr: »War es doch in diesen Tagen unter Wiens Totengräbern durchaus üblich, mit Schädeln berühmter Künstler einen schwunghaften Handel zu betreiben. Auch der Kopf Joseph Haydns wurde von seinem Körper abgetrennt, und für Beethovens Schädel bot man 1000 Gulden. Bei seiner Exhumierung gelangten später wirklich Teile des Beethoven-Kopfes in Privatbesitz.«

Dokumentiert ist: 1842 übergab der Totengräber Radschopf den vermutlichen Mozart-Schädel (damals noch mit Unterkiefer) dem Kupferstecher *Jakob Hyrtl*. Der hatte ihn dann seinem Bruder *Joseph Hirtl* weitervererbt. Der Anatom hielt das makabre Fundstück für authentisch und schrieb mit Tinte den Namen Mozarts auf den Kopf. Als der Wissenschaftler im Jahre 1894 starb, vermachte er das Relikt der Stadt Salzburg. Hier verliert sich die Spur einige Jahre. Die Reliquie schien verschollen. Erst 1901 tauchte sie im Waisenhaus von *Mödling* bei Wien wieder auf, das die große Schädelsammlung von Joseph Hirtl geerbt hatte. Da der Mediziner in seinem Testament aber ausdrücklich darauf bestand, dass die Reliquie in Mozarts Geburtsstadt verbleiben sollte, gelangte der Kopf zurück nach Salzburg und wurde im berühmten Haus Getreidegasse 9 ausgestellt. Dort konnte er als Touristenattraktion bis ins Jahr 1940 besichtigt werden. Aus Gründen der Pietät übersiedelte er schließlich in die Bibliothek des Mozarteums, wo ihn seither nur Forscher zu Gesicht bekommen haben. Das Nachspiel: ein jahrzehntelanger Gelehrtenstreit mit unterschiedlichen und sich widersprechenden Ergebnissen. Jedem wissenschaftlichen Gutachten, worin die Echtheit des Mozart-Schädels bekundet worden war, folgte in Windeseile das Gegengutachten anderer Experten.

Im August 1991 gab deshalb die Stiftung Mozarteum in einer Stellungnahme frustriert bekannt, dass für den in ihrem Besitz befindliche Totenkopf »auf Grund der vorhandenen Gutachten und nach dem gegenwärtigen Stand der Forschung der wissenschaftliche Beweis, es handle sich um den Schädel Mozarts, nicht erbracht werden konnte«. Zweifel sind berechtigt, wenn man weiß, dass es eine grobe Ungereimtheit gibt: der in früheren Gutachten beschriebene Schädel hatte nämlich *sieben* Zähne, während der im Besitz des Mozarteums aufbewahrte *elf* aufweist. Ein Jahr nach der offiziellen Erklärung hatten das Forscherduo *Hans Bankl* und *Johann Szilvássy*, beide Gerichtsmediziner und Professoren der Anthropologie, noch einmal alle Indizien pro und contra zusammengefasst und im Buch »*Die Reliquie Mozarts*« veröffentlicht. Da bisherige Methoden nicht ausreichen, um die Echtheit des Schädels zu beweisen, wurde eine Weichteilrekonstruktion des Kopfes vorgenommen. Mit kriminalistischem Spürsinn hatte man das Gesicht des Komponisten nachgebildet. Das Resultat wurde dann mit den wenigen vorhandenen authentischen Mozarts-Porträts verglichen. Dabei kamen die Wissenschaftler zu der Ansicht, dass es sich bei dem Corpus Delicti sehr wohl um das Haupt des Komponisten handeln könnte. Doch leider schließen selbst die jüngsten für eine ORF-Dokumentation unternommenen DNA-Analysen an bisherige Fragezeichen an. Die Echtheit der »Wolferl-Reliquie« konnte weder »eindeutig bestätigt« noch »eindeutig widerlegt« werden.

Die große Aufmerksamkeit, die Wolfgang Amadeus Mozart genießt, liegt sicherlich an seinem Genius als Komponist, aber wohl auch an den mysteriösen Umständen seines Todes. Seit September 1791 musste Mozart immer öfter das Bett hüten. Kurz nach seinem letzten öffentlichen Auftritt in einer Freimaurerloge wurde er endgültig bettlägerig, »mit Geschwulst an Händen und Füßen und einer beinahe gänzlichen Unbeweglichkeit derselben, der später plötzliches Erbrechen folgte.« Im Totenbeschauprotokoll der Pfarre St. Stephan ist vermerkt: »Am 5. Dezember 1791 starb im kleinen Kaiserhaus an der Rauhensteingasse in Wien der Wohledle Herr Wolfgang Amadeus Mozart, K.K. Kapellmeister und Kammer Compositeur, gebürtig von Salzburg, im Alter von 35 Jahren an einem hitzigen Frieselfieber.«

Ein verwirrender Begriff, der zur Legendenbildung beigetragen hat. Mediziner und Verschwörungstheoretiker rätseln seither über den wahren Auslöser dieser rätselhaften Fiebererkrankung. *Überanstrengung* wird ebenso als Todesursache genannt wie *Gehirnblutung*. Eine Verschlimmerung von Mozarts Bluthochdruck soll zu einer tödlichen Blutung im Gehirn geführt haben. Doch in keinem überlieferten Bericht ist von Bluthochdruck beim Komponisten zu lesen. Eine von Biografen und Musikwissenschaftlern bis heute gerne kolportierte Theorie spricht von *Nierenversagen*. Als Begründung dafür werden Berichte von Mozarts Verwandten angeführt, wo es heißt, dass er »kränklich und sehr gelb« ausgesehen hätte. Patienten mit Nierenentzündung sind aber nicht gelb, sondern auffallend *blass*. Die amerikanische Medizinprofessorin *Faith T. Fitzgerald* diagnostizierte »*rheumatisches Entzündungsfieber*« als Grund für sein frühes Sterben. Das Fieber sei eine späte Folge einer Infektion gewesen, die sein Herz entscheidend geschwächt hätte. Vorbelastet war der Komponist durch zwei Fieberanfälle als Kind und als junger Mann.

»Mit dieser Diagnose liegt sie wie viele andere vor ihr falsch«, notiert der Internist *Anton Neumayer* seiner Kollegin ins Stammbuch und stellt klar: »Für eine Herzschwäche gibt es keinen Anhaltspunkt.« Der Mediziner vermutet zwar genauso »Rheuma-Fieber« als Todesursache, schreibt aber die Schuld an Mozarts Sterben den »Gepflogenheiten der damaligen Wiener Ärzte« zu, da das Fieber nicht in so kurzer Zeit zum Tode führen kann. Seine Vermutung: Mozart starb an Aderlass, weil ihm die Mediziner mittels falscher Behandlungsmethoden zu viel Blut abgenommen hatten.

Einigen Quellen zufolge äußerte Amadé, bereits kränkelnd, gegenüber seiner Frau Constanze einen fürchterlichen Verdacht: »*Ich glaube, ich bin vergiftet worden.*« Noch heute versuchen etliche Forscher den Tod Mozarts als Folge einer Vergiftung zu erklären. Die Liste der mutmaßlichen Mörder ist lang. Hauptverdächtiger: Hofkapellmeister *Antonio Salieri*. Er galt seiner Mitwelt nicht nur als hochbegabter Komponist, sondern auch als souveräner Weltmann und hilfsbereiter Kollege. Trotzdem haftet ihm noch der Ruf an, Mozarts Mörder gewesen zu sein. Angebliches Tatmotiv: krankhafte Eifersucht auf den Rivalen, den er um seine einzigartige musikalische Begabung neidete. Es war der russische Dichter *Alexander Puschkin*, der 1830, fünf Jahre nach Salieris Tod, alle Gerüchte in seinem Drama »*Mozart und Salieri*« zusammenfasste. Darin ging er so weit, dass die Mordszene – Salieri gibt Mozart Gift zu trinken – auf der Bühne dargestellt wurde. Damit schien eindeutig »bewiesen«: Salieri hat Wolferl um die Ecke gebracht. Nicht unerwähnt bleiben darf, dass Salieri 34 Jahre nach Mozarts Tod ein Geständnis abgelegt hatte. Was dabei gerne übersehen wird: Salieri war zu diesem Zeitpunkt bereits völlig geistig umnachtet und logierte als Patient in einer Irrenanstalt.

Im Kreis der Mordverdächtigen stand auch der Justizkanzlist *Franz Hofdemel*, Mozarts Nachbar. Hofdemels junge Frau *Magdalena* war eine stadtbekannte Schönheit und Lieblingsschülerin des Komponisten. Seit dem Sommer 1791 war sie schwanger. Mozart widmete ihr sein intimstes Klavierkonzert. Am 6. Dezember 1791 nahm sie im Stephansdom am Trauergottesdienst für den am Tag zuvor verstorbenen Mozart teil. Kaum war sie wieder daheim, wurde sie von ihrem Mann mit einem Rasiermesser attackiert. Schreie alarmierten die Nachbarn. Dann wurde es totenstill. Eiligst wurde ein Schlosser herbeigerufen, der die Tür aus den Angeln hob. Den Schaulustigen offenbarte sich in der Wohnung ein Anblick des Grauens: Franz Hofdemel lag mit durchschnittener Kehle im Bett. Am Boden fand man Magdalena bewusstlos in einer Blutlache »mit Schnittwunden im Gesicht, am Hals, an Schultern und Armen.« Sie überlebte schwer verletzt. Doch für den Rest ihres Lebens war sie entstellt.

Das Eifersuchtsdrama war in Wien lange Zeit Tagesgespräch. Für die Öffentlichkeit bestand kein Zweifel am Zusammenhang mit Mozarts Tod. Der englische Autor *Francis Carr* sieht das ebenso und glaubt mit Franz Hofdemel den mutmaßlichen Mozart-Mörder überführt zu haben. Der Selbstmord und der Mordversuch an seiner Frau seien dann durch die entstandene Last großer Schuldgefühle erfolgt und der ständigen Angst, sein Verbrechen an Mozart könnte entdeckt werden. Carr vermutet außerdem, dass zumindest einige Brüder des Freimaurerbundes von dem Mordplan gewusst haben. Hofdemel und Mozart gehörten derselben Loge an. Warum aber, so fragt sich Carr, wurde Mozarts irdische Abberufung kaum gewürdigt? »Wenn ein so begnadetes Mitglied der Loge stirbt, darf man normalerweise einen ausführlichen Nekrolog erwarten. Doch im Falle Mozarts veröffentlichte der Theaterdirektor Karl Hensler in den Logenblättern lediglich einen kurzen Lebenslauf. War Mozart vergiftet worden, so konnten die Freimaurer darum gewusst haben, und dies wäre ein gravierender Grund für sie gewesen, kein Wort in dieser Angelegenheit verlauten zu lassen.«

Eine recht eigenwillige These, die der Autor hier vorbringt. Der humanitäre Bund, dem schon Goethe und amerikanische Präsidenten angehörten, als teuflische Bande von Giftmischern? Die Freimaurer haben sich der Brüderlichkeit, Toleranz und Menschenliebe verschrieben, knüpfen an die mittelalterliche Tradition der Dom-Meister an und folgen bei ihren Zusammenkünften uralten Ritualen und Symbolen. Immer wieder wurden sie in ihrer Geschichte verfolgt, von links und rechts angefeindet und als unheimliche Macht verleumdet. Im »Fall Mozart« muss das Opernmeisterwerk *Die Zauberflöte* als zweifelhafter Beleg einer *Quecksilber*vergiftung herhalten. In ihr soll der Komponist Logenriten verraten haben, die nicht für die Öffentlichkeit bestimmt waren. Folglich musste der Meister für seinen »Untreue« mit dem Tode büßen, behaupten jedenfalls Verschwörungstheoretiker. *Alchimie* und die Symbolzahl *18* sollen dabei eine besondere Rolle gespielt haben. Da der Ziffer 1 keine Entsprechung zukommt, bleibt die 8 übrig. Sie soll den Hinweis auf das Mordwerkzeug liefern: *Merkurius sublimatus* – das Element Quecksilber. Zahlenmystiker erkennen weitere Indizien: Mozarts letzte Komposition *Eine kleine Freimaurerkantate* wurde am 18. November 1791 in jener Freimaurerloge, der Wolfgang Amadeus Mozart angehörte, uraufgeführt. Sie umfasst 18 Notenblätter. Mozart starb am 5. Dezember, 18 Tage nach der Uraufführung und die Ziffernsumme seines Todesjahres 1791 ergibt wiederum die 18. Fazit: die Freimaurer hatten Mozarts Sterbedatum präzise berechnet.

Der geschätzte Leser wird bestimmt längst bemerkt haben, dass dieses Kapitel das 18. in diesem Buch ist. Absicht? Reiner Zufall.

Angenommen, Mozart hätte tatsächlich 18 Logen-Geheimnisse verraten, weshalb blieben *Emanuel Schikaneder* und *Karl Giesecke*, die den Text zur »Zauberflöte« verfasst hatten, verschont? Beide Männer waren wie Mozart Freimaurer. Außerdem hatte der prominente Arzt *Guldener von Lobes*, der noch am Totenbett Mozarts gesessen hatte, einen Giftmord ausgeschlossen. Mozart hatte bis kurz vor seinem Tod gestochen klar geschrieben. Er litt weder unter Muskelzittern noch unter verstärktem Speichelfluss, beides typische Vergiftungssymptome.

Mozart war Freimaurer mit Leib und Seele. Aus den erhalten gebliebenen Logenprotokollen geht hervorgeht, dass er häufig am Logenleben teilnahm. Auf sein Betreiben hin wurden zwei Männer, die ihm viel bedeuteten, ebenfalls Freimaurer: sein Vater *Leopold* und sein väterlicher Freund und Bewunderer Joseph Haydn. Ab dem Jahre 1785 wurde die Situation für die Freimaurer in Wien und der gesamten Monarchie kritisch. Die rasche Entwicklung der Logen und ihr zunehmender Einfluss auf das politische und geistige Leben gingen dem Kaiser und seiner Gefolgschaft zu weit. In der Metropole waren nur mehr drei Logen mit höchstens 180 Mitgliedern zugelassen. Die Hälfte aller Wiener Freimaurer verloren über Nacht ihre Logenzugehörigkeit. Vom Kaiser befugte Behörden, aus denen später die Metternich'sche Geheimpolizei hervorging, kontrollierten die Logenlisten.

Trotz aller Widrigkeiten hielt Mozart bis zuletzt seinen Mitbrüdern die Treue. Die Vorstellung, die Freimaurer könnten den Komponisten ermordet haben, scheint daher absurd. Es gibt aber noch abenteuerlichere Thesen, die um Mozarts Tod kreisen. Die Totenmesse, an der Mozart zuletzt wie ein Besessener gearbeitet hatte, spielt dabei die Schlüsselrolle. Ein Mann, ganz in Schwarz gekleidet, wurde beim Komponisten mit dem Ersuchen vorstellig, er möge ein Requiem zu Papier bringen. Der wahre Auftraggeber blieb anonym. Mozart fürchtete den unheimlichen Boten, der leise und mahnend zu ihm sprach. Die düstere Gestalt schien ihm als Vorsehung des eigenen Todes. »Ich sehe ihn ohne Unterlass. Er bittet mich, er drängt mich, er verlangt die Arbeit von mir ...«, notierte er in einem Brief. Der immer mehr seiner Krankheit verfallende Meister arbeitete an dem Schriftstück, als würde er es für seinen eigenen Tod schreiben. Schauerlicher Zufall oder nicht: das Musikgenie starb über dem Manuskript der Totenmesse, bevor es das Werk vollenden konnte. Mozarts letzte Worte waren angeblich: »*Der Geschmack des Todes ist auf meiner Zunge. Ich fühle etwas, das nicht von dieser Welt ist.*«

Wer war der fremde Besucher? Todesengel oder Sensenmann? Für Musikhistoriker ist das Geheimnis aufgeklärt: der Bote sei ein Abgesandter des Grafen *Franz Walsegg-Stuppach* gewesen, heißt es. Nach der Fertigstellung wollte dieser Adelige Mozarts Werk abschreiben und sich selbst als Verfasser davon ausgeben. Eine plumpe Fälschung sollte es werden in Gedenken an seine kürzlich verstorbene Frau. Deshalb sei zu Mozart ein Kurier geschickt worden, der seinen Herrn nicht nannte. Aber hätte der Musiker diesen dilettantischen Plan nicht durchschaut? Und weshalb die Todesängste? War der Kompositionsauftrag vielleicht doch das Todesurteil einer höheren Macht?

Die wohl kühnste These stammt vom Wiener Schriftsteller *Peter Krassa*. Seine Spurensuche führt ins Gebiet der Jenseitsforschung und zu möglichen Eingriffen aus fremden Dimensionen. Er behauptet, dass wir Menschen von geisterhaften Wesen heimgesucht werden, die die Abläufe unserer Welt beeinflussen, wenn nicht sogar beherrschen können. Wann immer Katastrophen oder Aufsehen erregende Ereignisse geschehen, tauchen im Zusammenhang damit geheimnisvolle, rätselhafte und unheimlich wirkende »Männer in Schwarz« auf. Diese Gestalten, sagt Krassa, beobachten, befehligen und bedrohen uns. Als Beispiele ihres dunklen Treibens werden dubiose UFO-Vertuschungen, mysteriöse Unfälle und unaufgeklärte Morde von *Lawrence von Arabien* bis zu *John F. Kennedy* genannt. Wolfgang Amadeus Mozart soll ebenso ein Opfer dieser zeitlosen »Herren in Schwarz« gewesen sein, behauptet *Peter Krassa* in seinem Sachbuch »*Men in Black – Phantome des Schreckens*«. Es wurde die 25. und letzte Publikation des Autors. Im Jahr der Bucherscheinung stürzte der Gespensterjäger bei einer Lesung so unglücklich, dass er sich von den Folgen nicht mehr erholte. Peter Krassa starb im Oktober 2005. Offiziell an »Altersschwäche.« Mit 66 Jahren, wo dem unverwüstlichen Schlagersänger Udo Jürgens zufolge das Leben erst anfängt, bestimmt zu früh.

Nicht selten überkommt uns ein wohliger Schauer, wenn von Spukgestalten und Kontakten ins Jenseits berichtet wird. Gespenster spielen in Kompositionen bedeutender Künstler eine wesentliche Rolle. Mozart ist davon nicht ausgenommen. Man denke nur etwa an den »steinernen Gast« in seiner Oper »*Don Giovanni*«, der von dem Sockel seines Denkmals steigt, um den üblen Titelhelden der Oper seiner verdienten Strafe im Höllenfeuer zuzuführen. Die Welt der Musik war seit jeher ein beliebtes Medium für das Übersinnliche.

Mozart-Kompositionen wirken wohltuend. Das ist sogar wissenschaftlich belegt. Mit ihren Wechseln zwischen schnellen und langsamen sowie lauten und leisen Passagen sind sie mit dem *Biorhythmus* vieler Menschen sehr verwandt. Mehr noch: Wenn Kinder unter drei Jahren Mozart hören, steigert dies die Gehirnentwicklung. Forscher sprechen vom so genannten »*Mozart-Effekt*«. 1993 tauchte an der University of California in *Irvine* die Idee auf, dass ein solches Phänomen existieren könnte. Die Physiker *Gordon Shaw* und der Psychologe *Frances Rauscher* untersuchten bei ein paar Dutzend College-Studenten die Auswirkungen einer Hörprobe aus Mozarts Werken. Erstaunliches Testergebnis: vorübergehende Steigerung des räumlichen und zeitlichen Denkens.

Wirkt dieser erfreuliche Himmelsklang ebenso bei Mozarts letzter komponierter Totenmesse? Experimente dazu sind nicht bekannt. Das sagenumwobene Requiem, kostbarstes Schriftstück der *Österreichischen Nationalbibliothek* und geschützt hinter härtestem Panzerglas, gibt indes ein weiteres ungelöstes Rätsel auf: Mozarts letzte Worte wurden aus der Partitur gerissen. Sie sind bis heute verschollen. Ein Kriminalfall, der den Autor *Gerhard Roth* zum Roman »*Der Plan*« inspirierte. Auf die Geschichte des Requiems angesprochen fasst der Schriftsteller die Fakten zusammen: »In den 1950er Jahren war das Requiem bei der Weltausstellung in Brüssel exponiert. Drei Wochen nachdem es unter Sicherheitsvorkehrungen zurückgebracht wurde, meldete der damalige Leiter der Musikaliensammlung in der Nationalbibliothek den Verlust einer Ecke auf der letzten Seite des Originals. Der Verdacht liegt nahe, der Täter käme aus der Musikaliensammlung. Bis heute konnte aber nicht bewiesen werden, wer die letzten Worte Mozarts gestohlen hat.«

Der Frevler muss ein Phantom gewesen sein. Es gibt keine einzige verräterische Spur. Die Fahndung blieb bislang erfolglos. Hatten womöglich die spukhaften »Herren in Schwarz« ihre Hände im Spiel?

Der Mordfall Ötzi

Expertenwirrwarr und der Fluch des Verderbens

Der Gletschermann vom Hauslabjoch ist die bedeutendste archäologische Entdeckung seit Tutenchamun. Die Alpenvölker haben ihn liebevoll *Ötzi* getauft. Sein trauriges Schicksal lässt uns nicht kalt. Die Geschichte des Eismenschen ist *unsere* Geschichte. Sie lag immer im Dunkeln. Mit Ötzi hat sie ein Antlitz erhalten. Seine letzten Tage müssen qualvoll gewesen sein. Heute ist belegt: Ötzi wurde kaltblütig ermordet, ehe er, geschwächt und gepeinigt von schmerzhaften Wunden, in der Schneewüste des Similaun-Gletschers verstarb. Einsam auf 3210 Metern Höhe im Eis, das sich ewig nennt, hatte er 5300 Jahre lang Ruhe. Am 19. September 1991 war es damit zu Ende. Was folgte, ist ein erbärmliches Spektakel an Leichenfledderei und skurrilem Expertenzwist. Der Ur-Tiroler kann einem wirklich Leid tun. Was hat man dem armen Kerl nicht alles angetan? Die Chronologie der wichtigsten Ereignisse, begleitet von Versäumnissen und Skandalen, gibt Stoff für einen spannenden Archäologie-Krimi.

Schon das Dilemma seiner Entdeckung ist ungewöhnlich. Wir verdanken sie einer Kette unglaublicher – nennen wir es so – *Zufälle*. Es begann am 18. September 1991. Die Freizeitalpinisten *Erika* und *Helmut Simon* aus Nürnberg machten einen einwöchigen Urlaub und bestiegen den Similaun, jenseits des Schnalstales auf österreichischem Gebiet. Auf ihrer Bergtour trafen sie auf zwei Österreicher. An ihren Namen konnten sie sich nicht mehr erinnern. Bekannt war, dass die anonymen Österreicher in der Similaun-Hütte übernachten wollten. Die Simons hatten eigentlich beabsichtigt, ins Schnalstal zu ihrem Auto abzusteigen. Wegen eintretender Dunkelheit und unklaren Wetterverhältnissen entschieden sie sich, ebenfalls in der Hütte die Nacht zu verbringen.

Am Donnerstag, den 19. September, klarte es überraschend auf. Entgegen ihrer ursprünglichen Planung stiegen sie mit den Österreichern auf die Finailspitze. Nach der Gipfelrast wollten die Österreicher über die Martin-Busch-Hütte nach Vent im Ötztal absteigen, während das Ehepaar Simon wieder zurück zur Similaun-Hütte musste und von dort ins

Schnalstal. Beim Abstieg hatten sich die Ehepaare in Gespräche vertieft. Die Trennung erfolgte so spät, dass die Simons vom gekennzeichneten Weg zur Hütte abkamen. Über Geröllhalden und Schneefelder wollten sie wieder zurückfinden und entdeckten dabei gegen 13.30 Uhr den leblosen Körper, der mit Kopf und Rücken aus dem Eis ragte. Er lag in einer Bodenmulde. Nur deshalb wurde die Leiche nicht längst vom fließenden Gletscher zermahlen, die Eismassen glitten über ihn hinweg. Für einen Wimpernschlag der Geschichte gab der Gletscher die Mumie frei, just zu dem Zeitpunkt, als sich die beiden deutschen Urlauber zur Fundstelle verirrten. Es war ein strahlender Sonnentag. Föhnwinde begünstigten eine größere Eisschmelze am Hauslabjoch, die in diesem Ausmaß extrem selten vorkommt. Nur wenige Tage später wäre Ötzi wieder zugeschneit gewesen. Helmut Simon dachte beim Anblick der Gletscherleiche zunächst an eine weggeworfene Kleiderpuppe, doch dann erkannte seine Frau Erika erschrocken: »Mei, des is jo a Mensch!« Das Ehepaar vermutete einen Bergsteiger oder Schifahrer, der vor Jahren oder Jahrzehnten hier oben ums Leben kam. Geistesgegenwärtig machte Helmut Simon ein Foto. Es war auf seinem Film die letzte Aufnahme, die bald darauf als »Foto des Jahres 1991« um die Welt ging.

Dann kam es Schlag auf Schlag. Im wahrsten Sinne des Wortes.

• Freitag, 20. September: Gendarmeriebeamte und ein Bergrettungsmann trafen am »Tatort« ein. Sie legten die Leiche mit einem Pressluftbohrer bis zur Hüfte frei. Dabei fügten sie ihr Schäden zu, die später als »Tierfraß« gedeutet wurden. Der Tote, so nahm man an, könnte mindestens 100 Jahre lang im Eis gelegen haben. Auf einem Felssims wird Ötzis Axt gefunden.

• Samstag, 21. September: Extrembartträger *Reinhold Messner* war auf einer Südtirol-Umrundung unterwegs und kam zur Fundstelle. Aber wie bereits bei seiner Sichtung des sagenhaften Schneemenschen Yeti, der sich später als putziger Braunbär entpuppte, hatte der Bergfex den Mann aus dem Eis nur beinahe entdeckt. Reinhold Messner verschätzte sich im ersten Kommentar so gewaltig wie alle anderen: »Fünfhundert Jahre alt dürfte der sein, vielleicht ein Wilderer, vielleicht …« Der Medienstar alarmierte die Südtiroler Zeitungen, die ihn prompt in vorauseilendem Gehorsam als Entdecker feierten.

• Sonntag, 22. September: Der Wirt der Similaun-Hütte hackte die Leiche teilweise frei und sammelte Fundstücke ein. Bis dahin hatten an die 30 Schaulustige für Chaos am Fundort gesorgt. Dabei wurden Ötzis Ausrüstungsgegenstände wie der Bogen aus Eibenholz zerbrochen.

• Montag, 23. September: Ein Bergungsteam mit hochrangigen Spezialisten traf am Fundort ein. Ihr Auftrag: den Unbekannten aus dem Eis freilegen und zu Untersuchungszwecken nach Innsbruck bringen, damit Identität, Alter und Todesursache geklärt werden können. »Eines kann ich feststellen: Er ist mit Sicherheit tot.« Dies wusste der Innsbrucker Gerichtsmediziner *Rainer Henn*, nachdem er die Mumie des Eismannes mit Schistock und Pickel geborgen hatte. Wissenschaftlich korrekt? Kaum zu glauben. Fotograf *Max Scherer* und ein ORF-Team hielten die planlose Bergung in Bildern fest. Ein fassungsloses TV-Publikum konnte damals im »Inlandsreport« mitverfolgen, wie die Mumie mit dem Eispickel aufgehoben und unsanft auf den Rücken gelegt wurde. Per Hubschrauber im Tal angekommen machte sich ein Bestatter flugs daran, den »alten Toten« in einen Sarg zu packen: Ein Ruck und auch der querstehende Arm passte. Ein danach aufgenommenes Röntgenbild zeigte deutlich den Bruch des linken Oberarmknochens. Angeblich sei der Fremde kastriert gewesen. Eine falscher Verdacht, wie sich später herausstellen sollte. Ötzi ist ein ganzer Kerl. Die Hoden sind nur ausgetrocknet und vom Eis oder unsachgemäßer Bergung plattgedrückt worden.

Wäre Ötzi zu diesem Zeitpunkt nicht schon längst dahingeschieden, jetzt wäre es so weit. Als Laie ist man hellauf entsetzt: geht man so mit archäologischen Funden um? Zur Rechtfertigung hieß es später, dass man die wahre Bedeutung der Entdeckung nicht erkannt habe. Aber, so fragt wiederum der ahnungslose Nichtfachmann: Hätten nicht spätestens beim Bergungstrupp die Alarmglocken schrillen müssen, als man neben dem tiefgefrorenen Toten einen Dolch mit *steinerner* Klinge fand?

Am Abend des 23. September landete der unbekannte und inzwischen aufgetaute Hochalpinist mit beginnender Schimmelbildung am Seziertisch der Innsbrucker Universität. Erst am nächsten Morgen wurde er von dem Frühgeschichtler *Konrad Spindler* und seinem Expertenteam unter die Lupe genommen. Die Wissenschaftler kamen in der Folge aus dem Staunen nicht mehr heraus: Die Mumie sei prähistorisch, hieß es. Einige Tage danach wusste man es genauer: Der leblose Körper ist 4000 Jahre alt, stammte aus der *Bronze*zeit. Dann die Korrektur: Die Klinge seiner Axt ist aus *Kupfer*. Der Fremde muss mindestens 4600 Jahre alt sein. Bald stand fest: Er hat sogar 5300 Jahre am Buckel. Der Eismann kam aus der Jungsteinzeit! Eine Weltsensation!

Nun wollten alle die Mumie haben. Vermutlich aus Tourismusgründen forderten sowohl Italiener als auch Österreicher Besitzanspruch. Ein skurriler Streit erregte über Wochen die Gemüter und sorgte für unfrei-

19. 9. 1991 – der Tag, an dem die Gletschermumie »Ötzi« entdeckt wurde. Heute ruht der 5300 Jahre alte Mann aus dem Eis im Archäologiemuseum Bozen. (Bild: Polizei/LKA Tirol)

willigen Humor. Woher kam Ötzi? Witze machten die Runde: Ein Italiener konnte er nicht sein, denn er hatte Werkzeuge bei sich. Ein Österreicher kann er ebenso nicht gewesen sein, denn man hat Hirnreste gefunden. Vielleicht ein Schweizer? Wäre möglich. Schließlich wurde er vom Gletscher überholt. Aber vermutlich war er ein Deutscher. Wer sonst geht mit Sandalen ins Hochgebirge?

Oder kam der Steinzeitmensch womöglich aus dem Land der Pharaonen? Kein Scherz: In einem umstrittenen Buch behauptete der Dokumentarfilmer *Michael Heim*, die Gletscherleiche könne von selbst nicht in die Hochalpen gelangt sein, sie sei eine ägyptische Mumie. Reinhold Messner oder unbekannte Witzbolde hätten Ötzi ins Eis gelegt. Ein abstruser Vorwurf, der inzwischen Punkt für Punkt widerlegt werden konnte. Ötzi ist und bleibt ein gestandener »Homo tyrolensis«. Vermessungen an der Fundstelle machten außerdem deutlich: die Eismumie lag 93 Meter jenseits der österreichischen Grenze. Was soll's? Ob nun in Nordtirol oder in Südtirol, Ötzi wurde auf jeden Fall in Tirol entdeckt. Und hier darf er auch weiterhin bleiben, ob er will oder nicht.

Am 16. Januar 1998 folgte seine vorläufig letzte Reise vom Innsbrucker Universitätsinstitut für Anatomie nach Südtirol. Zwei Monate später wurde das Museum für Archäologie in *Bozen* feierlich eröffnet. Seither dürfen Besucher durch ein kleines Sicherheitsglas einen flüchtigen Blick auf Ötzi werfen. Aufbewahrt in einer speziellen Kühlzelle bei minus sechs Grad Celsius und 98 Prozent Luftfeuchtigkeit wird er für die Nachwelt konserviert. Das Interesse an der Menschengestalt ist nach wie vor ungebrochen. Ötzi regt die Fantasie der Laien genauso an wie den Forschertrieb der Experten. Und die treiben es mitunter recht bunt.

Neben dem medialen Spektakel rund um seine Vermarktung beschäftigte der Eismann Heerscharen an Wissenschaftlern in aller Welt. Biologen, Pathologen, Anatomen und Genetiker sezierten ihn mittlerweile nach Strich und Faden bis zur kleinsten Zelle. Kaum ein Leichnam wurde je gründlicher in Millimeterarbeit untersucht. Die Ergebnisse überraschen: 1,60 Meter war er groß und hatte bis zu 55 Kilo Gewicht. Ötzi war kein Muskelmann à la Schwarzenegger, sondern eher ein schlanker, drahtiger Typ, der perfekt für Gebirgswanderungen ausgerüstet war. Mit 46 Jahren war er für steinzeitliche Verhältnisse ein Methusalem. Er hatte ein unbekanntes Werkzeug bei sich, das einem dicken Bleistift gleicht. Ebenso trug er eine »Reiseapotheke« mit prähistorischem Penizillin bei sich und als Nähmaterial feine Fäden aus Tiersehnen. Anatomisch seltsam: Ihm fehlen alle Weisheitszähne und sein Gebiss ist absolut kariesfrei. Dafür fand man einen hartnäckigen Fußpilz, Hirschlausfliegen im Fellmantel und Peitschenwürmer im Darm. Einen bewusstseinserweiternden Pilz im Medizinbeutel besaß er ebenso. Außerdem trägt er 47 Tätowierungen am Körper. Das Sensationelle daran: die Tätowierungen liegen genau auf klassischen Akupunkturpunkten. Sie waren kein Schmuck, sondern Folgen einer Behandlung gegen Rückenschmerzen. Stammt diese Heilmethode ursprünglich aus dem Alpenraum und nicht wie bisher angenommen aus dem Reich der Mitte?

Was trieb den Mann aus dem Eis in die unwirtliche Region des Similaun-Gletschers? Und woran starb er? War Ötzi ein Anführer, ein Ausgestoßener, ein Erzsucher, ein Bauer, ein Händler, ein Jäger, ein Hirte, ein Schamane? So viele Antworten sich auch anbieten: Jede Hypothese zieht neue Fragen nach sich. Als Todesursache wurden Gehirntumor, epileptischer Anfall, Altersschwäche und Erfrieren diagnostiziert. Doch das Wichtigste wurde übersehen: Im Sommer 2001 fanden Forscher in Südtirol, was den Kollegen in Innsbruck bei früheren Röntgenbildern entgangen war, nämlich eine 2 Zentimeter lange *Pfeilspitze* in seinem linken

Schulterblatt. Damit wurde zweifelsfrei bewiesen: Ötzi wurde ermordet! Neuesten Untersuchungen zufolge fiel der Gletschermann einem Komplott zum Opfer. An Ötzis Waffen wurde Menschenblut entdeckt, das nach DNA-Analysen von vier verschiedenen Menschen stammen soll. Mehrere Leute sollen ihm im Hochgebirge einen Hinterhalt gelegt und ihn nach heftigem Kampf getötet haben, folgern die Forscher. Mit letzter Kraft schleppte er sich weiter hinauf in die Berge, wo er schließlich an den Folgen innerer Verletzungen gestorben ist.

Von der Frage des Tatmotivs einmal abgesehen, stellt sich die Kernfrage: Wie konnte es passieren, dass die Pfeilwunde fast zehn Jahre lang unentdeckt blieb? Trotz nahezu 600 Untersuchungen von 120 Fachleuten ist niemanden etwas aufgefallen. Eine Blamage ohne Beispiel. Nicht das einzige Missgeschick: Jede Menge Ötzi-Teile sind an Institute und Spezialisten wohin auch immer verschickt worden, ohne dass sie exakt dokumentiert worden sind. Da darf es nicht verwundern, wenn hinterher einige als verschollen gelten. Gleichermaßen skandalös: In Ötzis Körper steckte auch ein 3 Zentimeter langes Stück Titan. Es war bei der Endoskopie nach dem Bruch eines Instrumentes im Körper stecken geblieben. Angesichts dieser Misshandlungen wird verständlich, warum im Bozener Museum immer wieder Leute in Ohnmacht fallen. Nicht wegen des Leichnams, sondern vor dem Video, in dem man sieht, wie Mediziner ihr Endoskop in die Mumiennase stecken, etwas in der Lunge herumstochern und dann in die Bauchhöhle vordringen. Ob dem Gletschermann die Vermarktung von Ötzi-Pizza bis zu Schoko- und Marzipan-Ötzis schmecken würde, darf ebenso bezweifelt werden. Die Eismumie hätte gute Gründe, sich an all jenen zu rächen, die ihre Totenruhe stören. Seit den ersten Todesfällen von Menschen, die ausführlicher mit Ötzi zu tun hatten, wird über den »Fluch der Gletschermumie« spekuliert. *Acht* Opfer gibt es derzeit zu beklagen.

Wie die Tageszeitung »The Australian« in Sydney berichtete, hatte der Ötzi-Fluch zuletzt Ende Oktober 2005 zugeschlagen. Damals starb der Archäologe *Tom Loy* mit 63 Jahren in seiner Wohnung in Brisbane. Der Forscher hatte ein brisantes Buch über die Gletschermumie in Vorbereitung. Loy litt an einer Blutkrankheit, die kurz nach Beginn seiner Ötzi-Studien diagnostiziert worden war. Sein Bruder Gareth sagte, die Todesursache habe durch die Autopsie nicht eindeutig geklärt werden können.

Besser dokumentiert ist der Tod von *Konrad Spindler*, der am 17. April 2005 nach langer Krankheit in Innsbruck verstarb. Der Urgeschichtler war einer der bekanntesten Wissenschaftler Österreichs und nach dem Fund der Gletschermumie weltweit in den Medien präsent. Die erste wissenschaftliche Publikation über den »Mann im Eis« stammt aus seiner Feder. Die ganze Geschichte hat etwas Makabres. Auf den »Ötzi-Fluch« angesprochen erklärte er noch ein halbes Jahr vor seinem Tod gegenüber Journalisten: »Der angebliche Fluch ist Unsinn! Die Sache hat allenfalls Unterhaltungswert!« Scherzhaft hatte er hinzugefügt: »Werde ich also der Nächste sein?« Nun ist der Ötzi-Experte gestorben. Dabei war er erst 66 Jahre alt.

Blicken wir zurück zum Anfang der mysteriösen Todesserie: Sie begann 1992, zehn Monate nach Ötzis Entdeckung. Den Bergungsleiter und Gerichtsmediziner *Rainer Henn* erwischte es zuerst. Er hatte Ötzi recht grob mit Schistöcken geborgen. Der Tote und seine Fundgegenstände wurden bei dieser stümperhaften Vorgangsweise beschädigt. Henn fasste die Leiche damals mit bloßen Händen an und hievte sie in den Leichensack. Nur ein Jahr später verunglückte der Mediziner mit dem Auto tödlich. Henn war 64 Jahre alt.

Als Nächstes traf es 1993 den erfahrenen Bergwanderer *Kurt Fritz*. Er wurde von einer Lawine überrollt, stürzte in eine Gletscherspalte. Ötzis Rache, weil er damals den Abtransport der Mumie mit dem Hubschrauber organisierte und Reinhold Messner zur Fundstelle führte? Kurt Fritz war erst 37 Jahre alt.

Am 1. Juli 2004 starb der ORF-Kameramann *Rainer Hölzl*. Er hatte seinerzeit die skandalbehaftete Bergung der Eisleiche auf Film dokumentiert. Rainer Hölzl erlag mit 41 Jahren einem Gehirntumor.

Auch der Ötzi-Entdecker *Helmut Simon* blieb nicht verschont: Am 15. Oktober 2004 brach er ausnahmsweise alleine zu einer harmlosen Wanderung am Gamskarkogel auf. Seine Frau Erika blieb inzwischen im nahe gelegen Kurhotel in Bad Hofgastein. Sie war für einen Massagetermin vorgemerkt. Als ihr Mann nach Stunden immer noch nicht auftauchte, alarmierte sie die Gendarmerie. Trotz ausgedehnter Suchaktion mit 100 Einsatzkräften blieb Helmut Simon verschollen. Drei Wochen später wurde seine Leiche gefunden. Der Ötzi-Entdecker verirrte sich, rutschte unglücklich aus und stürzte in den Tod. Helmut Simon wurde 67 Jahre alt.

Der Bergretter *Dieter Warnecke* koordinierte die Suche nach dem Ötzi-Entdecker in den Alpen. Nur wenige Stunden nach dessen Beerdigung erlag Warnecke überraschend einer Herzattacke. Er war 65 Jahre alt.

Am 7. Januar 2005 starb der Innsbrucker Professor *Friedrich Tiefenbrunner* bei einer Herzoperation. Der Eingriff galt als Routine. Ein Kliniksprecher: »Sein Tod kam völlig unerwartet.« Tiefenbrunner gehörte zum Team von Konrad Spindler. Er war Leiter des Instituts für Mikrobiologie und Hygiene an der Universität Innsbruck. Und er war damit beschäftigt, Methoden zu finden, um Ötzis Mumie vor Bakterien und Pilzbefall zu schützen. Der Wissenschaftler war 63 Jahre alt.

Drei Monate später starb Spindler und ein halbes Jahr nach ihm der Archäologe Loy. Damit wurde die Liste all jener verlängert, die mit dem Ötzi-Fluch in Verbindung gebracht werden. Spätestens jetzt wird so mancher stutzig. Erinnern doch die Vorfälle von Jahr zu Jahr mehr an die Entdeckung des ägyptischen Pharaos *Tutenchamun* 1923 im Tal der Könige. Damals starben rund zwei Dutzend der Expeditionsteilnehmer auf ebenso seltsame Weise. Man vermutete einerseits eine Infektion mit Pilzsporen der Leiche. Andere glauben nach wie vor, dass sich die Mumie aus der Ewigkeit an allen räche, die ihr zu nahe kamen. Ist es bei Ötzi genauso? Spukt die arme Seele jenes Mannes, der so tragisch ums Leben kam und nie beerdigt wurde, nach fünf Jahrtausenden noch heute umher? Und müssen nun all jene, die ihm seinen ewigen Schlaf nicht gönnten, dafür büßen? Besonders ängstliche Zeitgenossen fordern, man möge den Ur-Tiroler baldmöglichst wieder eingraben.

Sicher ist sicher.

Pyramidenspuk im Wiener Schottenstift

Versteinerte Mysterien und explosive Energien

Was ist ein Spuk? Gibt es ihn überhaupt? Was steckt dahinter? Darüber streiten sich die Gelehrten schon lange. Sinnestäuschung? Psychokinetische Kräfte, ausgelöst durch starke seelische Spannungen? Können Energiefelder erzeugt werden, die imstande sind, Geistererscheinungen hervorzurufen? Oder sind es doch die Seelen bösartiger Schlossherrinnen und mysteriös verunglückter Burgfräulein, die im Jenseits keine Ruhe finden?

Nicht nur in Großbritannien kehren Schlossgeister offenbar gerne in ihre irdischen Gemächer zurück. In Österreichs Burgen und Palais spukt es nicht weniger schauderhaft: Im *Schloss Frauheim* in Ragnitz bei St. Georgen in der Steiermark soll eine »Weiße Frau« nächtens ihr Unwesen treiben; ebenso auf *Schloss Bernstein* im Burgenland oder auf *Schloss Riegersburg* in Niederösterreich, wo bis heute der 1595 geköpfte Graf Hardegg für Unbehagen sorgt. In Wien sind das *Schloss Schönbrunn* und die kaiserliche *Hofburg* beliebte Erscheinungsorte von Gespenstern. Besonders lästig sind die Poltergeister. Immer wieder wurden seltsame Geräusche aus der Wohnung des Dichters *Friedrich Hebbel* (1813–1863) in der Liechtensteinstraße 13 im Alsergrund wahrgenommen. Sein Astralleib soll der nächtliche Ruhestörer sein.

Alte Häuser haben eine bewegte Geschichte. In der Wiener Innenstadt ist das *Schottenstift* eines der ältesten Gebäude der Stadt. Seine Ursprünge reichen bis ins Jahr 1155 zurück. Das ganze Areal ist mit Gewölben aus verschiedensten Bauperioden unterkellert, von romanischen und barocken Resten bis zu Biedermeierkellern. Heute wird die historische Anlage als Veranstaltungsort für Ausstellungen und Events genutzt und nennt sich »Vienna Art Center«. Hier gab es vom 22. Juni bis 4. November 2001 mysteriöse Kunstwerke aus aller Welt zu bestaunen. In einer abenteuerlichen Schatzsuche war es in dreijähriger Vorbereitungszeit gelungen, unglaubliche Artefakte und verschollene Schätze ans Licht zu bringen. Teilweise in Geheimarchiven und Privatsammlungen unter Verschluss gehaltene archäologische Fundstücke wurden in der Wanderausstellung »*Unsolved Mysteries – Die Welt des Unerklärlichen*« erstmals gezeigt. Der Tiroler Kulturmanager *Klaus Dona* hatte die zündende Idee dazu und realisierte die phänomenale Schau.

Als »Mann vom Fach« hatte der Ausstellungsmacher mich angeheuert, um thematisch und textlich den roten Faden für »Das Labyrinth des Unerklärlichen« vorzubereiten. Als wissenschaftlicher Berater stand uns *Willibald Katzinger*, Direktor des Nordico-Museum der Stadt Linz, kompetent zur Seite. Die Ausstellung sorgte für Medienwirbel und wurde von 100.000 Menschen besucht. Vielleicht waren Sie selbst darunter? Nein? Dann haben sie Einzigartiges versäumt, das so schnell nicht wieder zu sehen sein wird: *kuriose Fossilien* aus der Urzeit, darunter unmögliche »menschliche Spuren«, die auf 140 Millionen und mehr Jahre datiert wurden; geheimnisvolle *Kristallschädel* aus Südamerika, hergestellt mit einer unbekannten Technik; ungeklärte Sammlungen mit fremdartigen Symbolen, darunter die »*Metallbibliothek*« von *Pater Crespi* aus Ecuador, die »*Tafeln von Michigan*« aus Hügelgräbern der nordamerikanischen Ureinwohner oder die Steine aus »*Burrows' Cave*« in Nordamerika. Ebenfalls zu sehen waren Exponate, die ein vorzeitliches High-Tech-Wissen verraten: meisterhaft hergestellte Miniaturwerkzeuge; eine prähistorische Steinscheibe, die »genetisches Wissen« beinhaltet und erstaunliche astronomische Kenntnisse in Stein verewigt. Insgesamt konnten rund 450 archäologische »Schreckgespenster« der Wissenschaft persönlich in Augenschein genommen werden. Bei Laien und Experten sorgten die rätselhaften Unikate gleichermaßen für offene Münder und Kopfschütteln.

Die ungewöhnlichste und zugleich umstrittenste Sammlung stammte aus dem Dschungel von Ecuador, aus der Region *La Mana*, wie sie von den Indigenas genannt wird – altes Goldgräberland. In den 1980er Jahren machte *Guillermo Sotomayor,* seinerzeit leitender Ingenieur in einem der großen Goldabbauunternehmen, eine mysteriöse Entdeckung: In einem Stollen stieß er auf hunderte seltsame Gegenstände, die dort irgendwann von Unbekannten deponiert worden waren. Alter, Herkunft und Bedeutung sind ungeklärt. Genauso verwunderlich: Einige der Relikte offenbaren unter der Bestrahlung von ultraviolettem Licht fantastisch anmutende Leuchtphänomene.

Ein Exponat ragt besonders heraus: ein Pyramidenstein, 21 cm hoch, 24 Zentimeter breit und 7 Zentimeter tief. Auf der Pyramide sind 13 Stufen

Die »Leuchtpyramide mit dem göttlichen Auge« – das Geheimsymbol der Illuminaten. Ihr Diebstahl konnte nur mit großem Glück vereitelt werden. (Bild: Habeck)

mit fluoreszierenden Elementen eingraviert. Über ihnen ist ein *Auge mit Pupille* kunstvoll eingearbeitet worden. Die Pyramide und das Auge leuchten im Dunkeln in gespenstisch rötlich-blauem, phosphoreszierendem Licht! Was noch auffällt: Das Pyramidenbild entspricht der Darstellung auf der Rückseite der Ein-Dollar-Note. Es ist das wichtigste Symbol der *Illuminaten*, einem Geheimbund, der 1776 im bayerischen Ingolstadt von *Adam Weishaupt* gegründet wurde und seither für wilde Spekulationen bei Verschwörungsfreaks, Bestsellerautoren und Filmemachern sorgt. Das Auge in der Pyramide steht demnach für den Aufbau der Illuminaten. An der Spitze stehen die Erleuchteten, die Illuminierten, diese geben ihr Wissen nach unten weiter. Je höher ein Mitglied in dem Orden steht, desto mehr Informationen erhält es. Nur diejenigen, die ganz an der Spitze stehen, kennen die wahren Ziele der Illuminaten. Angeblich soll der geheime Bund,

Die steinerne »Leuchtpyramide« hat ein berühmtes Vorbild: die Rückseite der Ein-Dollar-Note zeigt das gleiche Symbol, das mit Macht und Einfluss in Verbindung gebracht wird. (Bild: Archiv Habeck)

dem nachgesagt wird, eine neue Weltordnung anzustreben, heute noch im Hintergrund seine machtvollen Fäden ziehen.

Wie konnte diese »Leuchtpyramide«, gemeinsam mit den anderen fremdartigen Objekten, ins zentrale Andengebiet gelangt sein? Und wozu? Die Artefakte hatten nicht nur für »Unsolved Mysteries«-Freunde eine faszinierende Anziehung. Die Kunstraubmafia fühlte sich von der Gottestafel und den anderen archäologischen Raritäten ebenso angezogen. Während der Ausstellungszeit war es Profi-Dieben gelungen, unbemerkt von hunderten Besuchern, Schrauben und Sicherheitsleisten aus den Vitrinen zu lösen. Und das, obwohl Kameras und zehn Sicherheitsleute über die Schaustücke wachten.

Um von ihrem Coup abzulenken, vergossen die Täter neben dem Eingang zur Ausstellung eine spezielle Flüssigkeit, die einen sehr starken Brandgeruch erzeugte. Die Flüssigkeit strömte über die Treppen in das Foyer ins erste Tiefgeschoß. Man war kurz davor, Feueralarm zu geben. Die Folge davon wäre gewesen, dass die Aufsichtspersonen sofort die Notausgänge besetzt hätten. Das wäre dann der Moment gewesen, in dem sich die Diebe mit Kunstobjekten aus dem Staub gemacht hätten. Die Wiener Kriminalpolizei meinte nach den Untersuchungen, dass wir bei dem vereitelten Kunstraub sehr großes Glück gehabt hätten, da die Täter mit ihrer Aktion höchst professionell vorgegangen waren.

Fortuna war uns auch bei anderer Gelegenheit wohl gesonnen. Oder waren es positive Kräfte, die angeblich in der Pyramidenform enthalten sind? Esoteriker beschwören die Heilkraft der Pyramidenenergie, die schon manches »Wunder« bewirkt haben soll. Es können aber ebenso ganz andere Energien freigesetzt werden. Das erfuhr ich wenige Tage nach Ausstellungseröffnung am eigenen Leibe. Ich hatte über den ungeklärten Spuk bisher nur beiläufig berichtet, tue es hiermit erstmals genauer.

Was war geschehen? Am 30. Juni 2001 begab ich mich spätabends mit Klaus Dona, seinem Sohn Stefan und einem Monteur in den größten unterirdischen Schauraum im Vienna Art Center. Für die Ausstellung hatte ich diesen Raum »*Halle der Erkenntnis*« getauft. Der Themenbereich war dem Rätsel der Megalithkulturen und der Macht der Pyramiden gewidmet. Dementsprechend waren hier versteinerte Mysterien präsentiert: Felsbrocken mit schriftähnlichen Gravuren einer versunkenen Kultur, die am Meeresgrund vor der Küste Japans entdeckt wurden; seltsame Steine mit der Pyramidensymbolik aus verschiedenen Teilen der Welt; schwarze Steinmasken aus Südamerika, hergestellt mit einer unerforschten Technik, Musikinstrumente mit fremder Akustik und Relikte aus Ecuador. Vier herausragende Exponate waren in der Mitte des Raumes *in einer Reihe* und beinahe im *gleichen* Abstand platziert.

Nahe dem Eingang stand der »*Weltkartenstein*« aus Granit. Das Besondere: Die Gravuren zeigten deutlich die Umrisse bekannter Kontinente sowie fremde Landmassen, die an mythische Inselreiche wie Atlantis und Mu denken ließen. Im Gebiet von Mesopotamien war eine rote Markierung in der Form eines Auges eingearbeitet. Folgte man von dort einer Quarzlinie, landete man geografisch in Ecuador – dort wo die steinerne Weltkarte gemeinsam mit den Leuchtobjekten entdeckt worden war.

Das nächste Schauobjekt war eines der wenigen Repliken: ein verkleinertes Modell des »*Sonnentores*« *von Tiahuanaco* in Bolivien. Das Original zählt zu den beeindruckendsten Hinterlassenschaften präkolumbianischer Kulturen und steht einsam auf 4000 Meter Höhe inmitten eines sagenumwobenen Ruinenfeldes. Es wurde aus einem einzigen Andesitblock herausgemeißelt und hat ein Gewicht von etwa 10 Tonnen. Niemand weiß, wer der Erbauer war und welche Bedeutung dem Monument beigemessen werden muss.

Dem »Sonnentor«-Modell zufolge kam ein Schaukasten, in dem ein »*Pyramidenstein*« aus der La Mana-Sammlung aufbewahrt lag. Die Vorderseite zeigte sieben Stufen mit seltsamen Symbolen. Im obersten Teil war, ähnlich wie auf der »Leuchtpyramide« und dem »Weltkartenstein«, wieder ein »göttliches Auge« eingraviert. Auf der Rückseite waren ein Mensch, ein Baum und Tiere zu erkennen. An den Seitenteilen befanden sich markierte Punkte, die an dargestellte Sternbilder erinnerten. Dieser Glasschrank sollte von uns sehr behutsam geöffnet werden. Zweck der nächtlichen Aktion ohne Publikum: ungestört ein falsch beschriftetes Taferl auswechseln. Nichts Aufregendes, sollte man annehmen.

Augenblicke bevor wir zur Tat schreiten wollten, begab sich Klaus Dona in einen großen weißen Pyramidenraum, der fast bis zur Gewölbedecke reichte. Er befand sich in der gleichen Reihe angeordnet wie die zuvor genannten Exponate. Im Inneren des Raumes war es stockdunkel. Absichtlich, damit die Besucher das begehrteste Schaustück mit der unheimlichen Strahlkraft erspähen konnten: die »*Leuchtpyramide*« von La Mana. Alle erwähnten Exponate waren *in einer Linie* aufgereiht. Klaus Dona trat in den dunklen Raum, stellte sich vor die »Leuchtpyramide«, ballte die Fäuste und holte tief Luft. Eher im Scherz gab er zu verstehen, er wolle kurz Energie »auftanken«. Dann trat er aus der Finsternis hervor und wandte sich zur anderen Vitrine, die wir gerade öffnen wollten, mit dem Kommando: »So, jetzt geht's mir wieder besser! Packen wir's an, Burschen!« Doch daraus wurde nichts.

Just in dem Moment, als der Monteur mit seinem Akku-Schrauber zum Öffnen der Vitrine ansetzen wollte und ein anderer die »Saugglocken« zum Hochheben des Glaskastens bereit hielt, wurde das Vorhaben mit einem ohrenbetäubenden Knall blitzartig verhindert. Der Behälter explodierte vor unseren Augen in Abertausende winzige Glassplitter, die in Sekundenschnelle an uns vorbeischossen. Sie lagen im ganzen Saal verstreut. Dann war es mucksmäuschenstill. Wir waren sprachlos. Nicht nur wegen der fehlenden Erklärung für die Detonation, sondern weil wir das Desaster bis auf unbedeutende Kratzer völlig unbeschadet überstanden hatten. Wenn man bedenkt, dass wir nur einen halben Meter vom Geschehen entfernt standen, war das umso unglaublicher. Rätselhaft blieb ebenso die Tatsache, dass nur drei Räume weiter ein bewaffneter Sicherheitsbeamter samt Schäferhund absolut nichts von dem Zwischenfall mitbekommen hatte. Verwunderlich deshalb, weil der aufmerksame Wachhund sonst immer bei jedem noch so kleinen Geknister lauthals zu knurren pflegte. Wir blieben verdattert zurück. Noch bis weit nach Mitternacht waren wir mit Aufräumungsarbeiten beschäftigt.

Noch etwas fiel mir auf. Der Zeitpunkt der Explosion ereignete sich punktgenau um 23 Uhr. Zufall oder nicht, für Verschwörungsjäger spielt die Zahl 23 und deren Quersumme 5 (2 + 3 = 5) eine besondere, meist mystische Rolle. Sie gelten als die Geheimzahlen der Illuminaten. Abgesehen davon, dass es die ersten Primzahlen im Zählsystem sind, wird die 23 mit bedeutsamen Ereignissen des Weltgeschehens in Verbindung gebracht. So ist beispielsweise die gläserne Reichstagskuppel in Berlin 23,5 Meter hoch; die Bundesrepublik Deutschland wurde am 23. 5. 1949 gegründet, die Quersumme von 1949 ergibt 23; die deutsche Wiedervereinigung war am 3. 10. 1990, die Ziffernsumme davon lautet 23, ebenso beim Datum der Terroranschläge in den USA, 11. 9. 2001, addiert haben wir wiederum die 23. Wer einmal vom »23er-Virus« befallen ist, wird die Zahl schon bald in der Steuererklärung und bei Hausnummern entdecken. Dass Wien aus 23 Bezirken besteht, kann kein Zufall sein. Grübler werden wohl in der Metropole ein verborgenes »Illuminaten-Nest« vermuten. Trotz aller Ironie, seltsam ist es schon, dass uns ausgerechnet um 23 Uhr alles um die Ohren flog.

Aber was war die Ursache für die Vitrinenexplosion? Überirdische Kräfte? Energetische Spannungen? Geomantische Störfelder? Während der Ausstellungszeit gab es immer wieder kleinere Zwischenfälle: Besucher und Security-Leute klagten angesichts der magischen Originale über Kopfschmerzen, Atembeschwerden und Herzrasen. Von einigen Artefakten wurde behauptet, Schamanen seien imstande, ihre verborgenen Energien zu aktivieren und zu nutzen, um damit einen Zugang zur Welt der Geister und Dämonen zu ermöglichen. Dass solche Steine tatsächlich eine starke Kraftquelle besitzen, wurde durch Messungen mit Magnetometern bestätigt.

Gerne hätte ich heimische Parapsychologen und Wünschelrutengeher zum Ort des Geschehens gebeten, um den Spuk in einem Experiment zu wiederholen. Doch Klaus Dona winkte ab: »Der Verlust einer Vitrine reicht mir!« Möglich, dass beim Organisator von »Unsolved Mysteries« noch andere Beweggründe eine Rolle gespielt hatten. Die Bedenken nämlich, dass die Angelegenheit von den Medien hochgespielt und ins Lächerliche gezogen werden könnte. Drei Tage blieb der Tatort ein freier Platz. Besucher merkten nicht, dass ein wichtiges Exponat fehlte. Als die neue, in aller Eile bestellte Vitrine eintraf, hatten wir die ursprüngliche Lage um einige Zentimeter verschoben. Der »Pyramidenstein« stand nun nicht mehr in Reih und Glied mit den anderen Schaustücken. Vorsichtshalber, versteht sich. Wer weiß, was noch alles passiert wäre?

Wie ließe sich zum Beispiel beweisen, dass Magnetfeld-Anomalien für das damalige Unheil im Schottenstift verantwortlich waren? Mit Hilfe der *Radiästhesie!* Der Ausdruck stammt aus dem Griechischen und bedeutet »Strahlenfühligkeit«. Via Wünschelrute oder Pendel sollen Erdstrahlen oder Wasseradern aufgespürt werden können. Zweck der Übung ist:

Schauplatz Wiener Schottenstift: Am 30. 6. 2001, genau um 23 Uhr, explodierte eine Vitrine, in der ein Pyramidenstein aus Ecuador aufbewahrt war. Die Ursache für den Zwischenfall bleibt ein Rätsel: zufälliges Unglück? Energetische Störfelder? Oder geheimnisvolle Pyramidenenergie? (Bild: Stefan Dona)

schädliche Wirkungen für Menschen, Tiere oder Pflanzen auszuschalten. Für Erdstrahlen gibt es vielfältige Definitionen. Manche Spezialisten verstehen darunter Störungen des Erdmagnetfeldes. Andere glauben an die um 1950 postulierten *Hartmann-* oder *Curry-Gitter*. Diese Linien sollen im Abstand von wenigen Metern verlaufen. Kreuzungen gelten als potenziell gefährlich. Radiästheten werden deshalb häufig bei Bohrungen von Brunnen als Wassersucher engagiert. Ebenso sind sie beim Aufspüren von Elektrosmog und Störzonen auf der Autobahn im Einsatz.

Ein Experte in Sachen Strahlenmessung und Feng-Shui ist der Wiener *Hans Zwicker*. Die Ursache für Schlafstörungen und Krankheiten konnte der Rutengänger in vielen Fällen ausforschen. Meist waren die Beschwerden auf ungünstig positionierte Betten innerhalb dieser Curry-Netze zurückzuführen. Durch Umstellung der Schlafstelle und der Abschirmung von negativen Strahlungen konnte die Nachtruhe meist wiederhergestellt werden. Das liegt daran, weil wir Menschen von Energieströmen umgeben sind, die wir beeinflussen können. Aber wie funktioniert das in der Praxis? Hans Zwicker erklärt, worum es dabei geht: »Nach der Lehre des Feng-Shui wird das gesamte Dasein vom Zusammenspiel der Kräfte des Himmels, der Erde und des Menschen beherrscht. Sowohl kosmische als auch geo-genetische Energien wirken sich dabei auf den Menschen aus. Es sind Frequenzen, die teils im physikalisch messbaren, teils im feinstofflichen Bereich zu finden sind. Generell geht man von einem Zusammenspiel von *positiv* sowie *negativ* gepolten Energiewirkungen aus. Man könnte es auch das *Yin-und-Yang*-Prinzip nennen. Dieses tritt nach der chinesischen Naturlehre in den 5 Elementen *Erde – Metall – Wasser – Holz – Feuer* auf, und das in einem immerwährenden Kreislauf.«

Worin besteht nun die Aufgabe des geschulten Geomanten, wollte ich von Hans Zwicker wissen: »Im Grunde darin, diese Energiefelder zu *erkennen*, zu *messen* und zu *erfassen* und daraus nach den gültigen Prinzipien des Feng-Shui, also durch Berechnung, Vermessung und Begehung, den Menschen Vorschläge für eine optimale und harmonische Lebensraumgestaltung zu unterbreiten.«

Der feinfühlige Strahlenjäger hat bei seiner Arbeit schon die unglaublichsten Geschichten erlebt. Eine besonders spannende Begebenheit ist dem praktizierenden Geomanten im Oktober 2005 widerfahren. Beim Besuch einer Kundin, die ursprünglich eine Beratung für ihren Arbeitsplatz zu Hause gewünscht hatte, wurde der Experte gebeten, diese auch auf die restlichen Wohnräume auszudehnen. Dabei fiel Hans Zwicker eine äußerst ungünstige Konstellation im Wohnzimmer der Dame auf. Abgesehen von den Möglichkeiten einer verbesserten Raumaufteilung sowie neuer Farb- und Formgebung machte der Strahlen-Detektiv seine üblichen Messungen mit der Wünschelrute. Je nach Grifflänge der Rute (die der Länge der Frequenzen im MHz-Bereich von organischen und anorganischen Stoffen entspricht) können verschiedene Hauptkriterien wie Wasseradern, geologische Verwerfungen oder elektromagnetische Felder gemessen werden. Genauso ist es möglich, feinstoffliche Anomalien zu orten, die der Wellenlänge des menschlichen Körpers zugeordnet werden.

Hans Zwicker wurde dabei von einer unerwarteten Energie erfasst: »Ich ging alle Parameter zur Vermessung durch und verwendete zum Schluss die Grifflänge für das Anzeigen von *menschlichem* Leben. Beim großen Lehnstuhl im Wohnzimmer gab es plötzlich mit der Rute einen so heftigen Ausschlag, den ich als Antenne dieser Energiewellen ebenfalls in mich aufnahm. Mir standen mit einem Schlag die Haare zu Berge und mein Körper war von kalter ›Gänsehaut‹ befallen. Für die Kundin verständlich, denn genau an dieser Stelle (es war der linke Armteil des Lehnstuhls, der noch immer auf seiner ursprünglichen Position stand), hatte sich eine extrem starke negative Energie manifestiert. Die Bewohnerin bestätigte nach dem Vorfall, dass dort der gewohnte Sitzplatz ihres kürzlich geschiedenen Mannes gewesen war, der immer die linke Hand gegen sie gerichtet hatte.«

Solche Wahrnehmungen werden recht häufig gemacht. Sie können auch der Anlass für Spukerscheinungen und Poltergeistphänomene sein. Einige Jenseitsforscher sprechen in diesem Zusammenhang von einer »*Teilseele*« längst Verstorbener: ein Stück Kraft ist zurückgeblieben und wird bei bestimmten Gelegenheiten oder zu gewissen Zeiten wieder aktiv. Sie kann auch durch Menschen oder einen Anstoß von außen mobilisiert werden. Manchmal genügt eine Wünschelrute.

Lassen sich daraus ebenso Schlüsse ableiten, die im Juni 2001 zur ungeklärten Explosion bei »Unsolved Mysteries« geführt hatten? Der Feng-Shui-Experte liefert den Ansatz einer Erklärung und hat die Fakten aus energetischer Sicht noch einmal zusammengefasst, daraus ergibt sich:

- Drei der vier Objekte waren aus *Stein* und sind daher dem Element *Erde* zugeordnet. Diese drei Artefakte hatten zusätzlich ein »Pyramidenauge« eingearbeitet.
- Diese drei Objekte hatten eine Pyramiden- oder *pyramidenähnliche* Form, die zum Element *Feuer* gezählt wird.
- Die explodierte Umhüllung des betroffenen Objekts war aus *Glas* und wird dem Element *Wasser* zugeordnet.
- Alle vier Objekte waren *auf einer Geraden* mit jeweils annähernd gleichen Abständen voneinander aufgestellt.
- Die Spitzen der drei pyramidenförmigen Objekte befanden sich nahezu auf *gleicher Höhe*.
- Klaus Dona hatte sich kurz vor der Explosion in dieses Energiefeld begeben und es durch Auf- und Entladen in eine bestimmte Schwingung versetzt.
- Zu vermuten ist (leider kein Nachweis zurzeit möglich), dass zusätzlich eine energetische Verbindung der Objekte in Form von *elektromagnetischen Feldern* (Hartmann/Curry-Gitter oder Wasserader) vorhanden war. Um diese Frage zu klären, müsste man vor Ort in den ehemaligen Ausstellungsräumen Untersuchungen durchführen.

Für Hans Zwicker ergibt sich aus den bekannten Daten folgendes Szenario: »Die Feuerform (Pyramide) führte zu einer deutlichen Energieerhöhung in den Erde-Objekten (Feuer fördert in direkter und daher in stärkster Form die Erde aus Feng-Shui-Sicht), die sich in der spitz zulaufenden Form der Pyramide (nach oben gerichtet) staute. Der Aufbau der Objekte ergab durch die gesetzten Abstände auf einer Geraden einen zusätzlich fokussierten Effekt, der dieses erhöhte Energieniveau in Bewegung, sozusagen ›am Leben‹ erhalten konnte.«

Besondere Bedeutung misst der Strahlenfachmann dem »Bravourstück« von Klaus Dona bei, wenn er feststellt: »Mit der feinstofflichen Energieaufnahme durch Herrn Dona bei dem letztgereihten Objekt der ›Leuchtpyramide‹ entstand vermutlich eine Art ›Saugeffekt‹. Dieser bewirkte durch den Eintritt von Herrn Dona in die Energiebahn und das Entladen der zuvor aufgenommenen Energie auf das Explosionsobjekt eine ruckartige Beschleunigung. Der dadurch entstandene massive Energieüberschuss konnte sich somit nur mehr den Weg des geringsten Widerstandes bahnen und wählte das Glas, das den Stein umhüllte. Dabei ist erwähnenswert, dass aus geomantischer Sicht Wasser und Erde sowie Wasser und Feuer sich in einem so genannten ›Zerstörungszyklus‹ befinden und daher auch danach trachten, diesen auszuführen.«

Das geschah dann bekanntlich recht eindrucksvoll. Für Hans Zwicker ist daher in diesem Fall die Annahme nicht abwegig, dass »sich das Glas (Element Wasser) um die Steinpyramide (Erde, Feuer) in einem *energetisch labilen Zustand* befand und dem zusätzlichen Energieschub schließlich nachgeben musste. Durch die Plötzlichkeit des auftretenden Effekts einer so starken und hohen Schwingung ließe sich auch erklären, warum das Glas keine ›Zeit‹ hatte, wie herkömmliches Sicherheitsglas zu reagieren und daher, gegen die üblichen Regeln, in kleinste Stücke zerrissen wurde.«

Es gibt noch eine weitere Bestätigung für das Geschehen aus der Feng-Shui-Lehre. Hans Zwicker bezieht sich dabei auf die Berechnung der »28 Mondhäuser«, einer Formel für günstige bzw. ungünstige Tage. Der 30. Juni 2001 war ein Samstag und fiel demnach auf einen »Erd-Tag«. »Dieser verstärkte zusätzlich das Energiepotential der Konstellation«, gibt der Strahlenexperte zu bedenken und fügt hinzu: »wobei eine negative Zuordnung im Bereich Bauen, Aufbauen, aber auch *Aufbauten* (!) vorlag (›*Schwierigkeiten bei Aufbauten*‹).« Aufmerksame Zahlenmystiker werden ferner entdeckt haben, dass die Ziffernsumme von 30. 6. 2001 die 12 ergibt. Die Zahl 12 wiederum setzt sich aus den Ziffern 1 + 2 zusammen und das ergibt 3 – das Symbol für eine *Pyramide*.

Dient die Architektur einer Pyramide als Kraftquelle überirdischer Energie, wie das Vertreter der Grenzwissenschaften behaupten? Es heißt, durch ihre Form seien Pyramiden in der Lage, kosmische Strahlen mit dem Erdmagnetismus zu verbinden. Dass Pyramiden eine magische Kraft ausstrahlen, zeigte sich erstmals offiziell während des 2. Weltkriegs. Als deutsche Flugzeuge im Tiefflug über die Pyramiden von Giseh flogen, wurden die Bordinstrumente gestört. Genauer spürte diesem Phänomen der Franzose *Antoine Bovis* erst nach Kriegsende nach: Der Wünschelrutengänger erkannte, dass die Pyramidenform im Zusammenhang mit dieser verborgenen Kraft stehen müsse. Ein Versuch mit einer toten Katze in einer nachgebauten Pyramide ergab, dass der mystische Einfluss jegliche Verwesung verhinderte. Andere Forscher folgten Bovis' Fährte und unternahmen ihrerseits Experimente. Ihre Erkenntnisse führten zur Entdeckung der *Bio-Energie*, wonach jeden Menschen und jedes Lebewesen ein Magnetfeld umgibt.

Skeptiker wollen diese Aura nicht erkennen. Sie bezweifeln nach wie vor energisch, dass diese geheimnisvollen Pyramidenkräfte tatsächlich existieren. Ebenso halten sie die Fähigkeit mancher Menschen, mit der Wünschelrute geheimer Strahlenenergie auf die Spur zu kommen, für Hokuspokus und faulen Zauber. Und die viel bezeugten Geisterkontakte seien sowieso nur Hirngespinste. Wir Menschen wollen halt für alles eine Erklärung haben und den Dingen auf den Grund gehen. Und wenn wir mit unserer Schulweisheit am Ende sind und keine Maßstäbe finden, sind wir oft gereizt bis beleidigt.

Der Pyramidenspuk und die vielen anderen »Unsolved Mysteries« werden sich darüber nur freuen ...

Nachwort für Grenzgänger

»Die verstehen sehr wenig, die nur das verstehen, was sich erklären lässt.« Ein starker Spruch, mit dem die österreichische Schriftstellerin *Marie von Ebner-Eschenbach* vor bald 100 Jahren auf die Existenz einer »anderen Wirklichkeit« verwies. Wir alle – Wissenschaftler und Laien – leben in einer »Realitätswelt«, die unsere Vorstellung und unser *momentanes* Wissen von der Wirklichkeit und der Umwelt, in der wir leben, widerspiegelt. Doch im Laufe der Menschheitsgeschichte haben sich immer wieder Dinge ereignet, die frühere Generationen für unmöglich gehalten haben. Wenn wir also behaupten, dies oder jenes könne nicht existieren, dann gibt man sich letztlich mit dem zufrieden, was bisher erforscht werden konnte.

Forschung besteht aber nicht aus reiner, zweifelsfrei bewiesener Lehrmeinung. Trotz herausragender Leistungen der Wissenschaft und der Erweiterung unseres Wissenshorizonts stehen wir immer in einem Lernprozess. Wir sind skeptisch, wenn wir mit Themenbereichen des Übersinnlichen konfrontiert werden. Und wir streben nach Wahrheit, die sich nach strengen naturwissenschaftlichen Regeln beweisen lässt. Aber was ist Wahrheit? Praktische Beispiele zeigen, dass viele »Wahrheiten« nebeneinander bestehen können, auch wenn sie einander offensichtlich widersprechen. Denken wir nur an alternative Heilmethoden: Bloß weil die westliche Schulmedizin »richtig« ist, muss die chinesische Medizin deshalb noch lange nicht »falsch« sein.

Das Dilemma: Wenn es an die Grenzen des Erklärbaren geht, ist die Beweisführung besonders schwierig. Das wissen vor allem die Vertreter des heftig umstrittenen Seitenzweiges der Psychologie – die Erforscher des Paranormalen. Die Gratwanderung zwischen esoterischer Sichtweise und einer sachlichen Untersuchung verschwimmen häufig ineinander. Das mag mit ein Grund dafür sein, weshalb Erkenntnisse, Erlebnisse oder Funde, die nicht ins gegenwärtige Weltbild passen, von der »offiziellen« Wissenschaft verschleiert, verschwiegen, unterdrückt oder ins Lächerliche gezogen werden. Das geben weltoffene Akademiker wie der Museumsdirektor *Willibald Katzinger* aus Linz freimütig zu. Der Wissenschaftler gesteht, dass »vermutlich aus Angst, sich bei den Kollegen zu desavouieren, viele nicht bereit sind, sich mit Phänomenen der Grenzgebiete unvoreingenommen auseinander zu setzen. Die Ablehnung geschieht tatsächlich häufig sogar unter Umgehung der eigenen wissenschaftlichen Regeln, deren Grundprinzip die Möglichkeit der Falsifizierung ist.«

Lösungen für die gegenseitigen Animositäten zwischen Spekulation und Naturwissenschaft sieht Katzinger derzeit nicht. Forscherkollegen, die jede Beschäftigung mit fantastisch anmutenden Phänomenen als »Hirngespinste« vorverurteilen, hält er entgegen, dass »es vom wissenschaftlichen Standpunkt aus nicht genügen kann, zum Beispiel die Existenz Außerirdischer aufgrund fehlender positiver Beweise zu leugnen. Vielmehr ist die Wissenschaft aufgerufen zu beweisen, dass es Außerirdische nicht geben kann. Solange ihr dies nicht gelingt, bleibt ihre Existenz im Bereich des Möglichen und es gibt keinen Grund, sich über jene zu mokieren, die daran glauben.«

Übersinnliche Phänomene haben nun einmal die ungünstige Eigenschaft, dass sie naturwissenschaftlich kaum überprüfbar sind. Gedankenlesen, Hellsehen oder Spuk sind jenseits des gewohnt »Normalen« und »Erklärbaren« angesiedelt. Wie könnte ich etwa beweisen, dass mir die Texte zu diesem Buch von einer »überirdischen Stimme« diktiert worden sind? Oder dass ich vorgestern von einem kleinen grünen Kobold in ein unbekanntes Schattenreich entführt worden war? Sich mit unkonventionellen Fragen wertneutral zu beschäftigen wäre der erste Schritt. In den angloamerikanischen Ländern ist die Bereitschaft dazu größer als in unseren Breiten. Erste wissenschaftliche Untersuchungen im Bereich des Paranormalen wurden bereits 1882 in der Londoner *Society for Psychological Research* durchgeführt. An einigen Universitäten gibt es inzwischen Lehrstühle für Parapsychologie, etwa an der Universität *Freiburg* in Deutschland. Und wie stellt sich die Situation im »geheimnisvollen Österreich« dar? Was macht ein Betroffener, wenn ihm etwa sein verstorbener Großvater erschienen ist, in seinem Vorgarten ein UFO landete oder ein Kugelblitz seine Wohnung verwüstet hatte? Wem darf man sein »unerklärliches Erlebnis« anvertrauen ohne der Befürchtung, womöglich in der Klapsmühle zu landen?

Weshalb gibt es hierzulande nicht längst ein unabhängiges Institut, das sich genau diesen Fragen widmet? Resigniert bemerkt dazu *Peter Mulacz*, Vizepräsident der *Österreichischen Gesellschaft für Parapsychologie*: »Als ich dem Psychosozialen Dienst in Wien ein solches vorschlug, hat man mir nicht einmal geantwortet.«

Was tun gegen Vorurteile und Ignoranz? Man könnte annehmen, dass

»Regelwidrigkeiten« bei archäologischen Funden auf mehr Interesse stoßen. Denn im Gegensatz zu den »flüchtigen« Phänomenen wären ja hier handfeste Gegenstände für Untersuchungszwecke vorhanden, wo das Material, das Alter oder die Fundumstände ermittelt werden können. Die Problematik ist aber die gleiche: Wenn sich Objekte durch ihre Einzigartigkeit nicht klassifizieren lassen, weil Vergleichsfunde fehlen, muss sich das Aufgefundene nicht selten den Titel »Betrug« gefallen lassen. Spektakuläre Beispiele dafür sind die Gletschermumie »Ötzi« aus der Jungsteinzeit oder die 3600 Jahre alte astronomische »Himmelscheibe von Nebra«, die vor ihrer wissenschaftlichen Anerkennung von klugen »Experten« als »Fälschung« deklariert wurden. Heute ist ihre Echtheit unbestritten. Ebenso die Tatsache, dass diese Unikate ein völlig neues Weltbild über unsere dunkle Vorzeit sichtbar gemacht haben. Die »Alten« waren weit fortschrittlicher, als wir es bisher für möglich hielten.

Aber ist es nicht immer so? Neue Theorien werden zuerst als Unsinn verworfen, dann heftig bekämpft und schließlich als selbstverständlich akzeptiert. Nicht selten wird der Übergang vom Ringen um Anerkennung zur schlussendlichen Anerkennung durch neue und von der Norm abweichende Entdeckungen bewirkt. Im Jahre 2001 waren in Wien bei *»Unsolved Mysteries«* etwa 450 solcher archäologischer Abnormitäten im Original ausgestellt. Einige davon wurden bei dieser Gelegenheit erstmals unter die wissenschaftliche Lupe genommen. Darunter prähistorische High-Tech-Werkzeuge, die im Dschungel Kolumbiens entdeckt wurden, eine schwarze Scheibe aus Lydit, die ein erstaunliches biologisches Wissen enthält, das man den Ureinwohnern Altamerikas nicht zugetraut hätte, und als Publikumsattraktion: sieben Schädel aus Kristall und Edelstein. Dabei wurde über die Herstellungstechnik gerätselt, die selbst heute mit modernsten technischen Mitteln nicht besser möglich wäre.

Ein bizarrer Kopf aus Rauchquarz, der 1908 in Guatemala entdeckt wurde, ragt besonders hervor. Untersuchungen im *Naturhistorischen Museum* in *Wien* sollten Klarheit schaffen. Die Analysen wurden unter anderem von *Rudolf Distelberger*, dem ehemaligen Direktor der *Wiener Schatzkammer* und weltweit anerkannten Spezialisten für Edelsteinbearbeitung, vorgenommen. Die Prüfung brachte Erstaunliches zutage: Der Schädel ist mindestens 500 Jahre alt, stammt nicht aus Europa und wurde mit Handpolitur in jahrzehntelanger Arbeit hergestellt! Für einen Fälscher eine völlig unrentable Vorgangsweise.

Distelberger zieht daher folgendes Resümee: »Das Fälscherargument ist zu billig. Bei keinem Exponat, das ich selbst untersucht habe, konnte

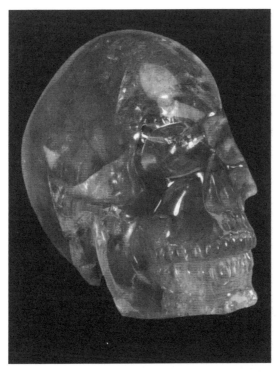

Dieser Kristallkopf aus Südamerika war 2001 bei der Ausstellung »Unsolved Mysteries« zu sehen. Eine Untersuchung in Wien ergab: Er ist mindestens 500 Jahre alt. Die erstaunliche Herstellungstechnik und seine magische Bedeutung sind ein Rätsel. (Bild: Bernhard Moestl)

ich einen Hinweis auf eine Fälscherabsicht finden. Bei manchen Stücken könnte man sogar sagen, dass der mutmaßliche Fälscher ein besserer Wissenschaftler hätte sein müssen als die legitimierten Zweifler. Das heißt, er hätte Dinge wissen müssen, die erst nach der Entstehung der Stücke Gegenstand der Forschung wurden. Trotz der Überzeugung der Echtheit habe ich keine Erklärung für diese Objekte anzubieten. Ich denke, die Wissenschaft verhält sich redlicher, wenn sie die Echtheit solcher Funde zunächst anerkennt, auch wenn ihre Existenz rätselhaft ist. Sie sind vielleicht nicht unerklärlich, sondern nur zurzeit ungelöste Probleme. Diese Haltung würde die Forschung nicht ausschalten, sondern sie vielmehr beflügeln.«

Man muss kein Hellseher sein um zu prophezeien, dass die Zukunft noch viele erstaunliche Entdeckungen bringen wird. Unser viel gerühmtes Österreich, voll von übersinnlichen Plätzen, heiligen Stätten der Ahnen, umrankt von wundersamen Geschichten und Legenden, ist dafür ein verheißungsvoller Kandidat. Wer sucht, der findet, heißt es. Auf was warten wir noch? Das Physikgenie *Albert Einstein* (1879–1954) wusste es schon immer: »*Das Schönste, was wir entdecken können, ist das Geheimnisvolle.*«

Literatur

APA-Meldung; *Mann und Hund von Blitz erschlagen*; in: Standard, Wien, 14. 9. 2005
Bahr, Hermann; *Wien*, Stuttgart 1906
Bauch, Hermann; *Mein Kindheitstraum wurde wahr*, St. Pölten-Wien, 1990
Bieber, Ernst/Eder, Franz; *UFO-Scherz: »Gurke« im Spiel*, in: Kurier, Wien, 22. 7. 1996
Bieberger, Christof/Gruber, Alexandra/Hasmann, Gabriele; *Spuk in Wien*, Wien 2004
Bieberger, Christof/Gruber, Alexandra/Herberstein, Johannes/Hasmann, Gabriele; *Geisterschlösser in Österreich*, Wien 2004
Bogun, Werner/Straet, Norbert; *Lexikon der Esoterik*, Köln 1997
Hierzenberger, Gottfried/Nedomansky, Otto; *Erscheinungen und Botschaften der Gottesmutter Maria*, Augsburg 1993
Bouchal, Robert/Wirth, Josef; *Höhlenführer Österreich*, Wien 2001
Bullik, Markus; *Hisgier, Latzmann, Buttnmandl – Seltsame Wesen aus Deutschlands Provinz*, in: GEO, Nr. 4, Hamburg 1999
Bürgin, Luc; *Geheimakte Archäologie*, München 1998
Cerny, Christine; *Magisch Reisen Österreich*, München 1992
Clark, Jerome; *Unerklärlich!*, Niedernhausen/Ts. 1998
Cremo, Michael A./Thompson, Richard L.; *Verbotene Archäologie*, Essen-München-Bartenstein-Venlo-Santa Fe 1993
Dengg, Michael; *Lungauer Volksleben – Geschichten und Sagen aus dem Lungau*, Tamsweg 1913; neu bearbeitet von Josef Brettenthaler, Salzburg 1957
Depiny, Albert (Hrsg.); *Oberösterreichisches Sagenbuch*, Linz 1932
Dona, Klaus/Habeck, Reinhard; *Im Labyrinth des Unerklärlichen*, Rottenburg 2004
Dopatka, Ulrich; *Die große Erich von Däniken Enzyklopädie*, München 1997
Ermel, Gisela; *Die »Luftfahrt mit dem Wilden Jäger«*, in: Ancient Skies, Nr. 6, Beatenberg 1996

Falkenberg, Hans; *Die Erdställe*, in: Oberösterreichische Heimatblätter, Linz 1983

Farkas, Viktor; *Rätselhafte Wirklichkeiten*, München 1998

Feuchtmüller, Rupert/Hubmann, Franz; *Der unbekannte Dom St. Stephan in Wien*, Wien-Freiburg-Basel 1994

Fiebag, Johannes und Peter; *Die Ewigkeits-Maschine*, München 1998

Fiebag, Johannes und Peter; *Himmelszeichen*, München 1992

Fleckinger, Angelika/Steiner, Hubert; *Der Mann aus dem Eis*, Wien-Bozen 1998

Freisauff, R. von, *Salzburger Volkssagen*, 2 Bände, Wien-Pest-Leipzig 1880

Gogala, Eva; *Die Geheimnisse des Stephansdoms*, in: Kurier, Wien 21. 4. 1997

Goldner, Jay; *E. T. hat geantwortet*, Horhausen 2002

Graupe, Friedrich/Scherer Max; *Der Mann aus dem Eis*, Wien 1991

Grieser, Dietmar; *Alte Häuser – Große Namen*, St. Pölten-Wien 1986

Grill, Max/Holzer, Elisabeth; *Tödliche Gewitterfront: Blitz traf Lehrer*, in: Kurier, Wien, 24. 7. 2004

Gugenberger, Eduard; *Kelten – Krieger – Kulte*, Wien 2004

Gugitz, Gustav; *Österreichs Gnadenstätten in Kult und Brauch*, Wien 1958, Band 5

Habeck, Reinhard und Co-Autoren; *Unsolved Mysteries – Die Welt des Unerklärlichen*, Ausstellungskatalog, Wien 2001

Habeck, Reinhard; *Das Unerklärliche*, Wien 1997

Habeck, Reinhard; *UFO – Das Jahrhundertphänomen*, Wien 1997

Haderer, Chris/Hiess, Peter; *Chemtrails – Verschwörung am Himmel?*; Graz 2005

Haid, Gerlinde und Hans (Hrsg.); *Alpenbräuche – Riten und Traditionen in den Alpen*, Bad Sauerbrunn 1994

Haid, Hans; *Mythos und Kult in den Alpen*, Bad Sauerbrunn 1990

Haining, Peter; *Das große Gespensterlexikon*, Bindlach 1996

Harjung, M./Stöckl, C.; *Mambamia*, in: News, Nr. 37, Wien 1993

Heim, Michael/Nosko, Werner; *Die Ötztal-Fälschung*, Reinbek bei Hamburg 1993

Hercun, Chris Henry; *Das Leben nach dem Tode*, Wien 1999

Hitching, Francis; *Die letzten Rätsel unserer Welt*, Frankfurt am Main 1982

Hofbauer, Friedel/Buchinger, Cornelia/Waldschitz, Barbara; *Zahnweh, Tod und Teufel – Sagen und Geschichten rund um den Stephansdom*, Wien 2000

Hofer, Markus; *Alarm um UFO-Start im Waldviertel*, in: Neue Kronen Zeitung, Wien, 3. 7. 1996

Hoffmann, Emil; *Lexikon der Steinzeit*, München 1999

Hofmann, Helmut; *PSI – die »andere Wirklichkeit«*, Wien-Klosterneuburg 2001

Höhne, Anita; *Lexikon des Übersinnlichen*, München 1994

Hövelmann, Kai; *Das neue Lexikon des Unerklärlichen*, Niedernhausen/Ts. 1998

Huber, Nikolaus; *Sagen vom Untersberg*, Salzburg 1901

Jäger, M.; *Eisenberg 1956–1983*, München 1983

Kai, Michael; *Der Fluch des Ötzi*, in: Die Zeit, Hamburg, 22. 12. 2004

Kammerhofer-Aggermann, Ulrike (Hrsg.); *Sagenhafter Untersberg*, Salzburg 1991

Kapl, Ulrich; *»Eisbombe« riss Loch in Hausdach*, in: Kurier, Wien, 13. 4. 2000

Karner, Lampert; *Künstliche Höhlen aus alter Zeit*, Wien 1903

Kaufmann, Paul; *Brauchtum in Österreich*, Wien-Hamburg 1982

Keller, Paul Anton; *Ritterburg Lockenhaus*, Eisenstadt 1984

Kellermann, Elisabeth; *Brief an den Autor* v. 8. 11. 1994, Kallmünz

Keul, Alexander; *Der Kugelblitz – Ein Phänomen im interdisziplinären Spannungsfeld*, in: Grenzgebiete der Wissenschaft, Nr. 43, Innsbruck 1994

Kießling, Franz; *Über das Rätsel der Erdställe*, Wien 1923

Koestler, Arthur; *Die Wurzeln des Zufalls*, Bern-München-Wien 1972

Krassa, Peter/Habeck, Reinhard; *Die Palmblattbibliothek und andere geheimnisvolle Schauplätze dieser Welt*, München 1993

Krassa, Peter/Habeck, Reinhard; *Licht für den Pharao*, Luxemburg 1982

Krassa, Peter/Habeck, Reinhard; *Das Licht der Pharaonen*, München 1992

Krassa, Peter; *Men in Black*, Rottenburg 2004

Krassa, Peter; *Phantome des Schreckens*, Wien 1980

Krassa, Peter; *UFO-Alarm über dem Dachstein vertuscht!*, in: Kurier, Wien, 14. 6. 1980

Kromp, Renate/Augustin, Claudia/Schmid, Sandra; *Mozarts letzte Rätsel*, in: News, Nr. 47, Wien 2005

Krönig, Jürgen (Hrsg.); *Spuren im Korn*, Frankfurt am Main 1992

Lammer, Helmut/Boudjada, Mohammed Y.; *Steinerne Rätsel*, München 2003

Leutgeb, Rupert; *Mystische Stätten des Waldviertels*, Zwettl 2001

Liekens, Paul; *Die Geheimnisse der Pyramiden-Energie*; Aitrang 1998

Ludwiger, Illobrand von; *Unidentifizierte Flugobjekte über Europa*, München 1999
Lukan, Karl; *Das Burgenlandbuch*, Wien 1998
Lukan, Karl; *Das Weinviertelbuch*, Wien 1992
Lukan, Karl; *Wanderungen in die Vorzeit*, Wien 1989
Lurker, Manfred; *Wörterbuch der Symbolik*, Stuttgart 1991
Magin, Ulrich; *Trolle, Yetis, Tatzelwürmer*, München 1993
Maiwald, Stefan; *Mysteriöse Todesfälle*, München 2000
Mandl, Henriette; *Wiener Altstadtspaziergänge*, Wien 1987
Markus, Georg; *Der Krimi um Mozarts Schädel*, in: Kurier, Wien, 31. 10. 2004
Matzl, Christoph; *Blitzschlag traf Mädchen in Kopf!*, in: Neue Kronen Zeitung, Wien, 7. 6. 2003
Mauthner-Weber, Susanne; *Eine Frage der Größe*, in: Kurier, Wien, 15. 10. 2005
Mauthner-Weber, Susanne; *Kleiner Bruder Hobbit: Wir waren früher nicht allein*, in: Kurier, Wien, 13. 10. 2005
Meckelburg, Ernst; *Traumsprung*, München 1993
Moody, Raymond; *Leben nach dem Tod*, Reinbek 1977
Müller-Kaspar, Ulrike (Hrsg.); *Handbuch des Aberglaubens*, 3 Bände, Wien 1996
Naar, Lydia; *Steirische Sagengestalten*, in: Ancient Skies, Nr. 2, Beatenberg 1998
Neugebauer, Johannes Wolfgang; *Österreichs Urzeit*, Wien 1990
Neuhold, Manfred; *Mythen, Kräfte, Phänomene*, Graz 1998
Neumayr, Anton/Deutschmann, Ruth; *Ein Fall für den Arzt: Wolfgang Amadé Mozart*, in: »ORF Nachlese«, Wien, April 1994
Neundlinger, Ferdinand/Müksch, Manfred; *Die Templer in Österreich*, Innsbruck 2001
Ohne Autorenangabe; *Der erste berichtete UFO-Fall aus Österreich anno 1345*, in: »Neuer Kosmos«, Nr. 2, Wien 1979
Ohne Autorenangabe; *»Ich habe den Vampir von Mexiko gesehen!«*, in: Täglich Alles, Wien, 25. 6. 1996
Oliver Stummer/Z.E.U.S.; *Konzept zur Untersuchung ungewöhnlicher atmosphärischer Leuchtprozesse im Raum Österreich*, Wien 1995
Pfarl, Peter; *Die schönsten Wallfahrtsorte Österreichs*, Wien 2004
Pehr, Franz; *Kärntner Sagen*, Klagenfurt 1913
Perry, Mark/Schürr, Detlev; *Expertenstreit um UFO-Landung: Außerirdische oder ein Scherz?*, in: Neue Kronen Zeitung, Wien, 22. 7. 1999

Petzl, Peter; *UFO? Geheimnisvolle Kreise im Kornfeld*, in: Täglich Alles, Wien 12. 6. 1995
Petzoldt, Leander; *Sagen aus der Steiermark*, München 1993
Petzoldt, Leander; *Sagen aus Salzburg*, München 1993
Pischinger, A.; *Sagen aus Österreich*, Wien 1949
Pöttinger, Josef; *Alpensagen*, Wien 1968
Probst, Ernst; *Rekorde der Urzeit*, München 1992
Pryor, Frank D.; *R.eal A.lien L.ife P.roject. H.ere*, unveröffentlichtes Manuskript, Tecumseh, Oklahoma, USA 2004
Rappold, J., *Sagen aus Kärnten*, Graz 1887
Reischl, Gerald/Tröbinger, Jürgen; *Pergament und Tontafel besiegen digitale Medien*, in: Kurier, 13. 7. 2001, Wien
Rétyi, Andreas von; *Macht und Geheimnis der Illuminaten*, Rottenburg 2004
Rietveld, Josef; *Archäologische Sensation im Wiener Stephansdom*, in: Kurier, Wien, 14. 4. 2000
Sasson, George/Dale, Rodney; *Die Manna-Maschine*, Rastatt 1978
Scheiber D.; *»Kriminalrätsel« um Flusspferd*, in: Kurier, Wien, 15. 1. 1999
Schmid, Ilse; *Wiener Urlauber filmte in Kärnten echtes UFO*, in Kurier, Wien, 11. 10. 1990
Schneider, Adolf/Malthaner, Hubert; *Das Geheimnis der unbekannten Flugobjekte*, Freiburg im Breisgau 1976
Schneider, Adolf; *Besucher aus dem All*, Freiburg im Breisgau 1973
Schreiber, Melitta; *Unfaßbares, Wunderbares*, in: Samstag, Wien, 11. 1. 1995
Schwarzfischer, Karl; *Zur Frage der Schrazellöcher oder Erdställe*, Weiden 1968
Sediq, Milo; *Theorien über Kornkreise*, Königsmoos 1998
Shuker, Karl P. N.; *Weltatlas der rätselhaften Phänomene*, Bindlach 1996
Siebenbürger, Ralf; *Das unheimliche Todeshaus von Hernals*, in: Täglich Alles, Wien, 27. 9. 1999
Simpson, Jacqueline; *Mythen und Legenden des alten Europa*, Klagenfurt 1990
Spindler, Konrad; *Der Mann im Eis*, München 1993
Stadtmuseum Linz und Schloss Schallaburg (Hrsg.); *Sumer, Assur, Babylon*, Ausstellungskatalog, Mainz 1980
Stenzel, Gerhard; *Österreichs Burgen*, Wien 1989
Stüber, Eberhardt; *Haus der Natur*, Ausstellungskatalog, Salzburg 2001
Sulzenbacher, Gudrun; *Die Gletschermumie*, Wien-Bozen 2000

Swoboda, Otto; *Lebendiges Brauchtum*, Salzburg 1970
Theuer, Franz; *Burg Lockenhaus*, Eisenstadt, ohne Jahresangabe
Tichy, Gottfried; *Der Schädel von W. A. Mozart – Eine Mystifikation?*, in: »Der Anatom Joseph Hyrtl 1810–1894«, Wien, München, Berlin 1991
Urban, Otto H.; *Wegweiser in die Urgeschichte Österreichs*, Wien 1989
Vaughan, Alan; *Der Sinn des Zufalls*, in: Esotera, Nr. 5 und 6, Freiburg 1982
Vieregge, Thomas; *Vorsicht Stromfallen!*, in: Samstag, Nr. 16, Wien, 20. 4. 1996
Volfing, Gerhard; *Auf den Spuren der Templer in Österreich*, Gnas 2001
Wagner, Hermann; *Mystische Erlebnisse*, St. Andrä-Wördern 1986
Wagner, Renate; *Quecksilber oder Giftbecher?*, in: Samstag, Nr. 33, Wien, 19. 8. 2000
Wehner, Alexandra; *Der UFO-Alarm war nur ein Schmäh!*, in: Kurier, Wien, 6. 7. 1996
Werner, Helmut; *Lexikon der Esoterik*, München 1999
Weyr, Siegfried; *Wien – Magie der Inneren Stadt*, Wien 1968
Wilson, Robert Anton; *Das Lexikon der Verschwörungstheorien*, Frankfurt a. M. 2000
Wimmer, Martin; *UFO-Hysterie nach nächtlichem Spuk*, in: Kurier, Wien, 3. 7. 1996
Wolf, Maria; *Geheimnisvolles aus Wien*, Wien 1996
Zeilinger, Anton; *Einsteins Spuk*, München 2005
Zillmer, Hans-Joachim; *Darwins Irrtum*, München 1998
Zingerle, Ignaz von; *Sagen aus Tirol*, Innsbruck 1891

www.bigbrothernews.org
www.chemtrail.at
www.erdstall.de
www.fengshui-forlife.com
www.freimaurermuseum.at
www.hausdernatur.at
www.himmelkeller.at
www.iceman.it
www.kornkreiswelt.at
www.lockenhaus.at
www.magwien.gv.at
www.mozarteum.at
www.mufon-ces.org
www.musikmagieundmedizin.com
www.mysterypark.ch
www.mystomania.co.at
www.parapsychologie.ac.at
www.sagen.at
www.sagenhaftezeiten.com
www.sisi-net.de/fanpage/renate_hain.htm
www.stephandsom.at
www.tempelritter.at
www.ufo.at
www.unsolved-mysteries.net
www.untersberg.info
www.verschwoerungen.info
www.wienmozart2006.at
www.wienspuk.net

Dankeschön und eine Bitte

Ein Buch schreibt sich nicht alleine. Recherchen und umfangreiches Quellenstudium sind ebenso notwendig wie Rücksprachen bei fachkundigen Informanten. Vor allem dann, wenn es sich wie hier um spekulative und umstrittene Sachverhalte handelt. Der Verfasser ist immer in vielerlei Hinsicht auf den helfenden Rat und die praktische Hilfe anderer angewiesen. Ich habe das Glück, dass mich wohlgesonnene Leserinnen und Leser, Freunde, Kollegen und renommierte Forscher seit vielen Jahren selbstlos bei meiner Arbeit unterstützen. Für ihren Ansporn und ihre konstruktive Kritik bin ich unendlich dankbar. Bei »Geheimnisvolles Österreich« war es nicht anders.

Allen voran möchte ich meinem väterlichen Freund Dietmar Grieser sehr herzlich Dankeschön sagen. Sein charmantes Vorwort hat mich beim Schreiben als Triebfeder inspiriert und begleitet.

Vielen lieben Dank sage ich auch meiner aufmerksamen »Testleserin« Elvira Schwarz aus dem benachbarten Alphörnerland. Sie war die erste Person, die Einblick in das Manuskript gehabt hatte und wertvolle Anregungen geben konnte.

Alle anderen Personen, die zum Gelingen des vorliegenden Buches großzügig beigetragen haben, nenne ich nachfolgend in alphabetischer Reihenfolge. Ihre Namensnennung besagt jedoch nicht, dass sie mit sämtlichen von mir in diesem Band vorgebrachten Ideen oder Theorien übereinstimmen müssen. Sollte jemand bei der Aufzählung vergessen worden sein, bitte ich um Nachsicht. Es hat ausschließlich mit meiner Zerstreutheit zu tun und ganz gewiss nicht mit einer Verschwörung. Ganz herzlich sei somit an dieser Stelle Dank gesagt an: Forschungsgesellschaft für Archäologie, Astronautik und SETI (AAS), Prof. Hermann Bauch, Werner Burger, Luc Bürgin, Erich von Däniken, Joky van Dieten, Ing. Wilhelm Diessl, Dir. Dr. Rudolf Distelberger, Klaus Dona, Dipl.-Bibl. Ulrich Dopatka, Anke und Horst Dunkel, Andrè Eichner, Ariana Fiala und Walter Ernsting († 2005), Robert Ernsting und Familie, Viktor Farkas, Dr. Johannes Fiebag († 1999), Claudia und Dipl.-Hdl. Peter Fiebag, Dr. Peter Gathmann, Inge und Dipl.-Ing. Walter Garn, Jay Goldner, Ingrid und StR. i.R. Willi Grömling, Renate und Walter Hain, Chris

Haderer, Irma und Hans-Peter Jaun, Dir. Dr. Willibald Katzinger, Werner Eugen Lardy, Elisabeth Kellermann, Dr. Alexander Keul, Mag. Dr. Jan Kiesslich, Jochen Kopp, Uschi und Karl Kovalcik, Peter Krassa († 2005), Mag. Christiane Ladurner, Walter-Jörg Langbein, Rupert Leutgeb, Familie Lex, Hjalmar von Lex, Dipl.-Phys. Illobrand von Ludwiger, Ernst Meckelburg, Bernhard Moestl, MUFON-CES, Prof. Peter Mulacz, Naturhistorisches Museum Wien, Dr. Gerhard Polnitzky, Frank D. Proyr, Dietmar Rücker, Günther Schermann, Ekkehard Steinhäuser und Familie, Johannes Steinhäuser, Peter M. Stern, Oliver Stummer, Univ.-Prof. Dr. Gottfried Tichy, Johann Wansch und Familie, Andrea Weiss und Familie sowie Hans Zwicker.

Last but not least gilt mein besonderer Dank dem Verlagshaus Ueberreuter und seinen geistreichen »Köpfen«: Matthäus Salzer und Thomas Sacken für die freundliche Vermittlung; Lektor Wolfgang Straub für seine unendliche Geduld; Thomas Zauner für seine »Vorschusslorbeeren« und schließlich meinem Verleger Dr. Fritz Panzer für sein Vertrauen und seinen Mut, erstmals einen »Habeck« in das Verlagsprogramm aufzunehmen.

R. H.

Eine Bitte des Autors:

Liebe Leserinnen, liebe Leser!

Sind Sie ein »Grenzgänger des Fantastischen«? Ist vielleicht auch Ihnen etwas widerfahren, das Sie zuvor für denkunmöglich hielten? Haben Sie etwas Unheimliches erlebt oder entdeckt? Sind Sie im Besitz eines sonderbaren Artefaktes oder wissen davon? Dann würde ich mich freuen, wenn Sie mir schreiben und mitteilen, was sich ereignete. Alle Angaben werden vertraulich behandelt. Die interessantesten Beiträge möchte ich (so Sie damit einverstanden sind) in einem späteren Folgeband veröffentlichen.

Reinhard Habeck
c/o Verlag Carl Ueberreuter Ges.m.b.H.
Alser Straße 24,
A-1090 Wien

Geheimnisvoll geht es auch hier zu ...

3-8000-7017-0

3-8000-7062-6

UEBERREUTER